산간山間에서 가두街頭로
승려로서 대중에

근대 잡지 《불교》의 문화지형

| 일러두기 |

서명 《산간에서 가두로, 승려로서 대중에》는 《불교》 88호에 실린 한용운 스님의 〈조선불교의 개혁안〉 본문 중, '6. 대중불교의 건설' 내용 일부를 가져온 것입니다. 본문 내용은 다음과 같습니다. "…… 〈山間에서 街頭로〉 〈僧侶로서 大衆에〉가 現今朝鮮佛敎의 〈슬로간〉이 되지 아니하면 안 될 것이다 ……."

산간山間에서 가두街頭로
승려로서 대중에

근대 잡지 《불교》의 문화지형

김종진·박상란·김성연 지음

서문

1924년 7월 창간된 근대잡지 《불교》가 2020년 5월 국가등록문화재로 등록되었다.(통권 108호, 1924.7-1933.7) 문화재청 누리집의 문화재 해설에 보면 '《불교》는 일제강점기 간행된 대표적인 불교 종합 잡지로서 교리 및 신앙에 관한 문제뿐만 아니라 당대 불교계의 동향과 인식을 알 수 있는 자료이다. 만해 한용운은 논설을 통해 냉철한 현실 인식을 바탕으로 일제의 종교 간섭을 비판하였으며 대중불교와 불교계의 발전을 촉구하였다. 《불교》는 창간호부터 폐간호까지 보존되어 완결성이 있으며 일제의 불교정책과 그에 대응하는 불교계의 모습을 파악할 수 있는 내용을 다수 수록하고 있다는 점에서 근대불교 연구자료로서 중요한 가치를 지니고 있다'고 설명하였다.

그런데 문화재나 불교사 자료로서 《불교》지에 대한 관심에 비해 《불교》지의 발행 기관에 대한 기본적인 논의, 그리고 잡지가 추구했던 대중성(불교 대중화)과 문화적 실천에 대한 논의는 그동안 소원했다고 할 수 있다.

《불교》지는 1924년 4월 출범한 재단법인 조선불교중앙교무원의 기관지로서 같은 해 7월에 창간되었다. 따라서 《불교》는 불교 홍법의 매체로서 사찰을 중심으로 배부된 특수한 성격의 잡지임이 분명하다. 아울러 당시 불교를 발전시키는 방안 중 하나로 대중에게 불교를 전파하는 것이 급선무였기 때문에 잡지에는 당시의 문화적 현상을 반영한 다양한 시도가 구현되었다. 《불교》의 발행인 권상로의 근대문화를 활용한 다양한 작품 생산, 권상로에 이어 발행인이 된 한용운의 한국불교문화에 대한 자각과 시야의 확장, 그리고 기자로 활동한 불교청년들의 실천과 주장에서 불교문화에 대한 다양한 성과와 언술을 확인하기 어렵지 않다.

백성욱은 〈역경의 필요는?〉(58호. 1929.4)에서 '근자의 이십여년간에 있어서 우리의 진행하는 방향을 본다면 순연한 문화운동이었나니 문화라 하는 것은 의의로 보아서 자아를 인식한 생적(生的) 운동이다.'라고 하였다. 주로 역경의 필요성을 고찰한 글이지만 1910년대, 20년대 불교인들의 지적 탐구와 불교 대중화 노력을 '우리 문화건설에 노력'한 과정과 결과로 인식하고, '우리는 이상을 실현하는 동시에 이것으로부터 신라의 문화 고려의 문화들을 찾아서 극적으로 예술적으로 전설적으로 문학적으로 대중과 공향(共享)할 기회를 확실히 발현'해야 한다고 주장하였다.

만해 한용운은 1931년 7월(84·85합호)에 《불교》지의 발행인이 되면서 불교문화의 다양한 가능성에 대해 새롭게 인식하고 문화적 실천에 많은 노력을 아끼지 않았다. 그가 불교개혁의 방안으로 제시한 것은 《조선불교유신론》(1913년) 이후 다양하지만, 〈조선불교의 개혁안〉(88호, 1931.10)에서 제시한 불교대중화, 불교문화운동의 필요성과 구체적인 방안에 대해 특별히 주목할 필요가 있다. 이글에서 만해는 불교도의 자각을 제언하면서 '〈산간에서 가두로, 승려로서 대중에〉가 현금(現今) 조선불교의 슬로건이 되지 아니하면 안 될 것이다. 대중을 떠나서 불교를 행할 수 없고, 불교를 떠나 대중을 제도할 수 없는 것이다.'라고 하면서 '대중불교의 건설'을 주창하였다. 그리고 이를 위해서는 이론이 아닌 실천이 필요한데, 그것은 곧 불교도가 사회적으로 진출하여 불교교화를 궁행실천함이며, 불교의 교화가 대중층에 파급할만한 시설을 갖추어야 한다고 주장하였다. 그리고 그것은 곧 '보편적 독자를 얻을만한 불교적 문예작품, 불교교화에 대한 실사(實寫) 급(及) 창작 영화, 선전적 비라, 팜푸레트의 무료반포, 불교도서관의 공개, 노농층(勞農層)에 대한 사회적 시설(施設), 기타 종종의 대중적 교양에 필요한 시설'이 포함되어야 한다고 하였다.

본서가 '산간에서 가두로, 승려로서 대중에'라는 표어를 제목으로 제시한 것은 곧 이 슬로건이 《불교》지 전체에 흐르는 불교문화운동의 실상을 선언적으로 잘 드러내고 있기 때문이다. 여성독자, 어린이, 영험담, 동화, 문학창작 등에 대한 본서의 약간의 독립적인 논고는 사실 근대잡지 《불교》에 담긴 근대성, 대중문화에 대한 본격적인 탐구로서 의의가 있다.

본서는 《불교》지에 구현된 불교대중화 기제와 문화 창조의 제반 양상을 집약적으로 논의한 3인의 연구 주제, 즉 '《불교》지란 무엇인가', '《불교》지에 구현된 문학적 양상과 그 주인공은 누구인가', '《불교》지를 통해 구현된 불교대중화의 기제와 그 특징은 무엇인가'에 대한 글로 구성되었다.

제1부는 불교사 연구자로서 《불교》지의 물적 토대와 운영기관에 대해 고찰한 김성연의 글을 수록하였다.

1장 〈한국 불교잡지 100년의 역사와 그 의미〉는 책 전체의 프롤로그 부분이다. 이글에서 다루는 내용은 《불교》지에 국한하지 않고 일제강점기 간행된 잡지를 대상으로 지난 1백년간 간행된 불교잡지의 현황과 성과를 정리한 글이다. 그는 불교잡지가 근대 불교지식인의 등용문이었고, 종교적 위상을 강화하는 공적 지면으로 활용되었으며, 전통문화를 복원하고 강조하는 역할을 담당했다는 점, 그리고 불교대중화의 선도자로서 시대적 역할을 다해왔음을 말하였다. 이 글을 통해 《불교》지가 자리잡고 있는 위상을 조망하며 불교잡지를 읽는 시야를 확보하는 도움을 받을 수 있을 것이다.

2장 〈일제강점기 잡지 《불교》의 간행과 그 성격〉은 《불교》지의 창간 배경과 발행과 운영 현황을 실증적으로 소개한 글이다. 《불교》지와 《신불교》를 함께 논의하면서 주요 집필자(권상로, 한용운, 김태흡, 허영호, 장도환)와 그들 글의 성향을 소개하였다. 필자는 《불교》지가 얻은 성과를 몇 가지로 요약하여 제시하였다. 즉, 《불교》지가 '종교'의 본질을 탐구하며 불교의 위상을 재정립했다는 점, 국내뿐만 아니라 국외의 불교 유적지까지 다룬 기행문을 다수 수록했다는 점, 근대 교육을 받은 엘리트들에 의해 진행된 역경(譯經)의 결과물이 수록되었다는 점, 불교교학과 불교사에 대한 근대적인 서술이 이루어졌다는 점, 한글 불교문학 작품이 본격적으로 게재되고 있다는 점 등이다. 그리고 《불교》는 '근대 불교학' 성립의 토대를 마련하는 데 크게 기여하고 있다는 점을 높이 평가하였다. 이 글은 앞으로 여러 방면에서 다양해질 《불교》지 연구의 기본적인 토대로서 많은 이들에게 도움이 될 것으로 보인다.

제2부는 《불교》지의 문학양상을 문학장이라는 개념을 사용하여 논의한 김종진의 글을 수록하였다. 불교와 문학의 공간이 중첩되어 존재

하던 1920~1933년 시기의 《불교》지에 구축된 문학장을 그려낸 세 편의 글을 모았다.

3장 〈1920년대 《불교》지의 문학장 - 형성의 주체와 동력〉은 1920년대 불교 문학장을 형성하는 중심 주체로 권상로의 대승사·김용사 네트워크에 주목하고, 이들이 전개한 문학 창작의 양상을 살펴본 글이다. 권상로, 최취허, 안진호는 1910년대에 경북 문경의 대승사와 김용사라는 공간에 함께 머물며 잡지에 의식가요를 소개하고, 불교 역사 기록의 수집과 복원에 뜻을 같이한 인물들이다. 이글에서는 이들이 1924년 7월 창간된 《불교》의 방향성을 정리하고 개별 사업을 기획하는 데 긴밀하게 협력한 점을 고찰하였다. 필자는 이들 세 사람 간의 네트워크가 《불교》에 형성된 문학장(文學場) 형성의 중심 주체가 된다고 보았다. 이들은 근대 의식을 정비하고 의식 가요를 창작하는데 뜻을 함께 한 결과, 30년대에는 《불자필람(佛子必覽)》, 《석문의범(釋門儀範)》 등 20세기를 대표하는 불교의례서를 펴내는 주역이 되었으며, 사찰의 역사와 종통(宗統)을 정립하는데 공동의 문화적인 역량을 투여하였다고 보았다. 문학 장르에서 각자 주력한 장르는 차이가 있다. 즉, 최취허는 창가, 권상로는 찬불가와 기행문, 안진호는 기행문에 주력하였다. 그러나 상호 지향하는 바가 동질적이어서 이들의 활동은 집단적 개인의 활동으로 수렴할 수 있다고 보았다.

4장 〈1920년대 《불교》지에 나타난 불교 유학생의 문학 활동〉은 1920년대 불교잡지에 형성된 문학장(文學場)의 주체에 대한 탐구의 일환으로, 《불교》지를 중심으로 활발하게 투고활동을 한 신진 유학생 그룹의 문학 활동 양상을 고찰하였다. 유학생 가운데 학술적으로나 시사적인 분야에서 활발한 투고로《불교》지의 기획에 동참하면서 문학행위를 한 인물로는 3·1운동 후 중국으로 망명성 유학을 떠난 백성욱(白性郁, 1897-1981), 일본유학생인 김태흡(金泰洽, 1899~1989)과 이영재(李英宰, 1900-1927)가 대표적이다. 이들은 박한영, 권상로와 편지를 주고받으며 투고활동을 하는 등 밀접한 관계를 유지하였다. 이들 신세대 유학생들은 정신적인 지주로서 박한영을 존경하고 따르며,《불교》지의 편집인인 권상로와 밀접한 교류를 나누면서 투고활동을 하였다. 이러한 종적 네트워크와 동일 세대 간의 횡적 네트워크 하에서 이들은 기사를 작성하고, 여행기를 투고하고, 창작 시를 투고한 것이다. 결국 1920년대 근대 불교 문학장은 1910년 이래 박한영이 중심이 되어 구축한 불교지성-국학 인프라가 배경이 되고, 권상로와 그의 대승사·김용사 인맥(최취허, 안진호)이 중심 주체가 되며, 이들 두 세대의 영향 하에 후속 유학생 그룹이 전위에 서는 양상을 보여주고 있음을 밝혔다.

5장 〈1930년대《불교》지의 문학장 – 구성과 문학적 실현 양상〉은 1930년대의 문학장 구성의 주체와 그 실현 양상에 대해 살핀 글이다. 연구 대상은 대표 편집인과 소속 직원 및 기자들이다. 이들은 단순히 행정적 역할만 한 것이 아니라 문학 작품 창작을 통해 문학장을 구현하는 데 주도적 역할을 하고 있다고 보았다. 이글에서는 30년대 편집인으로 등장한 한용운이 새로운 편제를 통해 신진문사들을 다수 등장시킨 경과를 살펴보았고, 만해가 권두언에 새로운 산문시를 게재함으로써 문학지의 성격을 가미한 것을 확인하였다. 이렇게 구축한 [불교시단]을 통해 이 시대에 강원, 전문학교 출신의 문학청년 40여 명이 시인으로 등장하였는데, 만해는 이들 신진 문사들, 불교문학청년들을 지면으로 이끌어낸 좌장 역할을 한 것으로 평가하였다.

제3부는 불교대중화의 기제로 여성과 어린이, 신앙담(영험담)과 동화에 주목한 박상란의 글을 모았다.

6장 〈근대전환기 불교잡지의 여성담론〉은 근대전환기 불교잡지의 여성담론을 고찰한 글이다. 이 글은 《불교》지 간행 이전인 1910년대 불교잡지에 불타의 여성관이 대두하는 상황을 고찰한 후, 1920년대 여성관을 고찰한 결과, 1920년대는 불교잡지에 여성담론이 급증하고 그 양상도 다양해졌다는 점을 도출하였다. 이 시기에는 종래 '자모'의 역할에 국한하던 여성이 '조선의 어머니'로 좀 더 구체화되었고, 주체적이고 적극적으로 행동하는 불교 신여성의 형상이 대두한다고 보았다. 한편 이 시기의 여성담론은 전근대적인 여성 불자의 수행 방식을 중요하게 다루고, 정렬(貞烈) 등 전통적인 여성의 미덕을 불교 신여성과 긴밀히 관련시키기도 하며, 유혹자로서의 여성에 대한 담론이 많이 등장한다. 필자는 이를 불교잡지가 당시 여성의 몸, 연애에 주목하는 사회·문화적인 풍조의 영향을 받은 데 기인한 것이면서 대중화를 위한 불교잡지의 편집 의도와 무관하지 않은 것으로 파악하였다. 불타의 평등주의적 여성관에 기초한 불교잡지의 여성담론은 현재의 여성문제를 해결하는 데도 시사하는 바가 많다.

7장 〈근대 불교잡지의 동화와 그 설화 전승상의 의의 -《불교》'소년란'의 동화를 중심으로〉는 근대 불교잡지에 수록된 동화의 근원과 유형, 특징, 의의 등을 검토한 글이다. 근대 불교잡지의 동화는 대부분 전래동화에서 전승 설화를 가져다 당시 민족 내지 불교계의 현실, 그리고 그 속에서 가장 곤란한 처지에 빠진 어린이의 처지와 꿈에 맞게 재화(再話)

한 것이라 보았다. 그리고 이들 동화의 제작 의도는 궁극적으로 불교적 취의를 제시하면서 어린이에게 필요한 덕목을 계발하기 위한 것이지만 여기에는 당시 민족 내지 불교계의 현실이 복잡하게 얽혀 있다는 점을 밝혔다. 그리고 불교잡지 동화가 1920년대 어린이 문화운동으로서 가지는 의의를 제시하였다.

8장 〈근대 불교잡지의 영이담 - 《불교》 '부사의(不思議)'란 소재 이야기를 중심으로〉는 불교잡지에 다수 보이는 근대 영이담의 구조적 의미를 탐구한 글이다. 이를 위해 우선 전대 영이담의 구조적 의미를 검토하여 근대와 차별되는 지점을 확인하였고, 불교잡지에 수록된 불상출현담과 관음치병담을 분석하여 근대 영이담의 구조적 의미를 논의하였다. 논의 결과 근대의 영이담은 신앙심 고취라는 영이담 본래의 의미를 계승하되, 근대불교사의 특수성 및 당시의 담론적 배경을 가지는 이야기로서 의의를 지니는 것임을 밝혔다. 즉, 대중의 신심을 촉발하여 불교 대중을 결집함으로써 불교 부흥을 이루고, 과학적 담론의 지배하에 불교를 배척하는 외부 세력에 대항하는 데 영이담이 적절한 도구로 활용되었음을 밝혔다.

방대한 분량의 《불교》지에 수록된 다양한 담론을 본서가 모두 포괄할 수는 없다. 예를 들어 논설의 지향, 학술 성과와 번역 등의 주제는 본서에서 다루지 못한 영역이다. 이를 포함한 다양한 문화창조의 성과는 앞으로도 심도있게 다루어져야 할 것으로 본다. 그럼에도 불교대중화와 문화적 측면을 고구한 주제의 글을 모아 한 권의 책으로 펴내는 것은 그동안 《불교》지에 대한 논의가 산발적이어서, 쉽게 접근할만한 단행본이 필요하다는 인식을 공유했기 때문이다. 이 책은 그동안 각자의 관심 영역에서 개별적인 연구를 진행해 온 세 명의 학자가 의기투합하여 만든 단행본이다. 한편으론《불교》지 창간 100주년이 다가오는 시기에 이를 기념하는 책 한 권쯤은 필요하지 않을까 하는, 학자로서 가지는 책무의식과 사명감이 공저를 펴내는 출발점이 되었다.

근대문화 영역에서 불교계는 문화적으로 활발한 창조 역량을 발휘했음에도 그동안 그 위상을 정당하게 평가받지 못했다. 본서가 근대잡지《불교》지에 구현된 근대 불교인들이 기획했던 불교문화운동의 실체를 확인하고 불교잡지에 대해 새로운 인식을 가지는 자극제가 되기를 기대한다.

본서의 기획의도에 공감하며 적극적으로 격려해 준 올리브그린 오종욱 대표의 발심이 아니었더라면 세 연구자의 꿈은 여전히 꿈으로만 남아있었을 것이다. 무잡한 원고를 보기 좋게 편집하여 좋은 책으로 만든 올리브그린 편집진에게 감사드린다.

2023년 2월
공저자 함께 쓰다

차례

서문 · 5

 제1부 기관지《불교》

1장 _ 한국 불교잡지 100년의 역사와 그 의미 · 19
    Ⅰ. 들어가는 말 · 21
    Ⅱ. 근현대 불교잡지의 간행 현황 · 23
    Ⅲ. 불교잡지의 기능과 역할 · 29
        1. 근대 불교지식인의 등용문 · 29
        2. 종교적 위상 강화와 문화전통의 강조 · 32
        3. 불교 대중화의 선도자 · 34
    Ⅳ. 불교잡지 발간의 역사적 의미 · 37

2장 _ 일제강점기 잡지《불교》의 간행과 그 성격 · 41
    Ⅰ. 들어가는 말 · 43
    Ⅱ.《불교》의 창간 배경과 발행 현황 · 46
        1. 창간 배경 · 46
        2. 발간 비용 염출과 재정난 · 49
    Ⅲ. 주요 집필자와 글의 성향 · 59
    Ⅳ. 편집 책임자의 교체와 성격 변화 · 65
    Ⅴ. 주요 기사의 주제와 근대성 · 71

 제2부 문학지《불교》

3장 _ 1920년대《불교》지의 문학장 - 형성의 주체와 동력 · 81
    Ⅰ. 불교잡지의 문학장을 논하는 이유 · 83
    Ⅱ. 동력의 중심- 권상로와 최취허, 안진호의 네트워크 · 86

Ⅲ. 1920년대《불교》지 문학장의 전개 양상 • 90
　　　　　1. 의식가요의 창작과 의례서 편찬 • 90
　　　　　2. 불교사의 복원과 기행문 • 96
　　　Ⅳ. 1920년대《불교》지 문학장의 의의 • 107

4 장 _ 1920년대《불교》지에 나타난 불교 유학생의 문학 활동 • 111
　　　Ⅰ. 약진하는 신세대 유학생들 • 113
　　　Ⅱ. 백성욱의 시와 산문 • 116
　　　Ⅲ. 김태흡의 시와 순례기 • 124
　　　Ⅳ. 이영재의 기행문 • 135
　　　Ⅴ. 1920년대《불교》지 문학장의 재구성 • 141

5 장 _ 1930년대《불교》지의 문학장 - 구성과 문학적 실현 양상 • 145
　　　Ⅰ. 만해의 등장과《불교》문학장의 재편 • 147
　　　Ⅱ. 만해의 권두시 창작의 양상 • 149
　　　Ⅲ. 불교사 기자의 활약과 장르 확장 - 시대성과 종교성 강화 • 154
　　　　　1. 김태흡 • 154
　　　　　2. 도진호 • 162
　　　　　3. 김일엽 • 165
　　　Ⅳ. 1930년대《불교》지 문학장의 구도와 성격 • 176

제 3 부 대중지《불교》

6 장 _ 근대 전환기 불교잡지의 여성 담론 • 185
　　　Ⅰ. 들어가는 말 • 187
　　　Ⅱ. 1910년대: 불타의 여성관 대두 • 190
　　　Ⅲ. 1920년대: 연애 시대의 불교 여성 담론 • 197
　　　　　1. 성모, 혹은 현모양처 • 197
　　　　　2. 전통적 신녀상, 그리고 영험담의 주인공 • 201

3. 다시 유혹하는 여성들 • 204
4. 순희들의 운명 • 210
Ⅳ. 불교잡지 여성 담론의 의의 • 215

7장 _ 근대 불교잡지의 동화와 그 설화 전승상의 의의 • 219

Ⅰ. 들어가는 말 • 221
Ⅱ. 불교잡지 동화의 유형과 성격 • 225
  1. 전래 동화 • 225
  2. 창작 동화 • 246
Ⅲ. 불교잡지 동화의 의의 • 259
  1. 어린이문화 운동으로서의 의의 • 259
  2. 설화 전승과 관련하여 • 266
Ⅳ. 어린이의 현실과 문학 • 271

8장 _ 근대 불교잡지의 영이담 – 《불교》 '부사의(不思議)'란 소재 이야기를 중심으로 • 273

Ⅰ. 들어가는 말 • 275
Ⅱ. 전대 영이담의 양상과 의미 • 277
  1. 고대 이래의 영이담 • 277
  2. 조선 시대의 영이담 • 279
Ⅲ. 근대 불교잡지 영이담의 두 가지 유형 • 281
  1. 불상출현담 • 284
  2. 관음치병담 • 296
Ⅳ. 근대 영이담의 의의 • 303

 미주 • 307

 부록 _ ❶ 근대 불교잡지 연표 • 340
    ❷ 《불교》 연표 • 342

제 1부

기관지 《불교》

1장

한국 불교잡지 100년의 역사와 그 의미

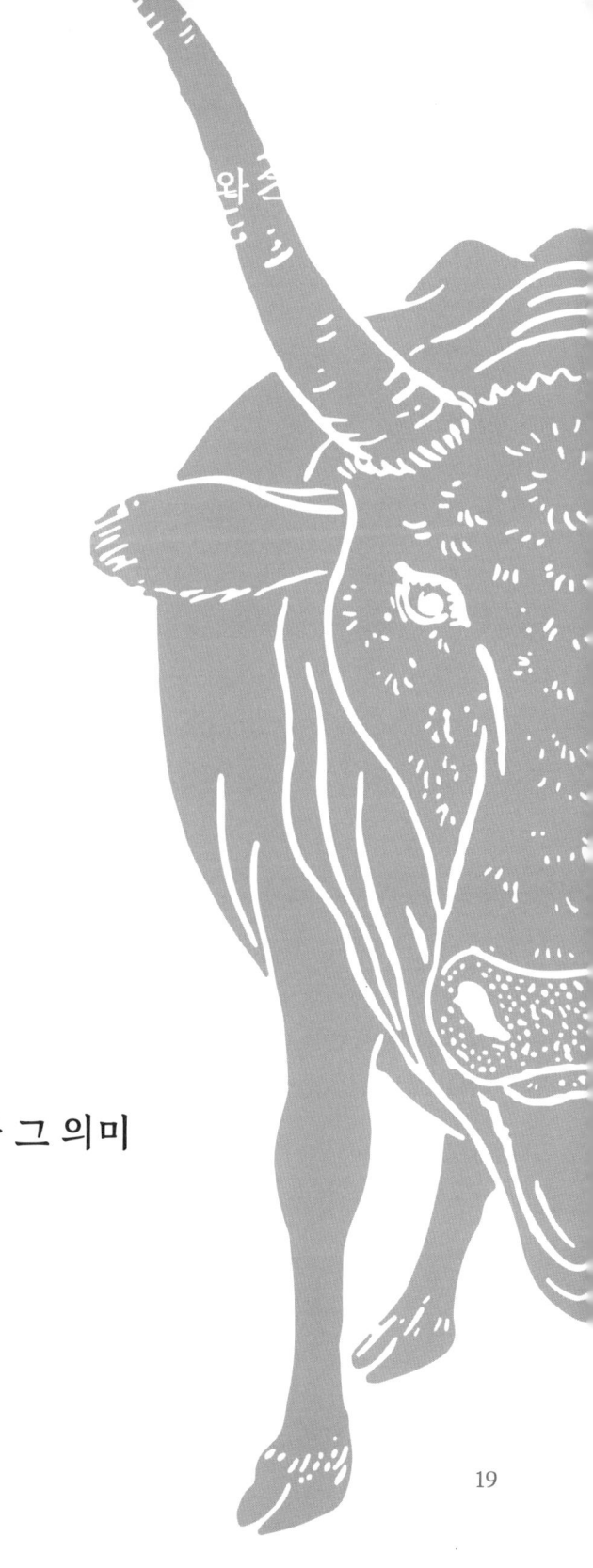

Ⅰ. 들어가는 말

　근대 잡지는 신문과 더불어 한국 사회의 여론을 형성하고 지식의 발전을 가속화시킨 매개물이다. 언론매체라는 것이 원래 없던 시절에 생겨난 것이기에 어떻게 보면 오늘날의 TV나 인터넷보다도 더욱 놀랍고 획기적인 대중 커뮤니케이션 수단이었을 것이다. 그 중에서도 불교잡지는 일반적인 잡지가 지니는 의미에 더해 종교 잡지라는 특수성을 지니며 발전해 왔다. 즉, 영리를 추구하는 상업용 잡지가 아닌, 포교를 주목적으로 하는 계몽 잡지의 성격이 강하다. 특히 초기의 잡지들은 치열한 종교경쟁시대에 불교 여론을 형성하고, 불교 지식의 보편화를 통해 대중 불교를 실현하려 했던 의지의 소산이었다.

　100년이라는 시간동안 간행된 불교잡지의 수를 정확히 헤아리기란 쉽지 않다. 잡지 간행의 여건이 여러모로 간단치 않았던 해방 이전과 60~70년대까지는 차치하더라도, 그 이후 특히 1990년대 이후로 개별 사찰에서도 제각각 잡지를 펴내고 있을 정도로 그 수가 급증했기 때문이다. 그야말로 오늘날 정보의 홍수시대에 불교잡지도 그 조류를 타고 있다. 결국 변명이 되겠지만, 이러한 이유로 이 글에서는 100년 동안의 모든 불교잡지를 대상으로 논지를 전개하지는 않을 것이다. 지면의 한계도 있을 뿐만 아니라, 무엇보다 필자의 능력이 아직 부족하다고 생각된다. 단, 해방 이전의 잡지들은 그 수가 많지 않기 때문에 되도록 기존의 연구 성과에서 밝힌 잡지명을 최대한 밝히기로 한다. 그러나 그 이후의 잡지들은 잡지수가 급격히 늘어나기 이전인 1970년대까지를 한정하여 기관지 성격이나 주요 단체 및 사찰에서 간행한 것으로서 어느 정도 지속성을 유지한 잡지들만을 대상으로 그 특징들을 살펴볼 것이다. 부득이 분석의 대상에서 제외된 수많은 잡지들은 어디까지나 필자의 주관에 의해 선별하여 분류된 것임을 밝힌다.

Ⅱ. 근현대 불교잡지의 간행 현황

한국 불교잡지의 역사는 1910년경 조선불교 원종종무원에서 발간한 《원종》으로부터 시작된다. 초기 간행된 잡지의 성격은 바로 기관지였다는 점이다. 《원종》에 이어 간행된 《조선불교월보》(1912-1913), 《해동불보》(1913-1914), 《불교진흥회월보》(1915), 《조선불교계》(1916), 《조선불교총보》(1917-1921)는 모두 기관지 성격으로 간행된 것으로서, 불교 포교 역사에 있어서 전근대 분수령을 가르는 혁신적인 매체였다. 초기 간행된 잡지가 개인이 아닌 기관지 성격으로 간행된 데에는 식민치하의 엄격한 검열제도 탓도 있었지만, 무엇보다 자금의 조달과 사업 운영상의 편의가 개인보다는 기관에 유리했기 때문이었다. 하지만 기관지라 할지라도 각 잡지들은 1~2년의 짧은 기간밖에 간행되지 못했는데, 이를 보면 당시의 출판 여건이 그리 좋지 못했다는 것을 알 수 있다. 이 시기 잡지들은 처음 시도되는 대중 잡지였던 만큼 내용적인 면에서 크게 분화되지 못하고, 불교계의 개혁 호소와 교리 소개 및 유물·유적 등의 소개에 많은 지면을 할애하고 있다. 그럼에도 불구하고 당시 불교계의 사회진화론에 대한 입장과 더불어 일제의 불교정책에 대한 인식을 살펴볼 수 있다는 점에서 큰 의미를 지닌다. 특히 근대적인 개혁의 시행을 강조하면서도 불교사, 고승대덕의 행장, 불교 교리 등을 많이 게재하고 있는 점은 타종교와의 경쟁 속에서 전통적인 불교 본연의 모습을 강조함으로써 정체성을 잃지 않으려는 노력이었다고 평가할 수 있다. 한편, 기관지 외에 개인이 간행한 최초의 잡지로 한용운의 《유심》(1918)이 있다. 《유심》은 불교적 수양을 주로 하고 다수의 문예작품을 중심으로 편집이 이루어졌다.

1920년대는 본격적으로 '대중'적 규모의 독자층이 형성된 시기였다.[1] 3·1운동 이후, 총독부의 정책 전환에 의해 출판법, 신문지법 등의 규제가 완화되었고, 그에 따라 1910년대에 비해 출판 산업의 규모가 비약적으로 커져 신문·잡지의 구독도 그만큼 일반화될 수 있었다는 것이다. 불교잡지도 1920년대에는 12종이 신간(新刊)된 것으로 확인되며, 일부는 중간에 휴간되기도 했지만 30~40년대까지 이어지기도 하는 등 본격적인 문서포교의 시대를 열게 되었다.

특히 재단법인 조선불교중앙교무원의 기관지로 《불교》(1924-193)가 지속적으로 간행되면서 그와 더불어 청년회나 지방 불교 단체, 중앙불전 교우회 및 학인연맹, 유학생 단체 등에서 잡지를 간행하여 잡지 간행 주체의 외연도 확대되었다. 통도사 불교청년회가 발행한 《축산보림》(1920)과 《조음》(1920), 불교 단체들이 발행한 《불일》(조선불교회 불일사, 1924), 《조선불교》(조선불교단, 1924-1936), 《평범》(부산 평범사, 1926), 《불교세계》(김천 불이교당, 1927), 유학생들이 발행한 《황야》(북경 불교유학생회, 1924), 《금강저》(조선불교동경유학생회, 1924-1943), 중앙불전 교우회가 발행한 《일광》(1928-1940), 조선불교학인연맹이 발행한 《회광》(1929-1932), 발행처가 확인되지 않는 《무아》(1928) 등이 이 시기에 간행된 잡지이다.

대표적으로 1930년 이후까지 이어졌던 세 잡지를 살펴보면, 우선 《금강저》는 재일(在日) 불교 청년들이 펴낸 잡지로서 당시 불교계의 실상을 비판한 글이 다수 게재되었다. 일본 유학생들은 잡지를 발간하기 위하여 방학을 이용해서 전국 사찰을 순행하며 간행비를 모으기도 하였으므로 잡지를 통한 문서포교와 더불어 포교 방면에서 큰 효과를 달성했다고 말할 수 있다. 《조선불교》는 일본어로 제작되었을 뿐만 아니라 일본불교의 각 종파가 후원한 조선불교단에서 간행한 기관지로서, 친일파의 활동과 인식, 일제의 불교 정책 등을 파악하는데 도움을 준다.

그리고 《불교》는 무엇보다 1920~30년대의 대표적인 불교잡지였다고 할 수 있다. 《불교》는 당시 불교계를 대표하는 재단법인 조선불교중앙교무원에서 발간하였고, 1924년부터 1933년까지 월간으로 통권 108호가 간행되는 등 단연 돋보이는 잡지이다. 이 잡지는 기관지였기에 재단법인 교무원의 회의록에서 그 간행 실상을 살펴볼 수 있는데, 이를 통해 일제 강점기 불교잡지, 특히 기관지의 간행과 포교 형태의 단면을 들여다 볼 수 있다.

각 연도 교무원의 평의원 총회 회의록을 보면, 《불교》는 매월 1,000부에서 1,500부 정도가 간행됐음을 알 수 있다. 그리고 간행된 잡지는 각 지역의 본산에 배포되어 다시 각 말사나 개인에게 필요한 부수를 전달했던 것으로 보인다. 그 중 잡지의 구독률이 높은 사찰은 김룡사, 마곡사, 범어사, 법주사, 통도사, 해인사 등으로 매달 평균 50부 이상을 구독하였다. 각 본산은 지사(支社)를 설립하고 종무소의 감독 하에 지사장이 잡지의 구독과 각 사암의 지대(誌代)를 수납하였다. 또한 각 본말사암에서 각 개인이 생활 능력이 되는 수입을 가진 자면 필히 잡지를 구독하게 하였고, 승려 이외의 개인 독자도 종무소나 지사에서 구독 신청을 할 수 있었다. 그리고 조선 불교와 관계되어 직접 경영하거나 간접 관계에 있는 기관에 종사하는 이들에게도 의무적으로 잡지를 구독하도록 권유하였던 것으로 보인다. 이를 통해 볼 때, 당시 신도들이 잡지를 접할 수 있었던 일반적인 방법은 각 사찰을 통해서였다.

1920년대부터는 일본에서 유학하고 돌아온 많은 지식인들이 필자로 참여하고, 그런 차원에서 내용 구성의 질적인 향상을 보였다는 점이 특징이라고 할 수 있다. 그에 따라 '종교'의 본질에 대한 탐구, 불교 정체성의 정립에 대한 인식, 교학 및 불교사에 대한 소개, 역경(譯經)에 대한 중요성 인식 등이 중점적으로 다루어졌으며, 본격적으로 국내외의 불교 유적을 답사하고 쓴 기행문과 시·소설과 같은 문학적인 글들이 게재되어 다양한 독자층을 흡수하려고 하였다. 따라서 1920년대는 불교 대중화에 대한 적극적인 실천과 확산이 이루어지기 시작하였던 시점이라고 할 수 있다.

1930년대에도 불교잡지의 발간은 활발하여 새로 신간된 잡지로 총 11종이 확인된다. 《관서불교》(관서불교사, 1931), 《불청운동》(조선불교청년총동맹, 1931-1933), 《선원》(선학원, 1931-1935), 《불교시보》(불교시보사, 1935-1944), 《금강산》(표훈사, 1935-1936), 《경북불교》(경북불교협회, 1936-1941), 《신불교》(경남삼본산협회, 조선불교 조계종 총본산 태고사, 1937-1944), 《룸비니》(중앙불전 학생회, 1937-1940), 《홍법우》(봉선사 홍법강우회, 1938), 《탁마》(묘향산 보현사 불교전문강원, 1938), 《불심》(1939) 등이 그것이다. 《신불교》는 재단법인 조선불교중앙교무원에서 기관지로 간행했던 《불교》의 속간이며, 20년대와 마찬가지로 청년회를 비롯한 불교 단체와 사찰, 학우회 등의 소식지가 활발히 간행되었다.

1940년대 들어와 해방 전까지는 새로 신간된 잡지가 확인되지 않는다. 따라서 30년대 중반에 시작된 《신불교》와 《불교시보》가 해방 전까지 불교계의 대표 잡지였다고 할 수 있다. 이 시기는 일본이 탈아입구(脫

亞入歐)를 표방하며 대동아전쟁을 일으켰던 때로, 식민지 조선 또한 황국 신민사상을 강요받으며 전쟁 물자를 동원하는 전초기지 역할을 하던 때였다. 한편 당시 불교계는 분산된 사찰 세력을 통합하여 총본산을 건설하려는 분위기가 강하였다. 결국 1937년 총본산은 건립되었지만, 총독부의 인가를 통해 추진되었다. 이후의 불교계는 친일성향으로 경도되어 심전개발운동은 물론이고 승전기원법회, 황군장병 위문, 창씨개명운동 등에 적극 참여하게 된다. 따라서 《신불교》와 《불교시보》 또한 친일성향의 글이 많이 게재되었다. 시국의 동향과 발간 주체의 성향에 따라 잡지의 성격이 크게 좌우된 사례라 하겠다.

해방 공간의 불교잡지는 《신생》(1946), 《불교신보》(1946), 《대중불교》(조선불교혁신총동맹, 1947), 《불교공보》(조선불교 중앙총무원, 1949) 등 4개가 확인된다. 이후 한국전쟁으로 잡지 발간은 한동안 주춤하다가 1956년에 재개되었다. 《법륜》(1956), 《녹원》(1957-1958), 《불교세계》(1957), 《정토문화》(1958), 《현대불교》(1959) 등이다. 해방 후 어수선한 정국 속에서 불교계도 일제불교의 잔재를 청산하려는 움직임이 활발히 일어나던 시기였다. 특히 1954년 이승만 대통령의 유시(諭示)는 비구-대처 분쟁의 도화선이 되었다. 《현대불교》는 대처승 측에서 발간한 잡지로서 1962년 7월, 《불교사상》 제10호로 속간된 후 1964년 3월에 폐간되었다.

해방 이후 1950년대까지만 해도 불안정한 정국 속에 불교잡지도 오래 간행되지 못하고 폐간되었다. 그러나 1960년대부터는 불교잡지의 수도 조금씩 증가하고 장수하는 잡지도 생겨났다. 대표적으로 《법시》(법시사, 1963-1992)와 《법륜》(월간법륜사, 1968-1993)은 비록 중간에 결호가 생기기도 하였지만, 1990년대 초반까지 명맥을 유지하였던 장수한 잡지였다. 그 외에 1967년 박대륜이 창간한《불교계》는 1970년《불교》(월간불교사, 1970-)로 이름을 바꾸었다. 박대륜은 1970년 비구-대처의 분쟁 결과 한국불교 태고종이 새로 창종되었을 때 초대 종정으로 취임한 승려이다. 그가 창간한《불교》는 태고종의 기관지로서 오늘날까지도 이어지고 있다. 또한《불교》제1호에서는 1920년대 기관지였던《불교》지의 전통을 정신적으로 계승하고 있음을 밝히고 있어, 그 역사성에 있어서 가장 오래된 잡지 역사를 지니고 있다고 하겠다. 그리고《불교》와 함께 1970년대 창간된 잡지로 오늘날까지 간행되고 있는《불광》(불광출판사, 1974-)이 있다.

1980~90년대는 불교잡지의 황금기라 할 정도로 많은 잡지들이 생겨났다. 종단 등록 수도 늘어난 데다가 각종 불교단체, 각 지방의 크고 작은 사찰 및 개인에 이르기까지 일일이 다 열거하기도 쉽지 않다.[2] 분명한 것은 이전 시기보다 잡지 출판의 여건이 좋아졌고, 공급이 늘어났다는 것은 그만큼의 수요가 있었다는 얘기다. 이제는 불교잡지도 순전히 포교를 위한 의미보다는 말을 살짝 바꾸면 홍보를 위한 수단이 되었다고 해도 틀리지 않을 것이다.

III. 불교잡지의 기능과 역할

1. 근대 불교지식인의 등용문

1906년에 설립된 명진학교는 조선불교도 비로소 신식교육을 시작했음을 대내외에 선포한 상징물이라고 할 수 있다. 전통적으로 강원교육이 중심이 되어 왔던 승려 교육은 이때부터 신식교육을 병행하여 근대사회에 적합한 종교로서의 조선 불교의 위상을 세우려 했다. 당시 불교계의 숙원이었던 근대화·대중화의 동력은 인적 자원의 쇄신에 있었고, 국내에서의 자구 노력과 더불어 1910년 이후부터는 일본으로 유학생을 본격적으로 파견하기에 이른다. 전체 유학생 수를 산정하기란 쉽지 않지만, 기존 연구성과에 의하면 1910년대 10여 명으로부터 해방 이전까지 360명 정도의 이름이 파악된다.[3] 이 외에 중국에서 공부한 승려들의 이름도 더러 확인되며, 김법린과 백성욱과 같이 유럽에서 수학하고 돌아온 승려도 있었다. 이들 불교유학생은 이른바 근대 '지식인'으로서 조선불교의 근대화를 책임진 역군으로 인식되었고, 실제로 외적인 체제 발전뿐 아니라 내적으로 종교성의 함양과 불교학 발전의 토대를 구축하는데 크게 기여하였다.

한편 해외 유학을 통해 근대 불교학의 세례를 입은 세대와는 반대로 전통적인 교육을 받았지만 근대적 지식인 계층으로 볼 수 있는 이들도 있다. 박한영, 백용성, 한용운, 이능화 등이 이에 속한다. 혹자는 이들을 '전근대적인 교육을 받아 성장했지만 근대적 각성을 통해서 전근대적 전통과 가치를 새롭게 인식한 인물'로 평가하기도 한다.[4] 이들 근대와 만난 전통적 지식인들은 대체로 유학생 그룹보다 선배들로서 오늘날 불교학문 형성의 주춧돌을 놓은 이들이라고 할 수 있다.

한국 근대 불교학은 바로 이 두 부류 지식인 계층의 학문적 업적에 토대를 두고 있다고 해도 과언이 아니다. 그런데 전문 학술 잡지가 없던 시기였기에, 이들의 불교지식과 학문적 업적은 초창기 대중 잡지를 통해서 발표되었다. 다시 말하면, 당시 불교잡지는 불교지식인들의 거의 유일한 등용문이었다고 할 수 있다. 프랑스 파리 대학에서 유학한 김법린은 《불교》지에 〈구미학계와 불전연구〉(49호, 1928.7), 〈유식이십론(唯識二十論)의 연구〉(96-99호, 1932), 〈불란서의 불교학〉(100호, 1932.10) 등을 발표하며 서구 불교학의 동태와 불교 문헌학 연구를 시도했고, 독일에서 유학한 백성욱은 자신의 학위논문 주제였던 〈불교순전철학(佛敎純全哲學)〉(7-14호, 1925)의 연재를 통해 형이상학적 불교철학의 성격을 다뤘다. 일본 유학생인 허영호도 〈십이상연법(十二相緣法)에 대해서〉(59-63호, 1929), 〈범파양어(梵巴兩語)의 발음법에서 본 조선어발음법에 관한 일고찰〉(80-84·5호, 1931), 〈대소품반야경의 성립론〉(96-101·102호, 1932) 등을 발표하며, 문헌학적 방법론에 의한 불교학 성과를 내놓았다. 이러한 글들은 1920년대 이후 간행된 잡지에서 보이고 있으며, 그것은 1910년대부터 시작된 해외 유학생들의 성과라고 할 수 있다. 이처럼 불교잡지는 한국적 근대불교학 형성의 기초를 살펴볼 수 있는 1차 자료들을 담고 있다. 이후 1960년대 들어서 전문 학술잡지가 본격적으로 등장하면서 일반 대중 잡지에서는 학술적 성격의 글(논문)대신 지식인들의 칼럼이나 에세이 등이 주류를 이루게 된다.

그리고 근대 불교지식인의 등용문이라는 관점에서 새롭게 얘기할 수 있는 분야로 불교 문학을 들 수 있다. 근현대 잡지에는 현대 시는 물론이고 평론이나 수필, 기행문, 소설과 같은 산문 형식의 근대 문학 작품들이 끊임없이 발표되었다. 대표적으로 한용운은 여러 잡지에서 수많은 시와 산문들을 발표했으며, 이미 1910년대에 발간한 《유심》지 등을 통해 다양한 계층의 문학운동을 직접 이끌기도 했다.[5] 불교지식인들의 문학성을 드러낸 시나 산문 형태의 글들은 잡지에서 볼 수 있는 가장 일반적인 형식이다.

이 외에 특징적으로 불교 희곡이 다수 발표되었다. 그 대표주자는 희곡을 발표할 때 주로 '김소하'라는 필명을 사용했던 김태흡이다. 그의 희곡 작품들은 단순한 문학 작품에만 그치는 것이 아니라 일부는 직접 공연을 올렸다는 점에서 연극사적인 의미와 가치를 동시에 지닌다.[6] 특히 경전이나 교리의 내용을 현학적인 극형식을 빌려 표현한 것은 일반 대중에게 친숙하게 다가가기 위한 불교잡지의 근대적 포교 방식의 채용이라는 점에서 그 편집 의의를 찾을 수 있다.

이처럼 초창기 잡지는 근대불교학과 불교문학을 위한 지식인들의 등용문으로 기능했다. 따라서 오늘날 이 시기를 연구함에 있어 불교잡지는 없어서는 안 될 귀중한 자료이다. 하지만 현재 이에 대한 연구는 그다지 많지 않다. 심지어 다양한 필명의 주인공이 누구인지도 알지 못한다. 오늘날은 일반인들도 잡지에 많이 참여하고 있지만, 당시처럼 문맹률이 높았던 시절에 글을 기고했다는 것은 일정 수준의 교육을 받은 엘리트였다는 것을 의미한다. 20세기 초 불교지식인들에 대한 연구는 그들이 쓴 글을 통해 시작할 수밖에 없다. 그런 의미에서 불교잡지는 이 시기 불교 연구에 많은 소스를 제공해 주는 자료라 하겠다.

2. 종교적 위상 강화와 문화전통의 강조

초창기 불교잡지의 논설란에 가장 많이 게재된 주제는 불교개혁론과 종교 정체성에 관련한 내용이다. 불교개혁론은 교육·포교·행정·사찰·승려 등 불교 교단의 모든 구태를 벗어던지고 근대화시켜야 한다는 것이 핵심 내용이었다. 도심 불교를 표방하며 근대화에 몰두한지 얼마 되지 않은 시점이었기에 전통은 무조건 없애야 한다는 과격한 주장이 나오기도 했다. 그러나 대체로 개혁론은 체제 개선과 종단 설립 문제에 집중되었고, 내부적으로 승려의 인식부터 변해야 함을 피력했다. 결국 불교 개혁을 통해 '문명'에 걸맞는 종교로서의 위상을 세워야 한다는 주장이었다. 그러나 단순히 개혁을 통해서만 종교적 위상을 세울 수는 없었다. 문명 종교에 부합하는 이론과 논리가 필요했다.

19세기 말까지도 체제 내에 편입되지 못하고 있던 조선불교는 천주교·기독교의 확장 속에 위기의식을 지니고 있었다. 문명 종교로 인식된 기독교와는 달리 미신이나 무속으로 인식된 불교였기에 무엇보다 종교적 성격을 부각시킬 필요가 있었다. 사실 서구 종교의 유입은 전통 종교의 '종교성'을 자각하는 계기로 작용했다. 불교지식인들은 기독교적 종교 개념에서 나아가 문명 종교로서의 불교의 종교 개념을 규정하려 하였다. 기독교와의 비교를 통해 이끌어낸 불교의 특성은 전반적으로 무신론(無神論)이라는 인식으로부터 출발한다. 이것은 천지창조의 일신교적(一神敎的) 기독교에 대한 대응차원에서 이루어졌던 반론으로, 불교가

신을 믿는 종교가 아닌 자유의지에 의한 해탈을 궁극의 목표로 하는 종교라는 점을 강조한 것이었다.

그리고 그 과정에서 종교로서의 가장 큰 특징으로 '철학적'성격을 강조하였다. 철학적 성격은 이성과 합리주의를 중심으로 하는 근대 논리에 부합하면서 전통적인 교학 체계를 계승할 수 있는 적합한 것이었다. 서구의 학자들은 불교의 무신론과 철학적 특성 때문에 종교가 아닌 석가모니를 정점으로 하는 철학으로 분류했지만, 불교지식인들은 오히려 역으로 본래 지니고 있는 불교만의 특성을 문명 종교의 이상으로 부각시켰던 것이다. 이렇듯 20세기 초 불교지식인들은 서구의 '종교'개념을 새롭게 재해석해 근대 종교로서의 불교 정체성을 정립했다. 잡지에 게재된 불교의 종교정체성에 대한 내용들은 불교도들의 공론을 형성하였고, 타종교와 경쟁할 수 있는 논리를 구축하는데 크게 기여하였다.

한편 근현대 불교잡지는 '불교문화'에 대한 인식을 강조한다. 불교 역사와 고승에 대한 탐구, 불교 유적지에 대한 탐방 등을 다룬 글들은 독자들에게 불교에 대한 이해와 관심을 증대시키고, 불교 전통의 계승과 문화유산에 대한 자긍심을 이끌어내는 역할을 한다. 특히 기행문학의 형식을 빌려 전통사찰과 문화유산을 소개하는 글은 잡지 간행 초창기부터 오늘날까지 끊이지 않고 게재되는 단골손님이다. 종교가 보편적으로 인간의 간절한 염원을 희구하여 마음의 안정과 평화를 얻는 것이라면, 문화는 종교성이 외면으로 형상화되어 표출된 것이라고 할 수 있다. 다시 말하면, 불교문화유산은 불교를 통해 바라는 인간의 염원이 예술성의 경지로 승화되어 나타난 것이다. 한국의 지정문화재 중 상당수가 불교 문화재인 점을 감안한다면, 종교적인 문제뿐만 아니라 역사적인 정체성을 확립하는 차원에서도 불교문화유산이 지니는 가치와 의미는 매우 높은 것이라고 할 수 있다.

정리하자면, 불교잡지는 한국 불교의 정체성을 추적하는 실마리를 제공할 뿐만 아니라 불교문화에 대한 역사적 이해와 자부심을 동시에 가질 수 있게 한다. 불교잡지가 지니는 이 두 가지 특징은 결국 불교의 종교로서의 성격을 강화시켜주는 역할을 한다. 특히 오늘날과 같이 문화와 전통을 강조하는 사회에서 특수한 불교문화의 전통을 발굴하여 일반에 소개하고 한국 문화로서의 보편성을 획득하는 일은 불교만의 문제가 아니라 한국 문화의 우수성을 전 세계에 알리는 계기로 작용할 것이다.

3. 불교 대중화의 선도자

불교잡지는 오늘날 포교의 가장 일반적인 수단 중 하나이다. 강연이나 법회는 일회성인데 비해 잡지는 반영구적이며 불특정 다수를 겨냥하여 포교를 할 수 있다는 점에서 큰 장점이 있다. 또한 단순히 일률적인 주제나 장르로 엮은 단행본이나 소식을 전하는 목적이 강한 신문에 비해 당대 지식인이라 할 수 있는 여러 필진의 참여와 다양한 장르의 글들이 복합적으로 구성된 산물이라는 점도 잡지의 가장 큰 매력이다. 결국 이러한 매력에 불교잡지의 대중화 전략이 숨어 있다. 즉, 전문성을 갖추면서 지루함을 없앨 수 있는 기획과 편집을 두고 하는 말이다.

다양한 편집 전략은 초창기 불교잡지에서도 나타난다. 지식의 보급은 물론 독자층의 확대와 참여를 이끌기 위해 문답란이나 여성란, 소년란, 현상공모와 같은 코너를 개설하였고, 불전의 번역 및 해설을 게재하여 어려운 불교를 쉽게 접할 수 있는 기회를 제공하였다.[7] 이러한 전략은 오늘날 잡지까지 이어진다. 특히 2000년대 이후로는 추세가 읽는 잡지에서 보는 잡지로 전환하고 있다. 이에 가독성뿐만 아니라 시각적인 디자인을 고려하여 삽화 뿐 아니라 다양한 사진으로 독자들의 눈길을 끌어야 하는 전략이 필요하게 됐다.

그리고 초창기 잡지에서 불교의 포교와 대중화에 있어서 크게 기여했던 것 중의 하나는 불전의 번역이었다. 한문으로 된 부처님 말씀을 한글로 번역하여 누구나 읽을 수 있도록 하는 것이야말로 당시 포교사업의 최우선이었을지도 모른다. 역경사업의 선두주자는 백용성이었다. 그는 3·1운동으로 서대문 형무소에 수감되었을 때 타종교 신자들이 한글로 된 경전을 읽는 것을 보고 그렇지 못한 불교의 현실을 통탄했다. 그래서 출감 후 삼장역회(三藏譯會)를 세워 조직적인 역경사업을 전개했다.[8] 한용운도 일찍이 "경전이 어려운 한문으로 되어 있어 사람들이 미신처럼 믿으니 종교의 목적을 이룰 수 없다"고 개탄했다. 그래서 1930년대 초 전주 안심사에서 한글 경판이 발견되었을 때 언어도(言語道)를 초월하는 쾌락과 환희를 느꼈다고 술회했다.[9] 역경의 중요성은 많은 이들이 공감했고, 단행본뿐만 아니라 여러 잡지에 연재 형식으로 게재되었다.

그러나 초기 잡지에 게재된 경전의 단순 번역은 요즘 잡지에서는 찾아보기 힘들다. 그동안 경전 번역서가 많이 나왔을 뿐만 아니라 인터넷을 통해서도 볼 수 있어서 이제는 쉽게 경전을 접할 수 있는 시대가 되었기 때문이다. 대신 단순 번역을 넘어 필자의 불교학 지식을 반영하여 경전에 대한 강의 형식으로 꾸려지기는 한다. 지식 열람의 창구가 제한

적이었던 20세기 초반에는 비록 번역문만 게재하는 형식이었지만 불교 대중화를 위한 첫 시도였다는 점에서 큰 의의를 지닌다.

현대 잡지에서 불교 대중화를 위한 기획은 지식의 전달이나 종교성 추구보다는 현대인의 삶에 초점이 맞춰진 느낌이다. 바쁜 현대인들을 위한 생활법문 코너가 지속적으로 등장하고 있으며, '불교와 현대과학', '불교와 21세기'등 새롭게 바뀌어가는 일상 속에서 불교적인 모습들을 발견하고 실천해 나가는 모습들을 담아내려 하고 있다. 이러한 경향은 각 잡지들이 내건 표어를 보더라도 쉽게 읽어낼 수 있다. '대중과 더불어 생활하는 월간지'《불교세계》, '현실 속의 불교를 지향하는'《불교와 문화》, '창조적인 생활인을 위한 교양지'《불광》 등 이제 불교잡지가 가지는 주관심은 현대인의 삶에 들어와 있다고 해도 과언이 아니다. 특히 2000년대 들어서는 선(禪)불교와 불교 명상에 대한 관심이 높아짐에 따라 템플스테이나 신행수기 등을 다루는 코너가 늘어나고 있다.

《불광》의 발행자 고광덕은 '한 권의 책은 한 사람의 법사(法師)와 같다'고 했다. 일반 서적이 1명의 법사라면, 불교잡지는 수십, 수백 명의 법사를 두고 불교 포교를 하고 있는 셈이다. 그것도 불교 강좌를 비롯해 역사, 문화, 문학 등 다양한 방면에 걸친 지식과 정보를 갖춘 능력자를 말이다. 불교잡지는 단순히 불교인들만을 위한 잡지가 되어서는 안 된다. 모든 사람들이 들여다 볼 수 있는 잡지가 되기 위해서 부단한 노력이 필요하다.

Ⅳ. 불교잡지 발간의 역사적 의미

근대 불교잡지는 전통과 근대의 교차점에 선 당대 불교지식인들의 사회인식과 생각들을 보여준다. 주지하듯이, 종교 개념은 19세기 말에 수용되었다. 근대적·서구적·기독교적 개념인 것이다. 이 기준에 의하면 불교는 전통에 속한다. 하지만 종교 경쟁 시대에 살아남기 위해서는 전통만을 고수할 수 없었다. 근대 종교로 새 옷을 갈아입어야만 했다. 그런 의미에서 한용운의 《조선불교유신론》과 같은 과감한 개혁론도 등장했던 것이다. 하지만 한편에선 물질만능주의의 신사조를 비판하며 전통을 강조하기도 했다. 불교잡지에는 전통 종교이자 근대 문명에 부합하는 종교로 불교가 어떻게 처신하고 있는지에 대해 많은 논설들이 담겨있다. 이러한 글들은 당시 불교인들의 공론을 형성하고 불교의 종교적 위상을 강화하는데 토대가 되었다.

오늘날 발간되는 불교잡지는 단순히 불교 자체를 알리는 차원을 넘어 현대인의 삶을 윤택하게 해주는 생활법문과 명상에 대한 내용이 중심이 되고 있다. 또한 초창기에도 해당되지만, 불교문화에 대한 강조가 더욱 두드러진다. 이것은 특히 2000년대 이후 문화 전통을 되살려 세계 속 한국 문화의 우수성을 알리는 추세 속에서 더욱 강조되고 있다. 오늘날 발간되는 불교잡지의 이러한 특성들도 결국은 불교의 종교적 위상을 강화하는데 주목적이 있다.

그리고 불교잡지는 100년이라는 세월 속에서 수많은 지식인들을 배출한 재원이기도 하다. 초창기 잡지의 필자들은 상당수가 해외 유학을 다녀온 엘리트들이었다. 따라서 그들의 시대인식과 사상을 불교잡지를 통해 접할 수 있다. 동시에 재가불자들의 불교운동과 동향을 살피는 데도 불교잡지는 유용한 정보를 제공한다. 잡지의 눈높이는 독자들에게 맞춰져 있고, 독자들은 잡지를 통해 공통의 네트워크를 형성하기 때문이다.

돌이켜 보면, 한국 근대 불교의 가장 큰 과제는 근대화와 대중화였다. 종교 경쟁 시대에 도태되지 않기 위해서는 근대화가 시급했고, 오랜 기간 산중 불교에 머물러 왔기 때문에 불교 대중화를 위한 포교에 힘을 기울일 수밖에 없었다. 그리고 불교잡지는 가장 근대적인 방법으로 가장 효율적인 포교를 할 수 있는 매개체였다. 지난 100여 년 동안 불교잡지는 포교의 임무를 성실히 수행해 왔다. 세상에 빛을 본 잡지만 해도 아마 100종이 넘을 것이다. 하지만 잡지가 시작된 1910년대부터 적어도 1960년대까지는 지난한 역사였다. 일제 강점기라는 시대상과 어수선했던 해방 공간, 그리고 6·25전쟁으로 모든 기간산업이 피폐해진 현실들은 제아무리 종교계라도 정상적인 출판 사업을 유지하기가 쉽지 않았다.

그러나 1970년 이후로 점차 활기를 띠기 시작하여 오늘날에는 그 수를 헤아릴 수 없을 정도로 잡지 수가 늘어났다. 안정적인 경영으로 70년대 창간되어 40년이 넘도록 간행되고 있는 《불교》와 《불광》과 같은 잡지도 있다. 그리고 오늘날에는 인터넷 잡지도 등장했다. 이로 인해 잡지의 역할이 웹상으로 이동한 면도 없지 않지만, 문서로서 잡지가 갖는 의미가 퇴색하지 않는 이상 불교잡지의 역사는 21세기에도 계속 이어질 수 있을 것이다. 더이상 불교의 대중화는 잡지의 목표가 아니다. 이제는 그 이상을 바라보는 시점에 와 있는 것이다.

　우리나라는 불교의 문서 포교 역사가 가장 오래된 나라이다. 세계에서 가장 오래된 목판인쇄본과 금속활자본이 우리나라에서 나왔기 때문이다. 그리고 고려대장경의 조판과 조선시대 간경도감에서의 불서 편찬은 단순한 불심에 의한 불사였다기보다는 우리나라 불교가 지닌 포교 역량의 발현이라고 해도 지나치지 않을 것이다. 따라서 근현대 불교잡지의 간행도 문서 포교 역사의 오랜 전통의 연장선상에서 이해할 필요가 있다.

2장

일제강점기 잡지 《불교》의 간행과 그 성격

Ⅰ. 들어가는 말

　잡지는 전통적 지식 체계를 근대적으로 전환시키는데 매우 중요한 역할을 담당한 매체로서 지식문화의 변화에 큰 영향을 끼친 근대의 산물이다. 잡지와 같은 미디어는 새로운 정보와 지식을 대규모로 생산하여 유통시킬 수 있는 유용한 도구였으며, 이것은 대중들의 의식 세계에 큰 변화를 주기에 충분했다. 불교계의 잡지 발간은 그 자체로 근대성을 표출하는 것이었고, 새로운 시대를 지향하는 종교임을 일반 대중에게 포교하는 최초의 시도였다. 다시 말해, 조선시대에 위축됐던 불교의 이미지를 회복하면서 근대적인 모습을 갖추어 나가는 상징적인 의미를 지니고 있다고 할 수 있다. 따라서 잡지의 발행 현황과 내용을 살펴보는 것은 불교계의 근대화된 모습을 살펴보는 것이며, 당시 불교의 시대정신과 문화 현상을 동시에 구명할 수 있는 중요한 작업이 된다.

　일제강점기에 간행된 불교계의 잡지는 30여 종이나 된다.[1] 그 중에서도 《불교》는 기관지[2]의 성격을 지니면서 가장 긴 기간 동안 발행되었다는 점에서 단연 대표적인 잡지로 손꼽을 수 있다. 형식과 내용적인 면에서도 한문체로 된 1910년대 잡지의 한계를 극복하였고, 많은 불교계 지식인들이 다양한 주제로 글을 게재하고 있어 불교계의 본격적인 근대 종합잡지로서 손색이 없다. 재단법인 조선불교중앙교무원에서 월간으로 발행된 《불교》는 1924년 7월부터 1933년 7월까지 통권 108호를 발행하고 휴간되었다. 이후 경남삼본산 종무협회에 의해 1937년 3월에 다시 1집부터 속간되었고, 1941년 9월호(신30집)부터는 조선불교 조계종 총

본사 태고사로 간행 주체가 변경되어 1944년 12월의 67집까지 발행되었다.[3)]

《불교》는 발행 기간만 놓고 보면 1924년부터 1944년까지 20년 동안 발행되었다. 이는 당시 언론·출판계의 어려웠던 사정을 감안하면 상당한 성과가 아닐 수 없다. 그러나 지금까지 잡지에 대한 연구는 단순히 소개 수준에만 머물러 있다. 또한 대부분의 근대 불교 연구가 특정한 사건이나 주제를 중심으로 잡지의 내용을 사료로 인용하고 있을 뿐이다. 잡지가 근대 불교 연구의 1차 사료임에도 불구하고, 몇 부가 발행되어 각 사찰에 얼마나 배부되었는지에 대한 구체적인 사례는 아직까지 밝혀지지 않았다. 그런 점에서《불교》는 기관지였기 때문에 잡지 간행과 관련해 그 비용과 발행 부수 등이 회의록에 부분적으로 남아 있어, 다른 잡지들보다 분석하기가 용이한 장점이 있다.

본문에서는 잡지《불교》의 발행 비용과 부수를 분석함으로써 발행을 담당했던 불교사(佛敎社)가 재정난을 겪게 되는 일련의 과정을 살펴보려고 한다. 그러한 배경 속에서 편집 겸 발행인의 잦은 교체가 이루어졌고, 잡지도 휴간과 속간을 거치는 우여곡절을 겪게 되었음을 살펴볼 것이다. 한편 불교사 자체의 운영 문제뿐만 아니라 당시 불교계 전체의 시대 상황은《불교》의 내용에도 많은 영향을 끼쳤다. 이러한 문제의식을 바탕으로《불교》의 창간으로부터 속간되어 종간될 때까지 성격이 어떻게 변화했는지 살펴볼 것이다. 비록 잡지의 현상적인 분석이지만, 이를 통해 당시 불교계의 실상과 시대인식을 유추해 볼 수 있을 것이다. 마지막으로《불교》에 수록된 기사들을 토대로《불교》가 지니는 근대성에 대해서 살펴볼 것이다. 여기에서 살펴볼 근대성이 곧 한국 불교 자체의 본질적인 근대성이라고 말할 수는 없지만, 부분적이나마 근대 불교의 특성을 이해하는데 도움이 되리라 기대해 본다.

Ⅱ.《불교》의 창간 배경과 발행 현황

1. 창간 배경

3·1운동 이후 민족의식이 성장하고 근대적 학교 교육이 확산되면서 불교계에서도 교육을 받은 지식인 승려 계층이 늘어나고, 해외 유학파도 귀국하여 활발한 포교 활동을 전개해 나갔다. 그러나 근대 교육을 받은 젊은 승려들과 기득권층을 형성한 본산 주지들 간에 현 불교계의 개혁 문제를 놓고 갈등을 빚기 시작했다. 젊은 승려들로 구성된 조선불교유신회(朝鮮佛敎維新會)[4]는 1921년 1월에 개최된 30본산 주지총회에서 8개항의 유신안(維新案)을 30본산 연합사무소측에 제출하였다. 8개항은

① 조선 불교는 만사(萬事)를 공론으로 결정할 것
② 30본산 연합사무소 제규(制規)를 수정할 것
③ 조선 사찰의 재정을 통일할 것
④ 조선 불교의 교육주의 제도를 혁신할 것
⑤ 포교 방법을 개선할 것
⑥ 종래의 의식을 개선할 것
⑦ 경성 불교원(佛敎院)을 건설할 것
⑧ 인쇄국을 설치할 것[5]

등이다. 처음엔 본산 주지들도 이들의 제안에 영향을 받아 30본산 주지

총회에서 다음과 같이 결의하였다.

① 조선 불교를 혁신할 것
② 현재의 연합사무소 제도는 조선 불교의 개혁상 적당치 못하므로 종무원으로 수정할 것
③ 현재의 교육주의 제도를 혁신하여 각 지방사찰에 있는 지방학림을 종합해서 불교고등보통학교를 경성에 둘 것
④ 현재 경성에 있는 조선불교 중앙학림을 불교전문학교로 개정
⑤ 종래의 포교 방법은 각 사찰에서 각각 경영하여 오던 바 이제부터는 통일적으로 포교 시설을 행하여 나갈 것[6]

그러나 이 결의는 일부 주지와 일제 당국의 반대로 이행되지 못하였고, 불교 청년들과 주지층의 반목은 계속되었다.[7]

결국 1922년에 열린 불교총회에서 30본산 연합사무소를 폐지하기로 결정하고, 새로운 중앙기관인 총무원을 설립하기로 결의하였다.[8] 그 과정을 살펴보면 다음과 같다. 1922년 1월 당초 예정대로 주지총회가 열렸는데, 불교유신회에서 주지의 의견뿐만 아니라 다른 승려들의 의견도 들어서 결정하는 것이 필요하다고 주장하여 주지총회를 폐지하고 불교총회로 하자는 의견이 받아들여졌다. 그러자 이에 반대하는 주지들은 대회에서 탈퇴하였다. 따라서 불교총회는 불교유신회측과 통도사, 위봉사, 범어사, 석왕사, 해인사 등의 몇몇 주지들만 참석한 가운데 진행되었고, 총무원을 설립하였던 것이다.[9]

그러자 불교계는 총무원과 이를 반대하는 주지들로 나뉘어 대립하는

형세가 되었다. 총독부는 이들의 분쟁을 원만히 해결하기 위하여 주지회의를 열어 중재에 나섰다. 총독부 학무국은 이 회의에서 종래의 30본산 연합제규를 폐지하는 동시에 총무원도 폐지하고 새로운 통일 기관을 세워서 불교 사업을 해 나갈 것을 종용하였다.[10] 이때 총무원측과 주지들 사이에 통일 기관의 설립 문제로 다시 분쟁이 발생하였고, 주지들은 총무원측을 배제시킨 채 새로 조선불교 중앙교무원을 설립하였다.

이후 총무원과 교무원간의 싸움은 불교계뿐만 아니라 사회적으로도 주목받을 만큼 시끄럽게 계속되었다. 특히 두 사무실이 동일하게 서울 종로구에 있는 각황사 내에 위치하여 각황사의 연고권을 놓고 싸운 분쟁은 대표적인 사건이다. 양측의 승려들은 각 사무실의 간판을 도끼로 깨뜨리고 주먹 다툼까지 하여 경찰에 구금되고 법정 싸움까지 가는 등 불미스러운 사태를 연출하였다. 이 일련의 사건들은 당시 신문지상에 연일 관심있게 특필되기도 하였다.[11]

이러한 혼란 상태로 인해 불교계는 사업을 진행하는데 어려움을 겪었을 것이고, 심지어 사업 계획조차도 제대로 세우지 못했을 것이다. 특히 불교유신회가 유신안을 내놓았던 1921년부터 30본산 주지들과 대립 형세를 이루었던 만큼, 불교계 전체가 이들에게 촉각을 곤두세웠을 것은 당연한 일이다. 현재 1921년부터 1924년 전반기까지 불교계의 잡지가 기관지뿐만 아니라 지방 사찰이나 단체 및 개인이 발행한 잡지조차 하나도 확인되지 않는 점은 그만큼 불교계의 상황이 어렵고 혼란스러웠음을 뒷받침해 준다고 할 수 있다.

양분되었던 불교계는 1924년 4월에 재단법인 조선불교 중앙교무원으로 통합되면서 기관지를 간행하기로 결의하고, 7월부터 월간 잡지인

《불교》를 발행하였다. 편집 겸 발행인인 권상로는 창간 목적에 대해서,

> 이번의 간행은 단순히 우리 불교의 기관다운 기관이 되어서 교리, 종제, 여러 방면으로 노력하여 조선불교로 하여금 불교다운 불교가 되게 하여서 그에 따라 우리 교역자나 신앙가도 모두 상당한 향상을 기하고자 하는 바이다.[12]

라고 밝히고 있다. 교무원이 불교계의 중심 기관으로 발전하기를 바라면서 잡지 발간이 불교계 전체의 발전을 가져오기를 희망한다는 내용이다. 그동안 불교계의 혼란 속에 잡지가 발행되지 못했기에 위와 같이 희망하였던 것이다.

2. 발간 비용 염출과 재정난

잡지 발행 사업의 성패는 충분한 재정의 지원 여하에 달렸다고 해도 과언이 아니다. 1910년대의 잡지들이 장기간 발행되지 못했던 가장 큰 이유도 재정 문제 때문이었다. 따라서 《불교》의 발행과 관련해서 잡지 발행의 예산을 집행했던 재단법인 조선불교중앙교무원의 역할은 매우 중요했다. 다음은 조선불교중앙교무원 평의원 총회와 조선불교선교양종 종회의 회의록에서 예산안과 결산서 부분 중 잡지 발간 항목만을 따로 분류한 것이다.

[표 1] 조선불교중앙교무원 연도별 잡지 발간 비용[13] / 단위 _ 원

연도	세입			세출		
	예산액	결산액	증감	예산액	결산액	증감
1924	×	×	×	1,620	2,620	增1,000
1925	-	-	-	-	-	-
1926	×	×	×	3,040	3,039.83	減0.17
1927	×	×	×	3,160	3,156.84	減3.16
1928	×	×	×	4,200	4,200	·
1929	3,900	612.73	減3,287.27	5,295	4,520.64	減774.36
1930	2,500	504.56	減1,995.44	4,800	4,796.95	減3.5
1931	·	·	·	1,900	1,899	減1
1932	·	·	·	×	×	×
1933	×	×	×	500	500	·

[표 2] 조선불교 선교양종중앙교무원 잡지 발간 비용[14] / 단위 _ 원

연도	세입			세출		
	예산액	결산액	증감	예산액	결산액	증감
1932	1,800	·	·	3,310	·	·
1933	2,100	·	·	2,196	·	·

× : 잡지 발간 항목 자체가 없는 것
· : 항목은 있으나 비용이 상정되어 있지 않은 것(공란)
- : 평의원 총회 회록의 결실로 확인 불가

위의 통계를 보면, 1929년까지는 예산이 계속 증가하고 1930년에 예년과 비슷한 수준을 유지하다가 1931년에 급격하게 줄어든 것을 확인할 수 있다. 이것은 교무원이 불교사(佛敎社)를 독립시켰기 때문이다. 그럼에도 1931년에 1,900원의 예산을 집행한 것은 불교사가 인쇄비라도 교무원에서 지원해 달라고 요구했기 때문이다. 이에 교무원은 1,900원을 상반기 내에 지불하기로 하고, 하반기부터는 불교사가 지방에서 대금(代金)을 받아서 경영하도록 하였다.[15] 1932년과 1933년에는 조선불교 선교양종 중앙교무원(재단법인 교무원이 아님)[16]이 불교사를 경영하게 되면서 종회에서 예산을 편성하였다. [표 1]에서 1933년의 500원은 재단법인 중앙교무원이 잡지 발행의 보조금으로 지원해 준 금액이다.

잡지의 발간 비용은 전체 예산에서 1924년에 3.95%, 1928년에 5.23%, 1929년에 6.59%, 1930년에 5.09%, 1931년에 2.14%를 차지하고 있다.[17] 이중에서 예산비가 가장 많이 책정되었던 1929년도를 살펴보면, 전체 세출에 대한 예산인 80,331원에서 교육비[18]가 58,596원(73%)으로 가장 많고, 이어서 잡지비가 5,295원, 급여비 5,110원, 포교비 3,000원 순으로 책정되었다. 교육 사업에 대한 투자 다음으로 잡지 발간에 드는 비용이 가장 많이 책정되고 있다.

그런데 교육 사업에 대한 비용은 1930년도의 예산에서도 65,476원으로 전체 94,206원의 69.5%를 차지하고 있다. 전체 예산에서 70% 정도를 교육 사업에만 투자한 것이다. 게다가 1929년에 불교전수학교를 전문학교 수준으로 승격[19]시키기 위하여 재단법인 교무원을 60만원 재단에서 100만원 재단으로 만들려고 했다.[20] 결국 교육 사업에 대한 무리한 투자와 40만원 증자에 대한 원활하지 못한 수납 등으로 인해 교무

원이 재정난을 겪게 되었다.[21]

한편 [표 1]을 보면 1929년부터 세입 비용에 대한 예산액이 산출되고 있다. 1929년에는 3,900원의 수납 예산액에서 612.73원(15%)이 수납되었고, 1930년에는 2,500원의 수납 예산액에서 504.56원(20%)이 수납되었다. 이 세입 예산액은 모두 잡지의 구독료와 광고료로 산출한 것이다. 1929년의 3,900원은 구독자 1,000명에 1부당 30전을 예상하고 평균 광고료 300원을 견적하여 얻은 수치이고,[22] 1930년의 2,500원은 구독자 1,200명에 1부당 20전을 예상하고(지사 2할 감면) 광고료로 200원을 견적하여 얻은 수치이다.[23] 예상했던 구독료의 수입률이 각각 15%, 20% 수준에 그치고 있어 잡지사의 운영에서 심각한 적자를 면치 못하고 있었음을 알 수 있다.

잡지의 구독 현황, 즉 발행 부수와 배부 현황에 대해서는 남아있는 기록이 많지 않아 연도별로 구체적으로 밝히기 어려운 실정이다. 다음은 당시 회의록의 서무부 전년도 경과보고와 예산안의 세입 비용에 대한 설명 부분을 통해서 단편적으로 보이고 있는 발행 부수의 현황을 정리한 것이다.

[표 3] 연도별 잡지 발행 부수

연도	발행 부수	비고
1929	매월 1,300부씩 간행	서무부 경과 보고
1930	매월 1,300부씩 간행	서무부 경과 보고
1931	매월 1,500부씩 간행	서무부 경과 보고
1932	매월 1,000부씩 예산 편성	예산안 설명

| 1933 | 년 10,000부로 예산 편성 | 예산안 설명 |

당시 발행된 일반 문학잡지의 부수는 대략 1,500~2,000부 정도였던 것 같다. 1921년에 《창조》가 2,000부를 채 팔지 못했으며, 《조선문단》은 창간호가 1,500부, 2호가 2,000부 발행됐다고 한다.[24] 《불교》는 문학잡지에 비해 적게 발행되었는데, [표 3]을 보면 대체로 1,000부에서 1,500부 정도 발행됐음을 알 수 있다.

그리고 앞에서 살펴본 1929년과 1930년의 세입 예산 비용에서 각각 구독자를 1,000명과 1,200명이라고 예상하고 산출하였는데, [표 3]에서는 1,300부씩 발행한 것으로 되어 있다. 따라서 예상된 구독자보다 100부에서 200부의 여유를 두고 발간했던 것으로 보인다. 다음 [표 4]에서 좀 더 구체적으로 각 본산에 배부했던 현황을 살펴볼 수 있다.

[표 4] 1932년 4월~1933년 2월 말까지의 《불교》 배부 현황과 지대(誌代) 수입 상황[25]

본산	배부 부수	월평균 수치	대금	수납액	미수액
건봉사	494	45	74.10		74.10
고운사	440	40	66.00		66.00
귀주사	332	30	49.80		49.80
기림사	164	15	24.60		24.60
김룡사	550	50	82.50		82.50
대흥사	415	38	62.25		62.25
동화사	381	35	57.15	1.50	55.65

마곡사	714	65	107.10		107.10
백양사	439	40	65.85		65.85
범어사	473	43	70.95	40.00	30.95
법주사	439	40	65.85		65.85
보석사	105	10	15.75		15.75
보현사	381	35	57.15		57.15
봉선사	231	21	34.65	1.50	33.15
봉은사	134	12	20.10		20.10
석왕사	330	30	49.50		49.50
선암사	327	29	49.05		49.05
성불사	217	20	32.55		32.55
송광사	351	32	52.65		52.65
영명사	178	16	26.70		26.70
용주사	286	26	42.90		42.90
월정사	219	20	32.85		32.85
위봉사	328	30	49.20		49.20
유점사	278	25	41.70		41.70
은해사	169	15	25.35	13.03	12.32
전등사	103	9	15.45		15.45
통도사	830	75	124.50	24.30	100.20
패엽사	327	29	49.05		49.05

해인사	769	70	115.35		115.35	
화엄사	203	18	30.45		30.45	
계	10,607		1,591.05	80.33	1,510.72	

[표 4]는 일정 시기에 한정된 자료이므로 당시 전체의 통계 수치는 될 수 없다.[26] 그러나 1930년대 초반의 상황을 통해 근접 시기의 발행 현황과 배부 현황을 유추하는 데에는 도움을 줄 수 있을 것이다. 위 표에서 잡지의 구독률이 높은 사찰은 김룡사, 마곡사, 통도사, 해인사 등으로 매달 평균 50부 이상을 구독했음을 알 수 있다. 잡지의 구독률을 가지고 당시 각 본산의 규모나 발전 정도를 논할 수는 없겠지만, 포교 활동의 정도를 가늠해 본다는 차원에서는 어느 정도 의미를 지닌다고 할 수 있을 것이다. 그러나 이러한 수치 외에 누가 잡지를 구독하고 어떻게 활용했는지에 대한 구체적인 내용은 아직까지 찾아볼 수 없다.

각 본산은 지사를 설립하고 종무소의 감독 하에 지사장이 잡지의 구독과 각 사암(寺庵)의 지대(誌代)를 수납하였다. 또한 각 본말사암에서 각 개인이 생활 능력이 되는 공재(公財) 수입을 가진 자면 필히 잡지를 구독하게 하였고, 승려 이외의 개인 독자도 종무소나 지사에서 구독 신청을 할 수 있었다. 그리고 조선 불교와 관계되어 직접 경영하거나 간접 관계에 있는 기관에 종사하는 이들에게도 의무적으로 잡지를 구독하도록 권유하였다.[27] 그러나 불교사는 지사의 운영을 통해 경영을 혁신하고 잡지 구독을 장려하는 활동을 활발하게 전개해 나갔지만, [표 4]에서 보는 바와 같이 대체로 잡지 대금을 수납하지 못했던 것 같다.[28]

1930년 이후 교무원의 재정난으로 인해 불교사도 마찬가지로 잡지를 발행하는데 어려움을 겪을 수밖에 없었다. 특히 교무원이 불교사를 독립시키고 약간의 지원금만 주는 상황에서 잡지 대금을 받아서 경영할 수 있도록 편의를 제공하겠다고는 했지만, 앞에서 살펴본 바와 같이 잡지 대금의 수납은 제대로 이루어지지 않았다. 이런 상황에서 《불교》도 결국 1933년 7월호를 끝으로 발행이 중단되었다.[29]

불교사가 간판을 내리게 되는 사정에 대해서는 훗날 최범술(崔凡述)이 회고한 내용이 있어 이 당시 상황을 이해하는데 도움이 된다. 당시 보성고보 교장인 김경홍(金景弘), 불전학감인 허영호(許永鎬), 불교사 삼필(三筆)인 김법린(金法麟) 등과 재단법인의 운영 실무 이사진까지 모두 범어사와 통도사 출신이었다. 이처럼 경남 삼본산 출신이 조선불교중앙교무원의 주도권을 잡자, 전남의 선암사·송광사·화엄사, 경북 오본산, 경기도 봉은사·용주사 등의 사찰들이 이에 반발하였다고 한다. 그러던 중에 앞서 살펴보았던 40만원 증자안이 허영호에 의해 제출되자, 이에 대한 반박문이 《불교》지상에 나오면서 중앙, 지방 할 것 없이 불교계에 일대 분규가 발생했다. 이때를 최범술은 다음과 같이 회고하고 있다.

그런 판에 불교사의 김법린은 파면된 허영호 학감을 옹호하여 새로 피선된 상무이사진에 맞서 언쟁(言爭) 글에 석탄 바구니를 내어 던졌으므로 송광사측 출신 김해은(金海隱), 월정사 출신 이종욱(李鍾郁), 용주사의 강대련(姜大蓮) 등은 크게 분노, 불교사마저 폐해버리고 말았다.[30]

결국 40만원 증자안과 결부된 불교계의 재정적인 문제로 일대 분규가 일어나 불교사가 없어지게 된 것이다. 1920년대 초반 혼란했던 불교계의 싸움 속에 잡지가 발행되지 못했던 상황이 10년여가 지난 1933년에도 다시 되풀이되었던 것이다.

속간 《불교》의 발행 예산에 대해서는 발행 주체였던 경남삼본산 종무협회의 정기 총회 내용과 《조선불교 조계종보》에 있는 〈태고사 수입지출 예산안〉이 참고된다. 우선 경남삼본산 종무협회는 1939년도 《불교》의 간행비로 500원을 책정하고 삼본산의 사업비에서 2,000원을 충당하여 2,500원을 책정하고 있다.[31] 구체적인 발행 부수와 배부 현황은 알 수 없지만, 책정된 예산만을 놓고 보면 많아야 1,000부 정도였을 것으로 생각된다. 반면 발행 주체가 조선불교 조계종 총본사 태고사로 넘어간 이후에는 전간 《불교》를 발행할 당시의 사정과 비슷한 수준을 유지했던 것 같다. 이 시기의 매년도 잡지 발간 비용은 정확히 알 수 없지만, 전체 예산의 5% 정도를 유지했을 것으로 생각된다. 현재 1943년도의 예산안을 확인할 수 있는데, 전체 세출 총액 109,778원에서 '종보와 불교지비'로 6,160원을 책정하여 5.6%를 차지하고 있다.[32] 이중 《불교》의 인쇄비로 2,400원이 책정된 것을 보면, 1,000부를 기준으로 20전씩 계산해서 나온 금액이 아닐까 생각된다. 그러므로 속간의 발행 사정도 전간 때와 어느 정도 차이는 있지만 비슷하게 이루어지고 있음을 알 수 있다.

잡지의 간행은 그 자체가 근대성을 상징적으로 내포하는 근대의 문화 현상이다. 따라서 불교계의 잡지 간행도 당시 그들의 최대 목표였던 '근대화'라는 과제를 실천한 중요한 결과물이자 하나의 불교문화라고 생각할 수 있다. 그런데 당시의 어려웠던 시대 상황은 잡지의 간행에 많은 영향을 끼칠 수밖에 없었다. 1910년대 잡지들이 불과 몇 개월로부터 길어야 2년이라는 시간을 넘기지 못하고 폐간되었던 점이 이러한 상황을 잘 대변해 준다. 그런 점에서 1924년부터 1944년까지 간행된 《불교》가 지니는 생명력이야 말로 진정한 근대 불교계의 힘이자 상징적인 요소였다고 말할 수 있다.

III. 주요 집필자와 글의 성향

1910년대 잡지는 글을 쓸 수 있는 지식인 계층이 많이 확보되지 않은 상황에서 유독 편집 겸 발행인의 글이 많이 보인다는 점이 특징이었다. 이러한 상황은 《불교》에서도 비슷한 양상을 보이고 있지만, 그들 외에도 다수의 글을 게재하는 필자들의 수가 1910년대와는 비교되지 않을 정도로 늘어나고 있다. 이것은 국내·외에서 근대 교육을 받은 승려들이 늘어났기[33] 때문이며, 또한 불교계 지식인의 저변이 그만큼 확대되었음을 의미하는 것이기도 하다. 따라서 글의 주제도 1910년대보다 다양해졌고, 특히 한 필자에게서 다양한 장르의 글이 발견되기도 한다. 이러한 특징이 《불교》가 근대 종합 잡지로서 독자의 관심을 받으며 다년간 발행될 수 있었던 내적 요인이었다고 할 수 있다.

당시는 근대 교육을 받을 수 있는 여건이 제한된 상황이었으므로 잡지에 글을 쓸 정도의 사람이라면 최고의 지식인이었다고 할 수 있다. 《불교》의 주요 집필자들도 많은 이가 해외 유학파로서, 귀국 후 활발한 활동을 펼쳤던 엘리트였다. 잡지에서 보이는 글의 편수의 많고 적음만을 가지고 이들이 곧 불교계를 이끌어 나간 중심인물이라고 할 수는 없지만, 당시 불교계의 사상과 시대성을 대표할 수 있는 인물이라는 것은 분명한 사실이다.

따라서 어느 누가 몇 편의 글을 게재하고, 또 글의 성향은 어떠했는지 살펴보는 일은 필자 개인이나 《불교》의 성향뿐만 아니라 불교계 전체의 시대인식을 대변할 수 있다는 점에서 중요한 의미를 지닌다.

《불교》에서 짧은 글이든 번역물이든 자신의 이름이나 필명을 밝히고 글을 게재한 사람은 전간의 경우 370여 명에 달하고, 속간은 150여 명에 달한다. 주요 집필자를 표로 정리하면 다음과 같다.[34]

[표 5] 전간 《불교》의 주요 집필자 / 〈 〉안의 숫자는 게재 회수를 나타냄)

게재 수	인원 수	필자
30회 이상	7	김태흡〈158〉, 만오생〈35〉, 백성욱〈43〉, 조종현〈38〉 권상로〈111〉, 허영호〈43〉, 한용운〈32〉
20~30회	6	김경주, 김일엽, 소백두타, 양건식, 이능화, 이응섭
10~20회	19	강유문, 김해운, 도진호, 동산인, 류엽, 박동일, 박삼천, 백양환민, 백용성, 이영재, 안자산, 오관수, 오봉산인, 이덕진, 조학유, 김법린, 타공, 한영석, 흑안
계	32	(※ 10회 이하는 340여명에 달하는 관계로 생략함)

[표 6] 속간 《불교》의 주요 집필자 / 〈 〉안의 숫자는 게재 회수를 나타냄)

게재 수	인원 수	필자
20회 이상	6	강유문〈23〉, 권상로〈34〉, 김영수〈24〉, 박봉석〈20〉, 장도환〈54〉, 허영호〈74〉
10~20회	3	김동화, 한용운, 이달하
5~10회	17	고유섭, 이종욱, 김달진, 김잉석, 김진원, 김태흡, 대곡정평, 이덕진, 박윤진, 방한암, 법운, 서경보, 신상보, 심우인, 임원길, 장상봉, 조종현
계	26	(※ 5회 이하 생략)

위의 표를 보면, 권상로와 허영호가 [표 5]에서 30회 이상, [표 6]에서 20회 이상에 모두 들어있는 것을 확인할 수 있다. 김태흡의 글은 전

간에서 158편이라는 경이로운 편수를 보이고 있지만, 속간에서는 7편에 그치고 있다.[35] 한용운의 글은 전간에서 그가 편집 겸 발행인을 맡았던 84·85합호부터 보이기 시작하며, 속간에서는 20집까지만 필자로 참여하였다. 그리고 만오생, 백성욱은 전간에서만 이름이 확인되고, 장도환, 강유문, 김영수 등은 전간보다는 속간에서 많은 글을 게재하고 있다. 그 외 여러 사람이 전간과 속간에서 적지 않은 글을 발표했고, 속간에서 새롭게 등장하여 주목을 받기도 하였다.

우선 김태흡(1899~1989)은 김소하(金素荷), 김대은(金大隱), 사불산인(四佛山人), 법우루(法雨樓) 주인 등의 여러 필명으로 글을 게재하였다.[36] 그는 전간에서 종교와 불교의 관계나 현대사조 속에서의 불교관과 같은 순수한 불교적 주제를 다룬 논설[37]을 게재하거나 그의 학위 논문[38] 및 역사 관련 글[39]을 싣고 있다. 하지만 속간에서는 비록 몇 편 되지 않지만[40] 일제의 대동아 경영에 대해 칭송하는 친일 성향의 글[41]을 발표하고 있다. 속간에서 그가 발표한 글들은 일제가 대동아 경영권을 확립하기 위해 총력전을 벌이는 만큼 皇恩에 보답하기 위해서 우리 불교도도 법의를 벗고 총검을 들어야 한다는 논조들을 담고 있다.

권상로(1879~1965)는 퇴경(退耕(堂)), 운양사문(雲陽沙門), 운양자(雲陽子) 등의 필명으로 글을 게재하였다. 그는 그가 편집을 맡았던 1-83호 중에서 〈불교결의(佛敎決疑)〉를 총 61회나 연재하였는데, 독자의 불교에 대한 의문점을 그가 답해주는 형식으로 구성하였다. 〈불교결의〉뿐만 아니라 1호부터 15호까지 연재한 〈죽의문답(竹倚問答)〉에서도 스스로 물음을 던지고 그에 대해 대답하는 형식으로 독자에게 불교를 이해시키고 있다. 〈불교결의〉와 〈죽의문답〉을 뺀 나머지 글들은 대부분 조선 불교의 특색[42]

과 불교사에 대한 글들이다. 특히 〈조선에서 자립한 종파〉를 54호부터 61호까지 연재하면서 염불종, 율종, 조계종, 신인종, 총지종, 천태종, 시흥종 등의 종파에 대해서 고찰하였다. 잡지에 실린 그의 글만 놓고 보면, 1910년대에는 〈조선불교혁명론〉과 같은 현실 비판적인 글들이 많이 보이는 반면, 1920년대의 《불교》지에서는 교학적이고 역사적인 부분에 많이 치중하고 있는 모습이다.

한편 그의 논설은 속간에서 많이 보이는데, 김태흡과 마찬가지로 대부분 친일의 성향을 띠고 있다.[43] 특히 6편의 글에서 창씨개명한 이름인 안토 소오로(安東相老)를 필명으로 사용하기도 하였다. 그는 다수의 논설에서 일제의 대동아 경영권을 완수하기 위해 승려들도 성전(聖戰)에 참여하라는 포교 총동원을 주창하고 있다. 권상로는 한국 불교학의 발전에 큰 공헌을 한 대표적인 학승(學僧)으로 평가되기도 하지만,[44] 일제의 대동아 경영에 적극 동참하자는 논설을 발표하는 등 친일행위를 보이기도 했다.

권상로에 이어 《불교》의 편집 겸 발행인을 맡았던 한용운(1879~1944)은 교학이나 불교사의 측면보다는 냉철한 현실 인식을 바탕으로 일제의 종교 간섭을 비판하고, 현 불교계의 발전을 촉구하는 논설을 많이 게재하였다.[45] 또한 세계 여러 나라의 불교 내지 종교 현상을 소개하거나,[46] 불교계의 문화 현상이나 청년 운동에 대한 글[47]을 게재함으로써, 독자로 하여금 문화의식을 고취하고 진취적인 사고를 지닐 수 있도록 선도하기도 했다. 한용운의 글은 속간 20호에 실린 〈《불교》의 과거와 미래〉를 끝으로 더 이상 확인되지 않는다. 이것은 필자의 억측일 수도 있지만, 《불교》지의 편집 방향이 한용운의 사상과 맞지 않았기 때문이 아닌가 생각된다. 다시 말해, 이후 잡지의 발행 주체와 편집 겸 발행인이 친일의 성향으로 급격하게 돌아서면서 한용운도 글쓰기를 중단한 것 같다.

허영호(1900~?)는 현주(玄洲), 경호(鏡湖) 등의 필명과 창씨개명한 이름인 도쿠미쓰 요시(德光允), 도쿠미쓰 쓰바사(德光翼) 등으로 글을 게재하였다. 그의 글들은 주로 역경과 교학 연구에 치중되어 있다. 특히 속간에서는 편집 겸 발행인으로서 경남삼본산 종무협회의 역경원 사업에서 번역한 글들을 싣고 있는데,[48] 이렇게 번역한 그의 글은 그가 《불교》에 게재한 글의 ⅓분량을 차지한다. 교학 연구로는 〈십이상연법에 대하야〉, 〈요별삼십송의 석〉, 〈대소품반야경의 성립론〉[49], 〈구사론의 요의〉, 〈원효불교의 재음미〉, 〈불전에 나타난 성숙(星宿)〉 등이 연재되었다. 그는 교학 연구와 역경 외에도 여러 편의 논설, 시, 불교설화 등을 게재하였다. 논설의 경우 불교계의 제도 개선과 미래에 대한 전망을 개진한 시사 논설[50]이 주목되며, 교학에 뛰어났기 때문인지 불교와 관련된 논설[51]도 여러 편이 보인다. 한편 시, 수필을 비롯해서 〈남국의 춘색〉, 〈《아쟌따~》동굴과 벽화〉 등의 기행문을 쓰고 있어 그의 문학적인 능력도 보여주고 있다.

허영호 역시 권상로와 마찬가지로 당대의 대표적인 학승으로 활약했지만, 창씨개명한 필명으로 잡지에 게재한 논설들, 즉 〈대동아전하(大東亞戰下)의 화제(花祭)를 맞어서〉[52], 〈결전 제2년과 새로운 불교에의 구상〉[53] 등을 통해서 알 수 있듯이 친일 성향을 보였던 대표적인 논사이기도 했다.

장도환(1903~?)은 전간에서 5회를 게재하는 동안 혜근(慧勤)이라는 필명을 잠깐 사용한 적이 있고,[54] 속간에서는 본명과 금성(錦城, 혹은 金城)이라는 필명을 사용하였다. 그가 활발한 집필 활동을 한 시기는 1942년 1월(신32집)부터 불교사의 편집주임으로 임명되면서부터이다.[55] 그가 게재한 54편의 글 중에서 신32집 이후로 게재된 글이 40편이나 된다.[56] 그는 다양한 주제로 논설, 연구 논문, 기행문, 시, 부처님 설화 등 여러 장르를 다루었다.

그런데 장도환은 앞서 살펴본 필자들처럼 어느 특정 분야에 전문성을 가지고 집필한 것 같지는 않다. 예를 들어, 권상로는 조선 불교의 특색과 불교사에 중점을 두었고, 한용운은 주로 현실 비판과 개혁 의지를 표방한 글을 많이 썼으며, 허영호는 역경과 교학 부분에 치중한 모습을 관찰할 수 있다. 그러나 장도환의 글들은 어느 한 분야에 치중하지 않고 여러 장르의 글을 다루고 있으며, 같은 장르의 글이라도 주기적으로 연재되지 못하고 시기적으로 간헐적인 모습을 보인다. 따라서 그가 어느 특정한 의도를 가지고 집필과 편집에 참여한 것 같지는 않다.

Ⅳ. 편집 책임자의 교체와 성격 변화

《불교》가 간행되는 20년이라는 긴 시간동안 발행주체와 편집 책임자는 여러 번 교체되었고, 그때마다 잡지를 구성하는 편집상의 성격도 다르게 나타났다. 전간이 발간된 1920년대와 1930년대 초반은 일제의 문화정치기 속에서 불교계가 근대화와 개혁이라는 숙제를 풀어나가는 시기였다. 그러나 속간이 발행된 1937년 이후는 일제의 대동아공영이라는 슬로건 아래 총동원 전시체제가 지속된 시기였다. 서로 다른 시대 배경속에서 불교계의 상황도 다르게 전개되었고, 무엇보다 잡지를 편집하는 책임자의 정치적 성향이 확실해지면서 잡지의 성격도 달라질 수밖에 없었다. 한편 전간에서 권상로로부터 한용운으로 바뀌는 시점과 속간에서 허영호로부터 김삼도로 바뀌는 시점의 잡지 분위기도 서로 다르게 나타난다.

전간 《불교》 83호의 편집 책임자는 권상로였다. 이때 실린 글들은 '정치의 범위를 벗어나고 교리와 직접 간접으로 관계있는 것'[57]만을 글의 주제로 다룬다는 편집의 범위를 크게 벗어나지 않았다. 굳이 다르게 표현하자면, 총독부의 신경을 건드리지 않고 안정적인 잡지사의 운영을 선택했다고도 말할 수 있을 것이다. 따라서 시사성 있는 논설의 경우에도 현 불교계의 사업 방향이나 제도 및 승려들의 생활 등 주로 내부적인 비판 내지는 반성을 촉구하여 자체적인 발전을 꾀하는 글들이 대부분을 차지한다.

그러나 한용운이 편집을 맡게 되는 1931년 6월부터는 조선불교의 주체성을 찾기 위한 과감한 혁신 내용이 등장한다. 한용운은 이 시기 편집을 맡으면서부터 비로소 《불교》에 글을 쓰기 시작했는데, 조선 불교의 현 실태를 거침없이 비판하면서 주체성을 회복하고자 하는 논설을 게재하였다.[58] 특히 그가 《불교》의 책임을 맡으면서 발표한 〈정교를 분립하라〉는 일제의 종교 간섭을 직접적으로 비판한 글로서, 정치와 관련된 글을 게재하지 않는다는 종교 잡지로서의 편집 원칙을 과감하게 깨뜨린 논설이다. 그는 일제의 종교 간섭을 다음과 같이 신랄하게 비판하였다.

> 종교는 자체에 있어서 신성할 뿐 아니라 그 목적은 전 인류의 행복과 평화를 달성함에 있는 것이다. 그러한 종교로서 국제적 침략주의의 이용물이 되어서 인류화평의 적이 되는 침략정책의 실현에 보조적 전위대가 된다면 실로 종교로서의 치욕이 이에서 더할 자- 없는 것이다……조선불교가 조선사찰령으로 말미암아 특수한 간섭을 받게 되는 것도 정책의 희생으로 볼 수밖에 없는 것이다.[59]

또한 이 글에서 한용운은 세계 25개국에서 종교의 자유를 인정하는 헌법을 소개하고 일제의 사찰령과 사찰령시행규칙을 부기(附記)하여, 사찰령이 각국의 헌법과 얼마나 배치되는가를 독자들이 비교할 수 있게 하였다. 이후 정교분립에 대한 글은 김법린에 의해서도 게재된다. 김법린도 다음과 같이 단호하게 사찰령을 비판하고 있다.

- 정치적 간섭이 있는 한 조선불교의 교정통일은 바랄 수 없다.
- 사찰령과 조선불교의 관계가 얼마나 시대착오적인가.

- 사찰령 하에서 오늘날 조선불교가 퇴폐해 가는 것은 우연이 아니다.
- 정교분립! 정교의 분립은 조선불교의 사활을 재단하는 중대문제이다.[60]

그는 이 글에서 사찰령으로 인해 주지 임명, 사찰의 통일기관 조직, 사유재산의 처분 등 세 가지에 대해서 폐해가 발생하고 있다고 진단하였다. 1920년대 불교계의 일각에서 사찰령 폐지 운동이 일어나기도 했었지만,[61] 이렇게 직설적으로 기관지인 《불교》에 글을 게재한 적은 없었다. 그동안 《불교》는 보수 성향의 주지를 중심으로 한 30본산과 재단의 관리 기관에 지나지 않는 중앙교무원의 한계 속에서 시대 개혁을 호소하는 글을 싣지 못하고 있었다. 그러나 한용운이 편집 책임을 맡으면서 위와 같은 내용의 적극적인 글이 게재될 수 있었던 것이다. 물론 한용운이 편집자가 되는 1931년 당시, 불교사가 중앙교무원의 경영으로부터 독립 경영 체제로 전환되었던 배경도 그가 글의 내용을 자유롭게 편집하는데 영향을 받았을 것이다.

이때의 편집 체제에 대해서는 한용운 자신이 언급한 내용이 있어 주목된다. 한용운은 나중에 《불교》가 휴간되는 원인에 대해서 첫째로 재정 문제를 언급하고, 둘째로 《불교》의 내용에 대한 일부의 의구심을 들었다. 즉 한용운 자신이 책임자가 된 후, 잡지의 내용이 혁신되어서 교계사상(敎界事象)의 보도와 교리 선전 이외에 정교 분립의 주장, 불교 행정의 비판, 일반 불교도의 정신 진작 등을 게재하여서 중앙 간부가 의구심을 가지게 되었다는 것이다.[62] 즉 정교의 분립 같은 것을 기탄없이 주창하면 나중에 그 책임이 불교 중앙기관에까지 미치지 않을까 하는 걱정이 있었던 것이다. 결국 한용운의 편집 의도가 《불교》의 성격을 변화시켰고, 기득권을 형성하고 있었던 중앙교무원의 본산 주지들은 이를 환영하지 않았던 것 같다.

《불교》의 속간은 중일전쟁과 태평양전쟁의 전시체제 속에서 발행되었다. 이 당시 불교계의 중앙 간부진과 본산 주지들은 창씨개명, 황군장병들에 대한 위문, 징병을 권유하는 강연회 등의 활동을 활발히 전개해 나갔다. 그러한 배경 속에서 발행된 《불교》는 조선 불교도로 하여금 일제의 대동아 건설을 이해시키고 전쟁의 승리를 기원하며 심지어 전쟁참여를 촉구하는 정신개도의 역할을 자임하고 있다. 이것은 20집 이후 거의 매호마다 보이는 대동아전쟁 관련 기사나, 43집처럼 특별히 대동아전쟁 기념호가 발행되고 있는 사실에서 쉽게 이해할 수 있다.

위와 같은 내용의 글들은 허영호가 편집 겸 발행인을 맡았던 1집부터 19집까지는 보이지 않는다. 다만 7집과 19집의 권두언에서 편집자는 다음과 같이 제국의 지위사명을 잘 파악하고 황실의 번영을 축하하고 있는데, 이를 통해서 편집자의 성향을 짐작할 수 있다.

이 초비상시국을 앞에 두는 금일에 있어서 일본 국민으로서의 태도와 각오는 모름지기 시국에 대한 철저한 인식과 동양 민족의 장래에 대한 확고한 성찰에서 오직 귀납될 것이다.……그러므로 비상시국에 대한 정당 철저한 인식과 동양 평화에 대한 제국의 지위사명을 잘 파악하여 안으로 민심의 통일을 기하고 밖으로 국위의 선양에 모자람이 없게 할 것이다.[63]

만민을 황화(皇化)에 자윤(滋潤)케 하고 보토(普土)를 군덕(君德)에 귀순케 하니 위로 황실의 존엄, 아래로 국민의 위대, 참으로 빛나도다.[64]

불교계의 친일 성향을 확연하게 살펴볼 수 있는 것은 속간 20집 이후부터이다. 20집부터 편집자는 허영호에서 김삼도로 교체되었다. 19집과 20집 사이에는 1년 동안의 휴간이 있었기 때문에 표면적으로도 단절된 느낌이 들며, 내용적으로도 20집의 권두언에서 드러나듯이 일제의 대동아공영권에 적극 호응하고 있다. 그 권두언의 내용은 속간 《불교》 전체에서 말하는 대동아 관련 기사의 핵심 요지라고도 할 수 있다.

정확 또 강건한 흥아(興亞)의 성업(聖業)은 수행되고 순애(純愛) 또 정의(正義)인 황도(皇道)의 정신은 선양되다.……앞서 내선일체의 진체를 체득하여 순일무잡한 황국신민이 될 것이오, 나아가 팔굉일우의 대이상을 실현하여야 할 것이다.……사유컨대 학제개혁 지원병제 실시 또 씨가창설(氏家創設)을 허함은 황위무량대(皇威無量大)의 덕음(德陰)이며 이는 바로 내선(內鮮)의 문화적 혈맥적 일원화의 서곡(序曲)일다.[65]

'내선일체의 진체를 체득하여 황국신민이 되자', '팔굉일우의 대이상을 실현하자'는 내용은 결국 당시 친일 불교도들이 주창했던 조선 민족에 대한 정신 교육의 주제라고 할 수 있다. 또한 김삼도는 위의 주제를 실현하기 위한 방법의 하나로 창씨개명을 언급하고 있는데,[66] 24집과

26집에서 〈각 본사 주지 창씨개명〉[67] 명단을 발표함으로써 불교계가 일제의 정책노선에 솔선수범하는 모습을 보여주기도 하였다.

속간 30집부터는 발행 주체가 경남삼본산 종무협회에서 조선불교 조계종 총본사 태고사로 변경되었고, 편집자도 32집부터는 장도환으로 교체되었다. 임원길은 36집부터 편집 겸 발행인으로 이름이 보이는데, 주로 편집은 장도환이 담당하고, 임원길은 불교사 운영의 총책임을 맡았던 것으로 보인다. 이때의 《불교》지 성격도 김삼도 체제의 편집 방식과 거의 비슷하다. 다만 일본의 대동아전쟁이 한창일 때였던 만큼 전쟁의 승리를 기원하고 황군장병들을 위로하는 논설들이 많이 게재되고 있고, 일본어로 된 글들도 늘어났다. 특히 일본어로 된 조계종 종보를 매호마다 게재하였다. 이것은 기관지로서의 성격을 더해주고는 있지만, 조계종의 소식을 일본어로 전하고 있는 점에서 친일 불교의 어두웠던 시대적 성격을 그대로 보여주는 실례라고 하겠다.

《불교》는 발행되는 20년 동안 많은 우여곡절을 겪었다. 재정 등의 문제로 인해 발행주체가 여러 번 바뀌어야 했고, 편집 겸 발행인도 4번이나 교체되었다. 무엇보다 창간되던 1920년대와 다시 속간된 1930년대 후반의 불교계 사정이 완전히 다르게 전개되었기 때문에 잡지 발행의 사정도 계속해서 변화할 수밖에 없었다. 따라서 처음에는 정치색을 배제한 순수한 종교 잡지로 출발했던 《불교》도 1940년대에는 일제의 대동아 전쟁을 찬양하고 황국신민으로서의 자세를 강조하는 글들로 많은 지면이 채워진다. 20년 동안의 외부 사정 변화와 책임자가 교체될 때마다 달라지는 편집 의도의 변화는 잡지의 발행에 적지 않은 영향을 끼쳤음을 확인할 수 있다.

V. 주요 기사의 주제와 근대성

한국 근대불교에 대한 지금까지의 연구 시각은 일본 불교의 침투와 식민지 지배정책에 저항하는 민족불교라는 역할에 편중되었다고 할 수 있다. 따라서 한국 불교의 근대화 혹은 근대성에 대해서는 아직까지 그 개념이나 성격을 근본적으로 규정하지 못하고 있는 실정이다.[68] 이에 대한 주제는 최근 들어서야 몇몇 연구자들이 문제의식을 제기하며 진지하게 논의되기 시작했다.[69]

지금 우리가 말하는 근대불교에서 '근대'의 개념이 단순히 시간에 의해 정의된 것이라면, 그 시점은 과연 언제부터인가? 또 조선시대 불교의 모습에서 변화한 것들을 근대적인 것이라고 한다면, 무엇이 변화하고 어느 정도 변화해야 근대적인 것이라고 규정할 수 있는가? 무조건 서구의 불교학, 일본의 불교학이 근대적인 것인가? 전통불교는 무엇이며, 근대불교에 어떤 영향을 끼쳤는가? 이러한 물음들 외에도 근대의 성격을 규정하기 위해 제시될 수 있는 물음은 많을 것이다. 사실 이 문제는 다양한 질문만큼 연구자의 시각에 따라 다양하게 정의될 수 있는 주제이다. 다만 지금까지 아무런 고민 없이 막연히 시간적인 개념에 의해 근대불교라는 용어를 사용해 왔기 때문에 앞으로 진지한 연구가 필요한 것이다.

필자는 앞에서 잠깐 언급하기를, 잡지의 발행 현황과 내용을 살펴보는 일이 불교계의 근대화된 모습을 살펴보는 것이라고 했다. 잡지의 발행이 근본적으로 한국 불교의 근대성을 전부 설명할 수는 없는 것이지만, 분명 이 시기에 발행된 불교잡지는 한국 불교의 근대성을 추론하는 데 결코 적지 않은 역할을 담당하고 있다. 이번 장에서는 《불교》에 실린 글들을 토대로 어떠한 내용들이 근대적인 요소로 표출될 수 있는가에 대해서 살펴보도록 하겠다. 한국 불교의 근대성에 대한 논의가 당시 불교계 지식인들이 쓴 글에서 확인할 수 있는 시대인식의 전환 및 새로운 변화상들에 대한 검토에서부터 출발하는 것이 타당하리라 생각하기 때문이다.

본 논문에서는 《불교》의 근대성을 추론해 볼 수 있는 주제를 크게 4가지로 정리해 보았다.

첫째, 《불교》의 필자들이 새로운 현대사조를 받아들이는 가운데 '종교'에 대해 고민하며 그 속에서 불교의 위상을 재정립하려는 노력을 경주하고 있다는 점이다. 조선시대까지 면면이 이어져 내려왔던 '전통' 불교는 일본에서 서양의 'religion'을 '종교'라고 번역한 새로운 개념을 인식하기 시작했고,[70] 개항기부터 본격적으로 들어온 서양의 종교인 천주교, 기독교와 경쟁의식을 가지기 시작했다. 물론 이러한 시대인식은 일찍이 《불교》의 간행 이전부터 존재해 왔지만, 다양한 의견을 개진하며 본격적으로 잡지에 공론화시켜 나간 것은 《불교》의 지면으로부터 시작된 것이 아닌가 생각한다. 또한 이들 글이 전대와 달리 한글체로 쓰여진 점도 대중 독자를 염두에 둔 불교 포교의 일면이라는 점에서 큰 의미를 가진다고 할 수 있다.

우선 불교의 종교적 본질에 대해서 다룬 글을 살펴보면 다음과 같은 글이 있다.

서양 종교학자들은 야소교의 신의 관념으로써 일체 종교를 그 범주 내에서 해석코자 하였으므로 불교는 피등의 소위 신인일치(神人一致)라는 종교정의에 불합(不合)한 것이라고 불교를 일종 철학으로 간주하는 동시에 비종교라고 주장하였지만, 물론 신(神)과 불(佛)의 관념은 판이한 것이다. 그러나 불은 역사상의 한 인격인 고로 그 전기(傳記)를 보면 그 진상을 확지(確知)할 것이다. 불교는 철저한 인격향상의 종교라고 할 것이다. 환언하면, 불이라는 대인격을 표준해서 우리의 인격을 향상하는 것이다.[71]

이 글은 종교의 본질이 신(神)의 개념을 포함한 서양 개념을 벗어나, 불(佛)이라는 역사상의 한 인격을 통해 철저히 개인의 인격을 향상시키는 데 있다고 설명한다. 이러한 관점에서 불교는 신을 세우지는 않았지만 열반이라는 이상을 가지고 있기 때문에 종교로서 충분히 자격이 있는 것이라고 주장하기도 한다.[72]

또 이러한 무신사상을 인본주의로 설명하기도 한다. 인본주의는 서구 계몽주의의 산물로서, 과학이 현대 생활의 기반이며 종교를 대체한다는 반종교적 요소를 내포하고 있다. 특히 이것은 사회주의 유물사상과 깊은 관련을 가지며 설명되기도 하는데, 김태흡은 유물주의에 맹종하는 현대인에 대해서 "대부분 유물병(唯物病)에 중독이 되어서 실신발광비명(失神發狂悲鳴)의 극에 달한 듯하다"[73]고 비판하고 있다. 또한 유물주의가 당대인으로 하여금 종교의 신앙을 버리고 물질적인 생활에 집착하게 만들었다고 비판하기도 하였다.

이렇게 과학과 물질로 대표되는 현대 사회에서 초자연적인 신과 영혼의 구제를 바탕으로 한 종교의 영역은 점차 위축되어 갔다. 최근 근대 종교의 존재 양태를 묻는 방식을 계몽주의와 낭만주의로 설명하는 견해가 있어 주목된다.[74] 계몽주의 패러다임은 근대성이 종교의 지배를 역사의 무대에서 퇴장시킬 것이라고 본 것이며, 낭만주의 패러다임은 종교가 인간 본질의 고유한 영역에 속하기 때문에 근대성의 위협에도 불구하고 여전히 인류 문화의 원초적인 동력으로 계속 남아 있을 것이라고 본 것이다. 전자의 경우가 위에서 설명한 것처럼 유물주의와 같은 현대 사조의 영향을 토대로 나온 것이라면, 후자의 경우는 물질주의에 대하여 종교의 정신적인 측면이 강조된 것이다.

《불교》에서 말하고 있는 종교의 본질과 불교의 위상은 후자의 관점에서 서술되고 있다. 현대인이 불안한 생활에서 해탈하여 영원한 안심입명처를 얻으려면 화합주의를 주장하고 이타사상을 창도하는 불교밖에 없다는 것이다.[75] 더구나 불교는 다른 신앙 단체들과 달라서 사회를 이상적으로나 이론적으로만 구제하고자 하지 않고 실제적이며 실행적이기 때문에[76] 불안한 생활에서 벗어날 수 있는 대안을 마련하는데 가장 적합한 종교로서 인식되고 있다. 이 시기 불교계 지식인들에 의해 이와 같은 주장들이 나오고 있는 점이 바로 《불교》가 지니는 근대적 성격을 대변한다고 생각한다.

둘째, 국내·외를 여행(답사)하고 나서 쓴 기행문이 《불교》에 많이 게재되고 있다는 점이다. 기행문의 경우는 조선시대에도 여러 문집에서 그와 비슷한 형태의 글들을 많이 접할 수 있고, 1910년대의 불교계 잡지에서도 큰 비중을 차지하고 있다. 그러나 한글로 된 근대적인 글쓰기 체제라는 점에서 이 시기에 게재된 기행문들은 조선시대의 한문학과 아직 그런 체제에서 크게 벗어나지 못했던 1910년대의 기행문들과는 구별되어야만 한다. 특히 1910년대 기행문 형식의 글들은 대부분 해당 지역을 직접 여행(답사)한 후 쓴 글이라기보다는 그 지역의 유물이나 유적을 소개하는 형식으로만 서술되고 있다. 따라서 1920년대부터 게재된 기행문들이 가지는 의미는 매우 크다고 할 수 있다.

특히 《불교》에서는 여행(답사)의 범위가 국내뿐만 아니라 해외까지 확대되고 있다는 점에서 크게 달라진 모습을 보여주고 있다. 예를 들어, 이영재(1900~1927)는 일본을 출발하여 중국, 싱가포르, 말라카, 미얀마, 스리랑카, 인도를 여행하고 〈도석기(渡錫記)〉라는 제목으로 5회 연재하였다. 또한 이 지역들을 순례한다는 목적을 강조하며 쓴 〈남국기(南國記)〉를 3회에 걸쳐 연재하기도 하였다.[77] 또 1910년대부터 여러 차례 실시된 불교계의 일본 내지시찰 모습도 《불교》에 게재되고 있어 참고된다.[78] 이렇게 여행을 한다는 인식의 범위가 국내를 벗어나고 있는 것은 근대의 한 특징이라고 할 수 있다.

이 당시에 많은 지역을 직접 여행하고 기행문을 게재할 수 있었던 것은 교통의 발달에 기인하는 것으로, 이 역시 근대화의 산물이라고 할 수 있다. 당시 잡지를 구독하는 불교 신자들은 단순히 그곳에 그런 유물이 있다는 관념적인 생각에서 벗어나, 필자의 생생한 묘사와 현장의 감흥을 함께 느낄 수 있다는 점에 매료되었을 것이다. 그래서 기행문은 독자들에게 우리 선조의 예술혼과 정신을 고취시키기에 충분했을 것이다. 이러한 특징으로 답사 여행과 기행문은 근대 민족주의의 형성에 많은 영향을 끼쳤을 것으로 생각된다.[79]

셋째, 근대 교육을 받은 엘리트들에 의해 경전이 번역되어 게재되었고, 비록 초기 성과이긴 하지만 교학과 불교사에 대한 서술이 이루어지고 있다는 점이다. 역경 사업은 작게 보면 단지 포교를 위한 숙원 사업이었고, 크게 보면 보다 현실적인 차원에서 당시 서양의 종교였던 천주교, 기독교와 경쟁하기 위한 절박한 필요성에서 비롯된 선각들의 대응[80]이라고 말할 수 있다. 당시의 작업이 단순히 한문을 한글로 옮긴 것에 불과하여 근대적인 재해석을 통한 불교학의 성과를 반영하지 못했다는 한계점도 있지만,[81] 읽기 어려운 한문 경전을 한글로 옮겼다는 그 자체만으로도 많은 대중들의 참여를 유도할 수 있었고, 이것은 곧 근대 대중 불교의 신호탄이었다고 의미를 부여할 수 있겠다.

교학 및 불교사에 대한 서술은 보다 많은 필자들에 의해 이루어지고 있다. 그 중 교학 부분에서 대표적인 사람으로, 백성욱, 김동화, 김법린 등을 들 수 있다. 백성욱은 독일어로 된 자신의 박사학위 논문을 초역하여 〈불교순전철학(佛敎純全哲學(梵아비달마))〉[82]을 7회에 걸쳐 연재하였고, 김동화는 〈대승불설론의 재음미〉, 〈대승불교의 사상적 고찰〉, 〈대승사상 연구〉, 〈본각사상의 발달〉 등을 발표하였다. 김법린의 경우는 〈구미 학계와 불전의 연구〉, 〈불란서의 불교학〉 등을 써서 당시 유럽에서의 불교학 성과를 소개하기도 하였다.

불교사의 경우는 이능화, 김태흡, 박창두, 권상로, 강유문, 김영수 등 여러 사람이 필자로 참여하고 있다. 특히 이능화의 〈이조불교사〉나 김영수의 〈오교양종에 대하야〉 등은 이 부분에 대한 연구 논문들이 오늘날까지도 이들의 연구 성과에 크게 의존하고 있어 주목해야 할 글들이다. 따라서 이들의 불교사 연구는 김법린, 김동화 등의 교학 연구와 더불어 한국 근대 불교학의 성립에 토대를 마련하고 있다는 점에서 큰 의미가 있다.[83] 앞으로 이들에 대한 연구와 가치 평가는 별도로 중요하게 다루어져야 할 것이다.

교학과 불교사를 다룬 글들은 1910년대부터 필자들이 꾸준하게 관심을 가져 온 분야로서, 그만큼 중요하게 인식하고 있었음을 의미한다. 무엇보다 전통이라면 무조건 배척해야 하는 대상으로만 여겼던 근대 사회에서 《불교》가 보여준 불교사에 대한 서술은 전통 문화를 계승하고 빛내야 할 민족의 임무와 역사의식을 보여줬다는 점에서 큰 의미가 있다고 하겠다.

넷째, 국문으로 된 불교 문학 작품이 본격적으로 게재되고 있다. 1910년대의 문학 작품들은 앞서 설명한 기행문과 같이 한문체의 형식을 크게 벗어나지 못했었다.[84] 그러나 《불교》는 국문으로 된 근대 불교 문학의 초기 작품들을 다수 싣고 있어 근대 불교 문학사의 측면에서 중요한 의미를 지니고 있다고 할 수 있다. 따라서 앞으로도 이 부분은 끊임없이 재평가되고 주목받아야 할 주제라고 생각한다.

특히 김태흡은 1930년대 이후 12편의 희곡 작품[85]을 발표하고 있다. 이들 희곡은 단순한 문학 작품에만 그치지 않고 현장에서 직접 공연되어 연극사적인 의미와 가치를 동시에 지니고 있다는 평가를 받기도 한다.[86] 이들 희곡은 경전이나 교리의 내용을 현학적인 극형식을 빌어 표현했다는 점에서 일반 대중에게 친숙하게 다가가기 위한 불교의 근대적인 포교 방식으로 이해할 수 있을 것이다. 이러한 점은 희곡뿐만 아니라 《불교》에 게재된 시(조), 소설, 수필 등 모든 문학 작품들에 해당되는 것이며, 불교가 대중을 교화하는데 큰 힘으로 작용했을 것이다.

지금까지 《불교》에 실린 주요 내용 중에서 과거 전통시대와는 달리 새롭게 인식되고 변화된 모습이라고 할 만한 것들을 크게 네 가지 주제로 나누어 살펴보았다. 이 글에서는 당시 불교계가 개혁하려고 했던 제도적인 측면이나 구습에 대한 글들은 다루지 않았다. 그러한 것들을 개혁하자는 주장이 근대화의 모습으로 비춰질 수도 있겠지만, 개혁이 곧 근대화 내지 근대성을 설명하는 절대적인 근거가 될 수는 없다. 어느 조직이든 더 나아지려고 하는 모습들은 전통시대에서도 얼마든지 찾을 수 있기 때문이다. 그런 의미에서 위의 네 가지 주제들은 전통적인 개념에서 벗어나 새로운 사고나 방법론으로 서술된 '근대 불교'의 모습이라고 할 수 있다.

제 2 부

문학지《불교》

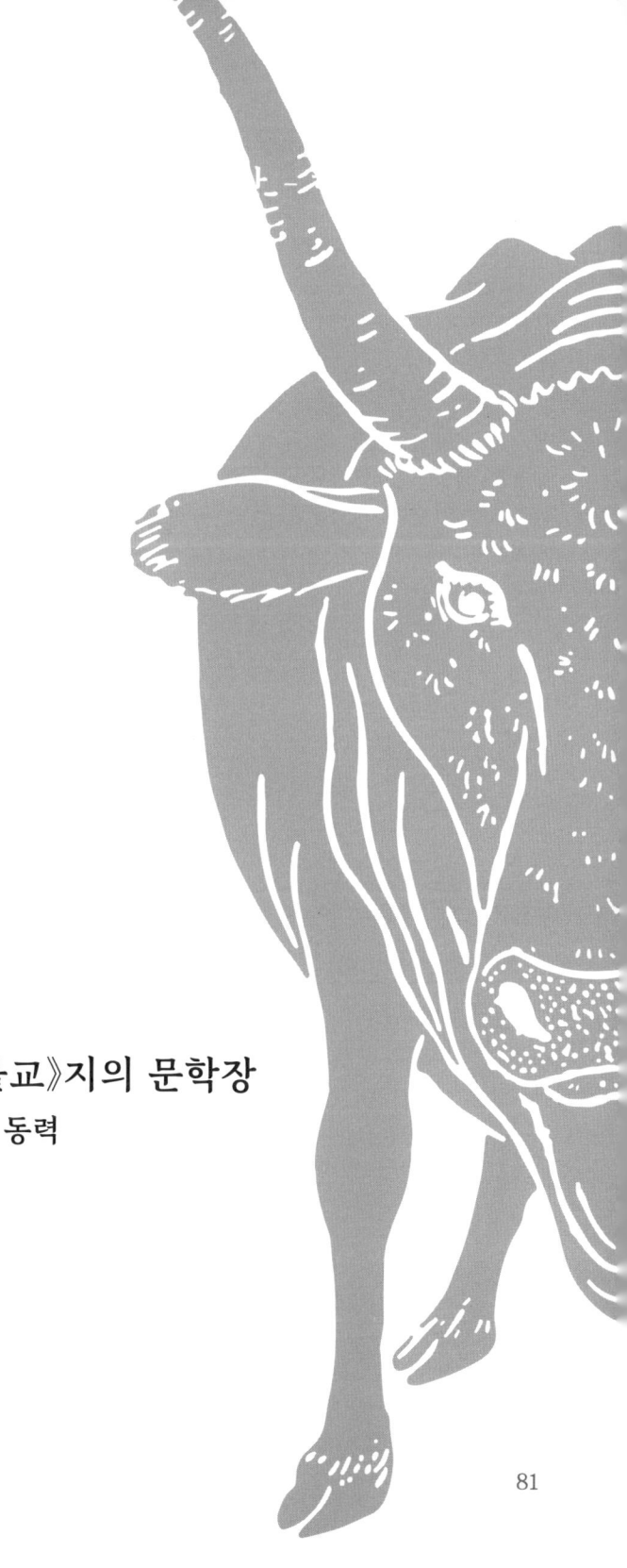

3장

1920년대 《불교》지의 문학장
- 형성의 주체와 동력

Ⅰ. 불교잡지의 문학장을 논하는 이유

이 글의 목적은 불교잡지를 하나의 문학적, 문화적 텍스트로 보는 관점에 입각하여 1920년대 《불교》지에 전개된 문학장(文學場) 형성의 주체와 동력을 살펴보고자 하는 것이다.[1]

근대 불교잡지는 발행연도를 기준으로 1910년대 6종, 1920년대 7종, 1930년대 7종 등 총 20종이 전하며, 잡지의 총 호수는 317호가 발행되었다.[2] 불교잡지는 당시 불교계의 변화를 거의 실시간으로 반영한 새로운 장(場)이며, 불교의 발전을 모색한 집단지성의 공론의 장이다. 우리는 이를 통해 불교계가 기획한 근대불교의 이념과 실상을 비교적 용이하게 파악할 수 있다.

불교잡지는 등장하는 시기에 따라 10년 단위로 나누어 볼 수 있다. 1910년대의 대표적인 잡지는 《조선불교월보》, 《해동불보》, 《불교진흥회월보》, 《조선불교총보》 등이다. 이들은 종단의 기관지적 성격을 띠고 있는데, 《조선불교월보》는 권상로, 《해동불보》는 박한영, 《불교진흥회월보》, 《조선불교총보》는 이능화가 편집인으로 참여하였다.[3]

1920년대는 문화정치 시대로 신문 잡지 등이 다수 창간되는 분위기 속에서 불교잡지도 새롭게 선을 보였다.[4] 특히 1924년에는 몇 년간 공백으로 있었던 종단의 기관지로 《불교》가 창간되었고, 이와 동시에 《불일》과 일본유학생회의 잡지인 《금강저》가 창간되었다. 또한 일본, 중국에서도 불교잡지가 족출하면서 해외 동향이 시간적 편차 없이 잡지의 휘보란에 소개되었다.[5]

1930년대는 20년대부터 성장하기 시작한 다양한 기관, 단체의 활동이 잡지 창간으로 만개하는 시기다.[6] 중앙불전의 교우회지인 《일광》, 강원 학인들의 잡지인 《회광》, 불교청년회의 기관지인 《불청운동》은 1920년대 말부터 등장하여 30년대에 출간되었다. 또 이 시기는 중앙불전이나 강원 졸업생을 중심으로 본격적인 문학활동을 하는 시인이 등장하고 있다. 20년대부터 간행된 《불교》도 편집자가 권상로에서 한용운으로 바뀌면서 문학의 영역에서도 질량의 변화가 수반되고 있다.

　이러한 시대적 추이를 염두에 두면서 본고는 1920년대의 《불교》지를 중심으로 논의를 진행한다. 1920년대 잡지 7종 가운데는 종단의 기관지로 발간된 《불교》지가 생명력이나 영향력 면에서 논의의 중심에 놓인다.[7] 다만 10년간의 다양한 문학현상에 대한 개별적 논의는 지양하고 불교잡지의 문학장을 형성하는 주체와 동력을 도출해 내는 데 주안점을 두기로 한다.

　이 시기 《불교》지에는 시조, 가사, 찬불가, 현대시, 영험담, 소설, 희곡, 기행문 등 다양한 문학 장르가 혼재해 있다. 작품을 투고하는 작가들도 동시대 문예지의 필진처럼 동일한 사조를 지향하거나 동일한 성격으로만 규정할 수 없는 다층적인 성격을 지니고 있다. 전통시대의 문사철(文史哲) 지식을 교양으로 삼아 민족주의적 사상을 전개했던 승려와 그 우군들, 변화하는 시대에 대응하여 새로운 종교적 외양(의식)을 마련해야 했던 불교계 지식인들, 그밖에 고보(高普)나 전문학교 재학생과 졸업생들, 지방 강원의 강사와 학인들, 일본이나 중국 유학생들, 그리고 전국 각지에서 족출하고 있는 소년회, 청년회, 부인회 활동 과정에서 성장한 다양한 작가(투고자)들이 등장한다. 이들 시기와 참여 작자층에 따른 다양한 편차는 곧 《불교》의 문학장(場)을 형성하는 요소가 된다. 이들이 서로 교직되는 양상에 따라 근대불교의 문학적 대응양상이 드러나게 될 것이다.

궁극적으로는 다양한 작가군의 세력이 등장하여 때로는 동시적으로 때로는 시기적 편차를 가지고 성장하고 충돌하며, 장르별로 부침을 겪는 역동적인 문학의 장을 그려볼 필요가 있다. 그러나 불교잡지를 문학적, 문화적 텍스트로 바라보며 진행하는 첫 논의에서 다종 다기한 장르, 다양한 출신의 작가들을 모두 거론하기는 어렵다. 필명으로 투고한 다수의 작가를 밝히는 일에도 상당한 어려움이 따른다. 따라서 본고는 1920년대 불교잡지의 문학장의 형성과 전개를 조망하는 첫 단계로 1920년대 《불교》지 문학장의 형성에 기여했던 중심 주체, 즉 편집자의 인적 네트워크와 작품 경향을 살펴보도록 하겠다.[8]

Ⅱ. 동력의 중심 - 권상로와 최취허, 안진호의 네트워크

1920년대 《불교》지에 다양한 불교계 인사들의 투고가 있었지만, 《불교》지 초기의 투고자와 수록한 글의 내용을 살펴보면, 잡지의 이념과 방향을 설정하고 이끌어간 주요 필진의 정체가 드러난다. 이들은 당시 종단인 조선불교중앙교무원의 이사들도 아니고, 지방 본산과 강원의 대강백도 아니며, 백용성 한용운같이 개별적으로 독특한 입지를 확보한 지성도 아니다. 이들은 편집인인 권상로의 주변에서 《불교》지의 논조를 상의하며 기획하며 실행에 옮긴 집단적 개인이었다.

이러한 맥락에서 주목되는 것은 권상로가 중앙에 진출하기 전에 활동했던 문경의 대승사, 김용사 인맥으로, 권상로(權相老, 1879~1965), 최취허(崔就墟, 1865년~?), 안진호(安震湖, 1880~1965)의 네트워크다. 이외에도 성동치인(城東癡人)의 경우 대승사 김용사와 관련을 맺고 있는 필진으로서 권상로와 함께 일부 이력을 거친 인물로 소개되어 있고,[9] 그 외에 권상로와 지역적 공감대가 형성되는 신세대 청년, 학생들도 다수 존재한다. 초기 《불교》지에 기획기사를 작성하고 있는 오봉산인(五峰山人)도 이들과 같은 네트워크에 포함시킬 수 있다.[10] 최취허가 불가에 입문하고 이력을 밟은 사정에 대해서는 관련 기록이 아직까지 확인되지 않았다. 다만 그는 1913년 풍기군 명봉사의 주지로 있을 때 개교사(開敎師)로 추천을 받았고, 이후 예천군 포교당 포교사(1914년), 영주군 풍기면 비로사 주지(1915년), 문경 김용사 상주 포교당 포교사, 대구 동화사 김천 포교당 포교사(1919년)를 지내는 등 문경(예천) 지역에서 오랫동안 불교포교에 헌신한 인물로 알려져 있다. 1928~29년 사이 그의 활동은 《불교》의 [불교소식]란에서 확인된다. 지방학림 생도 등 3,500명이 참석한 가운데 명봉사에서 금강대회를 개회할 때 최취허가 화주로 소개되고 있고(제43호, 1928.1), 서울 각황교당의 '일토설교(日土說敎)'에 김대은(김태흡) 등과 함께 수차례 연사로 초빙되기도 하였다.(제50·51합호, 1928.9. 제52호, 1928.10.

권상로(權相老)와 서울 각황교당

제64호, 1929.10. 제65호, 1929.11.) 그는 전통적인 이력과정을 통해 내전에 대한 해박한 지식을 갖춘 대덕이었다. 그리고 후에 《불자필람》을 펴내는 것을 보면, 그는 불교의 전통 의식에 대해 당대를 대표하는 지식을 가지고 있었으며, 새로운 시대 의식의 변화에 관심이 많았을 것으로 추정된다.

권상로는 1910년 12월, 불교원종종무원 찬집부장으로 중앙에 진출하기 전에는 대승사, 김용사의 문경 지역에 머물며 활동하였다. 그는 문경군 산북면에서 태어나 예천과 문경을 오가며 어린 시절을 보냈다. 16세 때 부친은 수천 명의 동학교도(東學敎徒)를 이끌고 전투를 지휘하던 중 죽임을 당하였다. 이듬해에 모친의 죽음을 겪었으며, 또 그 이듬해 조부상을 당하였던 그는 19세인 1897년에 문경 김용사(金龍寺)에서 출가하였다. 1903년에 김용사에서 강석(講席)을 연후 김용사의 경흥학교(慶興學校)와 성의학교(聖義學校) 강사를 역임하였다. 1911년 12월 대승사 주지로 취임했다가, 1912년 1월에 조선불교월보사장으로 취임하였으나 그해 9월 사임하였다. 이후 다시 낙향하여 김용사 경흥학교 교수와 김용사 감무직을 수행(1912.9~1916.7)하였다. 1916년 8월에는 30본산주지회의소 편집부장으로 취임하였으나, 이후에도 1918년~1922년 김용사 지방학림과 상주 보광학교의 강사를 역임하는 등 지역적 친연성을 유지하고 있다.[11]

안진호는 최취허와 함께 《불자필람》(1931)을 펴내면서, 부록편에 〈화혼식〉 등 근대포교 의식을 수록하였고, 이를 보완한 《석문의범》(1935)을 편찬하여 근대 불교의식의 정리와 포교에 빛나는 기여를 한 인물이다. 그리고 두 문헌의 교열은 권상로가 담당하였다. 안진호는 1896년 예천 용문사에서 출가하여 9년 동안 예천 용문사 전문강원에서 불경을 공부하였고[12], 영원사(靈源寺), 벽송사(碧松寺), 대원사(大源寺) 등지에서 학인으로 수학하였다.(〈색진성진-화엄사에서〉, 《불교》 61호 p.4.) 이외에도 1900년 순창 구암사 설유(雪乳) 스님 강하에서 염송이력을 마치고(〈색진성진〉, 《불교》 53호 p.52.), 1905년경에는 선암사에서 경운(擎雲) 스님 강하에서 학인으로 공부했던 이력이 있다.(〈색진성진-선암사에서〉, 《불교》 55호 pp.99~100) 1914년 봄에는 용문사·명봉사의 공동사업으로 예천 불교포교당을 설치하였다. 창립 이듬해(1915) '승려 안진호씨는 예천불교회를 조직하여 첫 사회사업으로 일반노동자를 위해 교당 내에 야학교를 설치하고 불교강화(佛教講話)도 개최하였다'고 한다.[13] 예천포교당은 이후 재정난으로 김용사 본말사 관할(1917년)로 되고, 노동 야학교의 후신으로 유일학원이 1921년에 설립된다. 1913년 당시에 명봉사 주지는 최취허였고, 1914년에 그 사찰의 사업으로 예천포교당이 설립되었는데, 1915년에 안진호는 예천포교당 내에 야학회를 설치하였다. 권상로는 1912년에 대승사 유일강원 원장으로 부임하였고, 같은 해에 중앙으로 전출(30본산주지회의소 편집부장 취임)하기 전까지 김용사 감무로 활동하였다. 이상 확인된 기록에 따르면 안진호와 권상로는 최소한 1909년부터 함께 활동한 기록이 있고, 최취허, 안진호, 권상로는 최소한 1913년부터 1916년까지 예천, 문경의 포교당 강원 학교에서 동시에 활동한 것이 확인된다. 동지적 활동을 하고 있는 이들은 시기에 있어서나 지역적 범위에 있어서나 활동의 양상이 같으며, 근대 불교잡지의 집필진으로 함께 참여하고 있다는 점에서 이들의 인적 네트워크가 공고한 것을 알 수 있다. 이들은 의식과 의식가요에 대한 관심과 창작, 불교사 복원을 위한 기록유산 집성과 정리 등에서 공동의 지향을 가지고 실천 운동을 전개한 특징이 있다.

III. 1920년대《불교》지 문학장의 전개 양상

1. 의식가요의 창작과 의례서 편찬

전통 의식의 정리와 시대 상황에 맞는 의식의 구현에 관심이 많았던 이들은 기독교 찬송가의 영향으로 창가가 교육되고 대중화되던 시기에 이를 의식하면서 불교창가, 찬불가의 제작에 남다른 자취를 남기고 있다. 최취허의 경우 풍기 명봉사(鳴鳳寺) 귀일강당(歸一講堂)을 열면서 이를 기념하는 창가 〈귀일가(歸一歌)〉를 지어 행사 때 불렀으며, 권상로는 이를《조선불교월보》8호(1912.9)에 수록하여 널리 알렸다.

귀일강당 학도들아 귀일취지 지야부아
귀일의사 모르거든 귀일의미 들어보소
귀일하는 이시대에 귀일않고 되겠는가
농업귀일 기력없고 상업귀일 자본없네
공업귀일 할수없고 학업귀일 제일일세
학업귀일 하고보면 만사귀일 절로된다
국민의무 귀일하면 충군애국 귀일하고
효친경장 귀일하면 위인자제 귀일하고
교우투분 귀일하면 붕우유신 귀일일세
삼강오상 귀일하면 자선도덕 귀일이오
자선도덕 귀일하면 삼승회귀 일승이라

삼귀일승 하고보면 만법귀일 일하귀지
차귀일어 하처런고 백천유수 귀일해라
삼계만류 위일처는 필경성불 귀일일세
귀일강당 목적지는 여시귀일 여시로다
귀일가를 높이불러 귀일강당 귀일하세[14]

노래는 4·4조 16행이며 아직은 완전한 창가라기보다는 단형의 가사 같은 형식을 취하고 있다. 강당의 이름인 '귀일'의 의미에 대해 그 핵심을 설파한 짧은 노래이다. 화자는 이 시대에 학업에 귀일하면 만사가 귀일된다는 주제를 앞에 제시하였다.

이와 함께 '국민의무', '충군애국', '효제경장', '삼강오상', '자선도덕'에 힘쓰면 모든 인류가 성불(成佛)할 수 있을 것이라는 기대를 표명하고 있다. 자유, 평등을 지향하는 근대의 정신을 드러내기보다는 기존의 도덕담론을 동일한 후구를 반복하면서 제시하는 화자의 목소리는 다분히 권위적이고 보수적이다. 최취허의 실제적 목소리가 반영되었을 〈귀일가〉를 통해 우리는 그의 근대적 활동과 보수적 세계관을 동시에 엿볼 수 있다.[15]

권상로는 1910년대에 다양한 전통 시가형식을 원용하여 근대의식을 전파하였고,[16] 《조선불교월보》의 편집자로서 새로 시도되는 창가, 찬불가의 소개에 매우 적극적이었다. 최취허의 〈귀일가〉는 이런 의미에서 근대불교 의식의 개량을 위한 두 사람의 교감이 전제된 것으로 볼 수 있다. 권상로는 1920년대에 《불교》지의 사장이자 편집자로서 권두언에 창작 찬불가를 연속적으로 게재하였다.[17]

[표] 《불교》 수록 권상로 창작 찬불가

수록(호)	연도	제목	필명	비고
7호	1925.1	봄마지	退耕	6·5조 (3·3·5) 4절. 후렴구. 5선지 악보 첨부(백우용 작곡)
8호	1925.2	밋음	退耕	3·3조 58행
10호	1925.4	배후라	이하 무기명	7·5조 3절
11호	1925.5	오섯네		6·5, 4·5, 7·7조. 3절. 후렴구
12호	1925.6	마음꼿		4절 4행
13호	1925.7	불보(佛寶)		4·4조 기준.(4절. 4행 F조 4분 4박)
14호	1925.8	우리의 책임		4절 5행. 매행 3·3·4조/ 4·3조 / 3·3·3조 / 4·4조 / 5·4조
15호	1925.9	백종날		4·4조 6행 4절
16호	1925.10	마음		4·4, 4·3조의 순으로 반복. 6행 3절. 후렴구
17호	1925.11	착한일		4·4. 4·4. 6·5. 4·4조. 4절 4행
18호	1925.12	모다 꿈		불규칙. 각 절마다 행의 음수는 동일 (4절 6행)
19호	1926.1	수세(守歲)		7·5조 4절 4행
20호	1926.2	성도일아침에		불규칙. 각 절마다 행의 음수는 동일 (3절 8행 중 후렴 2행)
21호	1926.3	소리업시		7·.7조(4·3, 4·3) 4절 4행

이들 권두언 시는 일부는 악보를 첨부하거나, 음조와 박자를 소개하고 있어, 행사 시에 찬불가로 제창하고자 하는 의도를 표명하였다. 형식적으로는 다양한 정형의 음수율을 시도하여 남다른 율격 의식을 보여주고 있는데, 언뜻 보아도 같은 음수율을 보이는 작품이 거의 없을 정도로 다채로운 양상을 확인할 수 있다. 내용상으로는 묵은해를 보내고 새해

를 맞이하는 자세, 백중날, 성도일 등의 기념일과 관련된 마음의 자세를 담아내었다.[18] 이를 통해 근대의 불교의식의 정립에 많은 관심을 가진 권상로의 가요 인식을 살펴볼 수 있다. 권상로는 1910년대에는 전통 시가 양식을 총동원하여 찬불가를 실험하였고, 1920년대에는 창가 형식의 찬불가 제작에 혼신의 노력을 다 하되 다양한 율격적 실험을 전개한 자취가 뚜렷하다. 다만 의례의 형식, 가요의 형식에 보여준 애착과 다양성에 비해 표현이나 내용의 참신성과 진중성은 부족하며, 종교시로서 사상적 고양을 이루어내지는 못한 것으로 판단한다.

제야의 종소리 뎅뎅뎅 칠 제
묵은해 다 가고 새해가 오네
광명한 빛깔은 새로 비추고
청화한 기운이 새로이 도네
새 광명 새 기운 새로 받아서
새 마음 새 정신 새로 냅시다.(1연)

한 걸음 두 걸음 놓지 말고서
앞으로 앞으로 나아만 가면
세계는 그대로 낙원 이루고
중생은 모두 다 각자 되리라
새 설계 새 건설 새로 세워서
새 사업 새 성공 새로 합시다.(4연)

(한자어를 한글로 표기하고 맞춤법 일부 수정:필자-이하 같음)

백우용(白禹鏞)

백우용(白禹鏞, 1883~1930) 작곡의 악보가 함께 소개되어 있는 〈봄마지〉이다.[19] 묵은해가 다 가고 새로운 해가 왔으니 새 기운을 받아 새 정신으로 나가자는 1연, 그렇게 한걸음 두 걸음 가다 보면 세계는 낙원이 되고 중생은 깨달은 이가 되리라는 4연에 잘 드러난 것처럼, 이 노래는 종교적 낙관주의에 기반하고 있어 현실의 목소리가 개입될 여지는 없다. 오직 신앙의 대상과 나의 관계를 낙관적으로 노래하면서 같은 길을 가는 동지들을 계도하고 있을 뿐이다.

권상로의 전통시가에 대한 양식적 관심, 새로 도입된 창가조 율격에 대한 관심은 일종의 강박관념으로 작용하였다. 신앙의 대상에 대한 서정적 찬양이나 마음의 자세, 새 시대에 대한 범박한 희망을 노래하는 경향을 보이며, 시어의 창조적인 표현이나 도력(道力)에서 우러난 웅숭깊은 울림을 기대하기는 어렵다. 권상로의 시 창작이 더 이상 발전적으로 현대시로 계승되지 못하고 있는데, 이는 계몽가로서 권상로의 문학사적인 기여가 바로 이 지점까지라는 것을 의미한다. 일본유학을 경험했던 조학유가 《불교》 29호(1926.11)부터 일본 유행창가 곡조에 새로운 가사를 입힌 찬불가를 소개하기 시작한 이후 권상로는 더 이상 찬불가를 발표하지 않았고, 1930년대 초에 가서야 시조 몇 편을 《불교》에 수록하게 된다.[20] 권상로의 시가 창작을 보면 전통 장르의 패러디, 찬불가의 제작에 그치고 있고 더 이상의 제작 시도는 없었다. 권상로의 문학사적 기여는 시와 가가 분리되는 근대문학의 출발선 바로 그 지점까지였다는 점을 재확인할 수 있다.

안진호는 이들과 같이 시 형식의 작품을 창작한 바는 없다. 그런데 그가 펴낸 두 권의 불교의례서에 주목할 필요가 있다. 그가 최취허와 함께 펴낸 최초의 근대 불교의식서 《불자필람》(1931) 〈부록〉 부분에는 1910년대부터 1920년대까지 불교계에서 모색한 다양한 근대 불교의식이 일목요연하게 정리되어 있다. 예를 들어 제3장 〈의식포교〉 항목에 불전권공, 장식, 화혼식, 추도식, 장엄의식, 가영식을 소개하였고, 제6절 〈신앙본위 단체조직〉 항목에 불교부인회, 불교청년회, 불교소년회, 불교소녀회, 불교친목회를 소개하는 등, 시대적 변화를 적극 반영하고 있다.

《불자필람》(1931) 표지

〈부록〉 부분은 안진호의 독자적인 편집으로 보이는데, 여기에 20년대 《불교》지에 소개된 조학유의 〈찬불가〉(《불교》 28호), 〈산회가〉(《불교 30호의 〈산회〉), 〈사월팔일경축가〉(악보 수록)가 수록되어 있다.21) 이와 함께 학명선사의 단형 가사 〈왕생가〉(《불교》 66호)와 〈신년가〉(《불교》 68호)를 수록하였다. 두 편의 단형 가사는 김태흡이 내장사를 탐방하고 선사의 유고집인 《백농집》을 얻어 《불교》지에 게재한 것이다.22) 《불자필람》을 안진호가 보완하여 펴낸 《석문의범》에는 《불자필람》 수록 작품을 포함하여 더 많은 작품이 수록되어 있다.23)

《불자필람》과 《석문의범》의 편제에서 우리는 안진호가 1920년대 전후의 새로운 가곡, 즉 찬불가를 수용하는 데 있어 매우 적극적인 자세를 보여주고 있음을 알 수 있다. 불교잡지에 소개된 개별 작품을 의식집에 하나로 묶어 펴낸 것은, 시대의 변화에 따라 등장한 의식가요를 정전화(正典化)하는 의의가 있다. 더구나 그렇게 수록한 찬불가가 현재에도 불

리고 있다는 점에서 현재의 문화에 끼친 그들의 집단적 활동의 영향을 확인할 수 있다.[24]

2. 불교사의 복원과 기행문

권상로, 최취허, 안진호 세 사람의 공감대 위에서 이루어진 또 다른 활동 하나는 불교역사자료의 수집과 복원 정리다. 이 시기 불교잡지에 비중 있게 소개되고 있는 사찰의 역사 복원, 고문헌의 발굴과 소개는 우리 역사를 복원하고 민족혼을 되살리자는 이 시기 국학운동과 맥락을 같이 하는 것이다. 최취허의 글에는 동지들과 함께 이를 구현하고자 한 사명 의식과 활동 양상이 잘 드러나 있다.

지금 우리 조선불교월보 간행에 대하여 일차로 설명할 일이 있으니 그것이 무엇인가. 본인이 3년 전에 권상로 씨와 동지자 몇 명과 함께 협의하여 말하였다. "현대 유신시대에 우리 종교는 이와 같이 부패하였는데 능히 한 사람도 불교를 받들어 세울 방안을 먼저 제시할 마음이 없으니 크게 한스럽다." 그들이 말하기를 우선 가장 급한 일은 불조(佛祖)의 계보와 역사(譜史)이며 각 사찰이 세워지고 허물어진 사적(寺蹟)이며 수행했던 승사(僧史)라 하였다. 그래서 본인이 먼저 발의하여 손수 취지서를 가지고 사불산 등지부터 학가사 고운사로, 팔공산 통도사 범어사로, 해인사 청암사로 돌아다니며 사유를 설명하였다. 그런데 모두 말하기를 '할 만한 일에 할 일을 하겠다(爲可爲於可爲之事也)'라고 하면서 자발적으로 내겠다고 한 금액이 거의 오백 원에 이르렀다.

통도사는 보사(譜史)의 간행소로 승낙하여 그 위치를 정하고 지난 종무원 제1차 총회 당시에 안건으로 나열한 즉, 이때 여러 산중(諸山) 회원과 본원 주무원(主務員)의 설유(說諭)가 모두 말하기를 '이 일은 본원에서 일을 추진하고 마무리하는 것이 좋겠다'라고 하며 '우선은 진행하던 일을 멈추고 후일을 기다리라' 하였다고 한다. 본인이 그 평의(評議)를 들으니 갹출금의 수합은 얼음 녹듯 와해되었을 뿐아니라 일 또한 혼자 자의로 하기 어려워 즉시 본사에 돌아와 보니, 일을 함께 하기로 한 사람이 아무도 출발하지 않았다. 나 홀로 탄식하여 말하기를 '아홉 길 산을 쌓음에 마지막 한 소쿠리에 공이 무너진다는 말이 실로 거짓이 아니다'라고 하였다. 이로부터 머리를 움츠리고 꼬리를 거두어 서원은 사라지고 의지는 약해져 앞으로 다가올 일을 관망하고 있었다. 그간 본원에서 각 사찰 조사하는 가운데 사적(寺蹟)도 수집하며 계파 족보(派譜)도 맥을 이으며 승사(僧史)도 기록하였다.

지난 가을 총독부에서 사찰사료 2책을 먼저 간행하여 유포하기에 본인이 한편으로 황송한 느낌이고 한편으로 부끄럽고 한스럽나니 그 부끄럽고 한스러운 이유는 무엇인가. 먼저 세운 발원을 다 이루기 전에 타인이 착수하여 마친 것이요, 그 황송한 느낌은 무엇인가. 수백 년 현사(懸事)와 같은 우리 불교를 하루아침에 진흥할 기초를 확립한 것이다. 그러나 조선불교월보를 간행하오니 본인의 이왕에 위축되었던 머리가 다시 펴지며 감추었던 꼬리가 다시 펴지며 (중략) 월보 중에 계파의 족보와 사적과 승사와 또 경율론 삼장 법문을 세계에 많이 많이 인쇄 반포하여 동포 형제의 그 밝고 밝은 영식(靈識)과 밝고 밝은 지각(知覺)을 문득 열리게 하여 천지 삼라만상 중에 가장 존귀한 것이 특별히 세워지게 하니, 이제 곧 본인이 연전에 차가운 서리를 무릅쓰며 위험한 곳을 건넜던 넘치는 기세로(餘烈) 스스로 믿고 스스로 축하하노라.

최취허, 〈독월보유감(讀月報有感)〉, 《조선불교월보》 제7호, 1912.8, pp.24~26

인용문에 따르면 최취허는 권상로 및 '동지자 몇 명'과 함께 현금(現今) 불교의 진흥을 위해 가장 먼저 해야 할 일이 무엇인가를 논의하였고, 그 결과 '불교 전법의 맥이 내려온 역사와 각 사찰존망의 역사가 담긴 사찰 유적지 조사, 수행한 승려 역사'의 발굴과 복원이 시급한 일임을 자각하였다. 최취허가 자료 수집을 위해 앞장서서 사찰을 방문하여 동지자와 자금조달을 구했으나 여의치 않았으며, 종무원의 회의에 안건으로 제출했으나 이 역시 여의치 않았던 사정을 말하고 있다. 그러던 차에 총독부가 조선 침략 후 1년 간의 조사끝에《조선사찰사료》상하권(조선총독부, 1911)을 출간하자, 한편으로는 '황송'한 마음을 가지면서 한편으로는 선편을 빼앗긴 것에 대해 깊이 탄식하였다. 결국에는《조선불교월보》를 통해 사찰, 전법, 승려의 역사가 소상히 밝혀지기를 기대하고 있다. 여기에서 주목되는 것은 최취허와 권상로가 이미 김용사 대승사에 있을 때부터 조선사찰의 사적과 수도 승려의 자취에 대해 관심을 가지고 자료 수집과 정리에 적극 나섰다는 사실이다.

1920년대《불교》지 창간호에는 한국불교의 역사성과 전통성을 복원하려는 상징적인 메시지가 담겨있다. 창간호에는 근대 불교의 역사적 사명은 무엇이며, 나아갈 길이 무엇인지 제시하기보다 참선, 교육, 법식(의례)의 정비라는 매우 실용적인 방안이 제시되어 있다. 그런데 창간호의 편제를 보면 행간에 감추어진 메시지가 있음을 알 수 있다. 즉, 창간

태고암(太古庵) 전경 외

호의 내지에는 〈태고암 전경과 태고화상의 부도와 비각(太古庵全景及太古和尚浮屠碑閣)〉이 있고, 2면에는 태고보우의 〈태고암가〉를 교학적으로 분석한 〈태고암가 과석(太古庵歌科釋)〉[25)]이 있으며, 작자가 권상로로 추정되는 '안두타(贗頭陀)'의 짧은 기행문 〈태고암배관기(太古庵拜觀記)〉가 있다.

사진과 〈태고암가〉 분석(과석), 그리고 태고암 답사기는 사실 별다른 배경 설명 없이 제시된 상황이며, 기행문인 〈태고암배관기〉 역시 《불교》지의 지향을 드러내서 밝히지는 않고 있다. 그러나 창간호의 일련의 자료와 배치는 근대한국불교의 정체성을 태고보우에서 비롯하는 임제종에서 찾을 수 있으며, 앞으로 이를 구현하는 방향으로 나아가야 한다는 점을 시사하는 것으로 읽을 수 있다. 그리고 사진자료를 게재하고, 전통적인 과석을 선택하여 수록한 이는 당연히 권상로일 것이며, 안두타로 등장하는 기행문 역시 권상로의 목소리가 담겨있을 것으로 추정한다.[26)]

안타깝다. 이것이 당시에 일국 왕사의 지위를 차지하고 임제종풍을 직접 전수받아 선양하던 옛 도량이요, 현재 전 조선에 흩어져

있는 칠천여 승려의 종조(宗祖)가 계시던 옛 가람이다. (중략) 삼십본산 위에 총 본산이 될만한 태고암! (중략) 전 조선 법계에 초조가 되시는 태고화상! 그 유허, 그 유적에 대하여 우러러 받듦이 이렇게 소홀하고 관념이 이렇게 등한(等閑)하기는 진실로 의외이다. 아니다. 말할 수 없다. 화상께서 일찍이 이 암자에서 태고암가를 지어 석실 청공선사에게 드렸더니 (중략) 없는 곳이 없는 암자의 주인은 지금은 어디에 계신가. (중략) 오늘의 현상이 되기에까지 이르렀다 함은 (중략) 부끄러움을 면치 못하겠고 (중략) 얼굴을 들어 태고화상의 법손이라는 말을 남에게 할 수가 없게 되었다.

〈태고암배관기〉,《불교》제1호, 1924.7, pp.41~42

인용문에는 태고암이 전 조선의 7천여 승려의 종조(宗祖)가 계시던 곳으로 30본산 위에 총본산이 될만한 절이라는 점, 그런데 어렵게 올라가서 본 태고암은 그야말로 남부끄러울 정도의 조락한 모습이라는 점, 그리고 스스로 태고화상의 법손이란 말을 하기 어렵다는 자괴감이 담겨있다. 당시 불교계에는 1910년대부터 태고보우를 종조로 인식하고 종통을 수립하려는 일련의 흐름이 있었다. 1914년 음력 3월 16일 태고사에서 불교계 주요 인사가 참여한 가운데 태고국사의 부도 다례를 행했는데, 참가자는 태고사 주지 김용태, 30본산주지회의소 특별행례원인 선암사 주지 장기림, 해동불보사 사장 박한영을 포함하여 15명에 이르며[27], 연례행사로 시행할 것을 결의하였다.[28] 《불교》 창간호에 태고암 관련 사진, 〈태고암가 과석〉의 제시, 그리고 태고암 기행문을 수록한 것은 조선 불교의 정체성을 태고보우에서 찾으려는 저간의 사정을 반영하는 것이다.[29)] 권상로의 창간호 편집과 투고 양상은 그가 최취허 안진호 등 대승사 김용사에서 불교를 복원하고자 했던 동지적 활동의 맥을 잇고 있는 것으로 평가된다.

안진호는 1920년대부터 30년대 초까지 《불교》지에 다양한 사찰 답사기와 기행문을 게재하였다.

[표] 안진호의 기행문

번호	필명	제목	호수	지역
①	소백두타(小白頭陀)	화계사에 일야(一夜)	5호 (1924.11)	화계사
②	만오생(晩悟生)	양주각사순례기(楊州各寺巡禮記)	29~49호 (1926.11~1928.7)	양주
③	만오생	색진성진(色塵聲塵)	53~62호 (1928.11~1929.8)	백양사 송광사 선암사 천은사
④	만오생	천불천탑(千佛千塔)을 참배하고서	65~66호 (1929.11~12)	운주사
⑤	만오생	동화사(桐華寺)의 일주일	73~76호 (1930.7~10)	동화사
⑥	만오생	사찰사료수집(寺刹史料蒐集)의 길을 떠나면서	86~89호 (1931.8~11)	용주사 광덕사
⑦	안진호	석왕사행(釋王寺行)	97호 (1932.7)	석왕사

〈양주각사순례기〉는 사찰 자료를 수집하여 보고하라는 관청의 공문이 계기가 되어 작성한 답사기다. 봉선사 주지 홍월초(洪月初)는 관청의 요구에 앞서 우리가 해야 할 일이라는 자탄을 하면서 강주(講主) 안진호에게 '말사를 한번 돌아보고 본말사의 연혁을 참조하여 보라'는 지시를 내렸다.(《불교》제29호, 1926.11, p.16) 그는 봉선사의 여러 말사를 순회하며 각 사찰의 재정상황을 살펴보는 한편 역사자료를 적극 수집하였다. 비

봉선사본말사지

문, 기문, 현판 등의 원문을 전재(全載)하였고, 일부는 발췌 게재하거나 요약 서술하였다. 그러나 이는 단순한 자료집은 아니다. 여러 사람을 만나 얻은 구전 사료나 전설까지 다 기록한 생생한 자료집이자 기행문이다.[30]

예, 그것은 사실입니다. 그리고 큰 방은 정말 좋습디다. 그곳에서 선방 염불방 강당 이 세 가지 중에 하나를 경영하였으면 오직 훌륭하오리까. 누가 아니랍니까. 그러나 이 절은 역시 세 가지의 결점으로 될 수 없습니다. (중략) 지금으로부터 삼십년 전에 있어 경산(京山) 각사(各寺)에 이런 말이 유행하였습니다. 곧 '망월사 부목(負木)이 고향게(告香偈) 짓고, 덕절 부목이 시왕초(十王草) 낸다'고 말입니다. 그때로 말을 하면 절마다 스님 수가 많을 뿐 아니라 어회(魚會)를 하느니 습화(習畵)를 하느니 하여 모든 것이 우리 불가에 정당한 예술이다, 미묘한 음성공양이다 하여 찬성이 자자하였지만, 지금이야 부목은 고사하고 사미승이나 있어야 습화를 하지 않겠나. 화원(畵員) 많기로 유명하던 덕절이 사미승이라고 하나 볼 수 없으니 장래 탱화불사(幀畵佛事)에는 아마 고물상에 가서 모셔오거나 막중한 불모(佛母)의 책임을 속인에게 향하여 구차한 소리를 할 듯 하네.

《불교》 32호, pp.34~35

인용문은 봉선사(奉先寺) 말사인 흥국사(興國寺) 탐방기다. 일명 '덕절'이라 부르는 흥국사는 탱화로 유명했으나 지금은 사미승도 찾아볼 수 없으니 그 전통이 사라져버릴 것이라는 우려를 문답을 통해 소개하고 있다. 이처럼 〈양주각사순례기〉는 제목을 '순례'라 하였지만 각 사찰의 역사적인 기록을 샅샅이 조사하여 기록으로 남기고 당시 사찰 재정 상황 등을 조사하여 보고하는 실무적인 글에 가깝다. 사찰령 이후 피폐한 지방 사찰의 속살을 있는 그대로 확인할 수 있다는 점에서 이글은 어떤 역사적 기술보다 생생한 현장성을 전달한다. 때로는 언문을 모르는 주지를 만나기도 하며, 새롭게 진행되는 토지 등기 제도에 대해 무지하여 사찰 소유의 땅을 뺏기고도 모른 채 넘어가거나 소송하는 상황을 낱낱이 소개하였다. 또 입구는 폐사처럼 보이는데 뒤뜰로 들어가면 정갈한 사찰의 모습을 간직하고 있는 말사를 통해, 관이나 세도가들에게 수탈당했던, 그리고 지금도 그러한 상황에 있는 사찰의 한 단면을 보여주고 있다. 한문으로 작성된 사적기 등 원 자료를 일부 발췌하거나 전재(全載)하는 것이 한 편의 기행문으로서 생경한 느낌을 주는 것은 어쩔 수 없는 이 글의 한계이다. 그러나 불교의 정체성을 확보하기 위해 자료를 수집하는 목적이 뚜렷하고, 또 그 이후 많은 기록유산이 전쟁의 와중에서 사라져버린 것을 떠올리면, 기행문에 제시된 자료는 역사적 자료의 보존이라는 측면에서 소중한 가치가 있다.

〈색진성진〉은 당시 '백양사 강주 겸 불교사 기자'로 있던 안진호가 '본산당국으로서 양주 봉선사의 예에 의하여 본말사 사료를 수집하라는 촉탁을' 받고 쓴 글이다. 이글에는 불교사 기자로서의 소임을 맡아 실행하는 과정도 담겨있다.[31] 또 앞의 예에서처럼 전승되는 사적기를 일부 발췌하거나 원문 그대로 소개하고 있다. 그런데 이 글에는 송광사 선암사 태안사 화엄사 천은사 등 호남 대표 사찰의 사격(寺格)과 주석하는 선사(禪師)나 강백(講伯)에 대한 이야기가 생생하게 소개되어 있다. 송광사 부분에서는 삼보사찰의 하나로서 사격의 위용에 대해 감탄하며 그 위치와 연혁, 종통(宗統)을 자세히 소개하였다. 기본적으로 사찰의 위치, 연혁, 종통, 전설을 소개하는 한편으로 당시 대덕들과 조우하는 과정이 자세히 제시되어 있다. 송광사 주지 임석진(林錫珍)을 만나서는 최근 일본 시찰단으로 다녀온 전말을 듣고, 담당자를 통해서는 해인사 대장경을 인출하여 보관한 내력을 들었다. 송광사 강주(講主) 김해은(金海隱)을 만나서는 서울의 분위기를 듣고 내외서적을 모아둔 서고를 방문하기도 하였다.

선암사 경운원기 진영

그가 '24년 전 학인으로 수학하던'(《불교》 55호 p.99.) 선암사에서는 강백으로 '전 조선에 명예가 혁혁한' 김경운(金擎雲) 노장(老丈)을 만나 율시 1수를 주고받으며(《불교》 55호 p.100), 평소 미진한 교학 문제에 대해 훈도를 받고 '한없는 감사'를 표하기도 하였다.(《불교》 61호 p.44) 또 '구면'인 최종산(崔鍾山) 화상이 불교잡지를 정갈하게 모아놓고 선암사 관련 기사에 표지를 붙여둔 것과, 사찰소유의 금융조합이 있어 상당한 기금을 운용하고 있다는 점에 감탄하였다.(《불교》 55호 p.106) 또한 선암사에서는 조선시대 불교 자료가 다수 소장되어 있어 풍부한 자료 소개가 가능하였는데, 글에서는 이를 '연혁-역대고승-고문서류(위치, 명칭, 사격, 고승)'로 나누어 '간략하게 뽑아 적었다(略略記抄).(《불교》 61호 pp.45~50)

화엄사에서는 '불교계의 용상이요 태두'인 본사 주지 진진응(陳震應)을 방문하여 《금강경오가해》의 '고강백(古講伯)의 미도처(未到處)'를 확연히 깨쳐주는 모습에 감동하여 '진 선생(陳先生)이 진선생(眞先生)이라 숭배심(崇拜心)이 유연(油然)하엿다.'고 토로하고 있다.(《불교》 61호 p.44)

천은사에서는 선암사와의 본말사 문제로 인한 갈등의 후일담을 전하기도 하면서(《불교》 62호 p.38), '구시대 산소송(山訴訟)' 또는 제지소(製紙所)에 관한 문적(文籍)이 많은 것을 알고는 이를 열람하여 정리하였다. 연혁과 폐막(弊瘼)으로 나누어진 소개 글에서 폐막은 다시 남북한(南北漢), 산내입장(山內入葬), 지소(紙所), 공식(空食), 부속품으로 나누어 소개하였다. 이글은 곧 조선후기 불교 정책과 관아 수탈의 구체적인 양상을 확인할 수 있는 종합보고서의 성격을 갖는다.

안진호의 〈색진성진〉은 문학성을 지향하는 기행문이라기보다는 실제적인 답사보고서의 성격을 더 강하게 풍기고 있다. 이 글은 불교잡지의 여러 보도가 종단 정치, 행정에 국한되어 소개하는 한계를 벗어나 있다. 수행의 기풍이 살아있는 호남 지역의 속살을 바로 그 현장에서 체감하고 기록하고 있어, 보도기사나 역사자료를 넘어서는 기행문의 힘을 확인할 수 있다. 또 외부 지식인의 답사기에서 찾아볼 수 없는 불교계 내부의 흐름이 소개되어 있고, 친일과 반일의 도식에서 벗어나 이 시대 생생한 선풍, 교학의 가풍을 확인할 수 있게 한다. 그리고 이 모든 과정이 불교사 기자의 역할을 수행하는 것이라는 의미에서 안진호의 기행문은 안진호 개인을 넘어 《불교》지 간행 주체들의 집단적 활동이라는 의의를 가지고 있다.

이밖에 ⑤, ⑥, ⑦은 1930년대 기행문으로서 각각 동화사, 백양사, 석왕사를 답사한 기행문이다.

종합하면, 이들 기행문은 단순한 개인적 의도에서 출발한 것이 아니다. 사찰 역사를 발굴하고 정리하여 한국불교사를 복원하려는 당대 불교지성들의 염원을 나름대로 기행이라는 형식을 빌려 실현하고 있는 것이다. 이는 곧 권상로, 최취허가 1910년대에 기획했지만 실행에 옮기지 못했던 '불조의 계보와 역사(佛祖譜史), 각 사찰 존망의 사적(寺蹟), 수행한 승사(僧史)'를 불교사의 기자로서, 봉선사와 백양사의 강사로서 구현한 것이라 할 수 있다.

이들 기행문이 역사자료를 원문 그대로 소개하거나 발췌하여 소개한 것이 문학적인 효과를 반감시키는 것은 분명하다. 그러나 1920년대에 최남선이 국내의 사찰명이나 지명을 자신의 사상의 총화인 조선심의 구현으로써 자의적으로 활용하고 있고, 이광수가 식민지의 현실을 개량하려는 시각을 보여주고 있는 것에 비하면, 안진호의 글은 실증적이고 객관적인 자세가 두드러진다고 할 수 있다. 특히 각 말사의 탐방 내용에서 전근대와 근대가 뒤섞이며 변화하는 당시 불교계의 현장성을 생생하게 담아낸 것은 이 기행문의 성과라 하겠다. 안진호의 기행문이 《불교》에 비중 있게 소개되고 있는 것은 이러한 불교 역사, 현장에 대한 지식의 필요성이 크게 요구되고 있었던 시대적 요구에 부응하는 것이다.

Ⅳ. 1920년대 《불교》지 문학장의 의의

　권상로와 최취허, 안진호의 상호관계는 시공간을 공유하는 데서 출발한다. 이들은 1910년대에는 김용사 대승사에서 함께 교류하였고 1920년대에는 《불교》지의 창간에서부터 잡지의 지향을 실천해 나가는 동지로서 활동하였다. 최취허의 경우 그 이후 더 이상의 투고 활동은 보이지 않으나, 10년대의 역사자료 수집의 동력이 지속된 것은 분명하다. 이들은 1930년대에는 전근대, 근대를 통합한 불교의례서인 《불자필람》, 《석문의범》의 편찬과정에 함께 참여하고 있다. 시간적으로 공간적으로 네트워크의 견고함이 확인된다. 안진호는 1931년에 김용사·대승사 포교당인 용봉교당으로 최취허를 찾아가 근대적인 불교 의식서를 펴내자는 데 뜻을 모았다. 최취허가 제시한 의식내용을 안진호가 정리하고 한글독음을 달며, 권상로와 김태흡이 교열하여 《불자필람》이 간행되었다. 안진호는 이를 보완한 《석문의범》을 1935년에 펴냈는데, 역시 권상로, 김태흡이 교열을 담당하였다. 이들은 이처럼 전통 불교문헌에 대한 지식을 가지고 있고, 전통의식을 정확하게 전수하고자 노력한 인물로서 집단적 개인이라 부를 수 있다.[32]

　권상로의 김용사 및 대승사 인맥은 최취허, 안진호 등이며, 이들의 동지적 활동을 통해 《불교》의 지향이 실현되었다. 이들은 당시의 문학 형식에 나름대로 관심과 역량을 가지고 있었다. 최취허가 창작한 창가 〈귀일가〉는 1910년대에 권상로가 편집인으로 있던 《조선불교월보》에 의식가요로 소개된 바 있다. 20년대의 《불교》에서 권상로는 권두언에 찬불가를 발표하고 일부는 곡조를 붙여 포교용으로 활용하고자 하였다. 그는 시대적 변화를 다양한 음수율의 창가에 담아내고자 했으나 문학적으로 참신한 성취를 보인 것은 아니다. 조학유가 본격적인 찬불가를 발표(《불교》 28~41호)하면서 권상로는 《불교》에 더 이상의 작품을 수록하지 않았다. 아마도 본인이 역할과 사명을 분명히 인식한 것으로 보인다. 시와 가가 분화되는 근대에 권상로는 자신의 역할을 노래의 창작과 보급에 한정했던 것으로 평가할 수 있다. 이제 노래와 시문학은 분리될 수밖에 없었고, 권상로는 찬불가의 작가로 평가받는 것이 자연스럽다.

안진호는 기존의 창가, 찬불가를 《불자필람》과 《석문의범》에 수록함으로써 이를 공식화하는 역할을 담당했다. 그러나 안진호의 더 큰 역할은 다양한 사찰 답사기, 기행문을 발표하여 한국불교의 정체성을 드러내는 데 일정 부분 기여하였고, 이후 《불교》에 여러 작가의 기행문이 등장하는 데 일조하고 있다는 점이다. 이 시기는 이광수, 최남선 등의 국토기행문이 독서계의 폭넓은 호응을 받던 시기다. 이들의 기행에는 나라 잃은 지식인의 자아 찾기가 중요한 동인이 되었음에 비추어 볼 때, 《불교》의 기행문은 우리 역사를 찾아내어 민족의 전통을 계승하자는 시대 담론에 함께 참여한 것으로 볼 수 있다.

이상 1920년대 《불교》지 문학장을 형성하는 주체로서 권상로의 대승사 김용사 네트워크를 복원하고, 이들이 전개한 문학의 실천양상을 살펴보았다. 권상로, 최취허, 안진호는 집단적 개인으로서, 개인의 목소리는 곧 그들 네트워크의 목소리로 수렴되는 현상을 드러내고 있다. 1920년대 《불교》지의 문학장은 앞 세대인 박한영의 국학자 네트워크, 그리고 후배 격인 신진유학생 그룹의 네트워크가 보완 서술될 때 좀 더 입체적 복원이 가능해질 것이다.

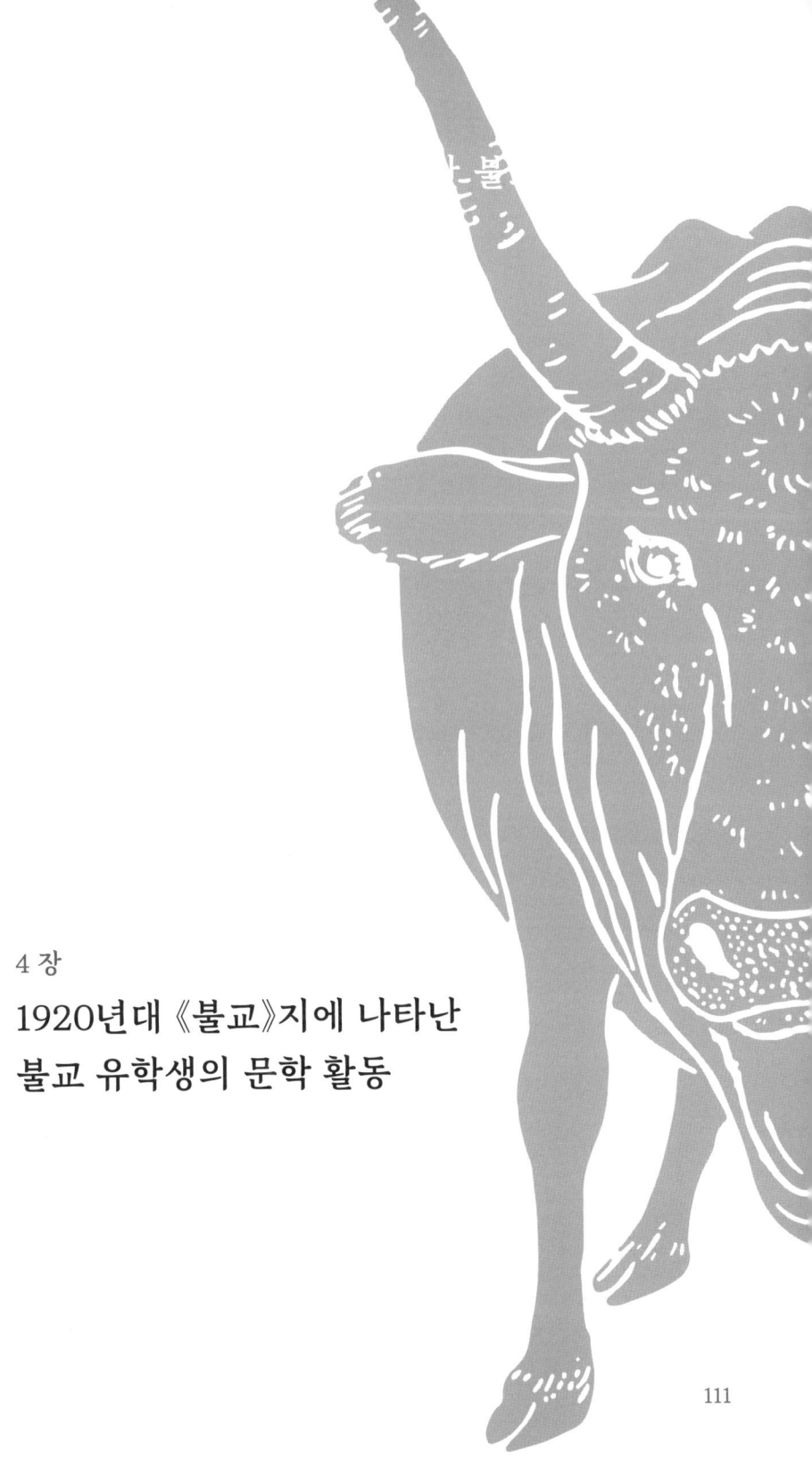

4 장

1920년대 《불교》지에 나타난 불교 유학생의 문학 활동

Ⅰ. 약진하는 신세대 유학생들

이 글은 1920년대《불교》지에 구축된 문학장(文學場)의 형성과 전개에 대한 탐구의 일환으로 작성되었다. 그동안 불교잡지를 활용한 연구가 근대불교사를 복원하는데 큰 역할을 하였지만, 다양한 작품과 문화담론이 수록되어 있는 불교잡지에 대한 문학적, 문화적 연구는 그동안 소원하였다.[1] 불교잡지를 문학적, 문화적 텍스트로 규정하고 다양한 양상을 살피고 의의를 확장하는 연구가 필요한 시점이다.

필자가 구상하는 1920년대 불교잡지의 문학장의 기본 구도는 이러하다. 즉,《불교》지 창간호부터 사장 겸 편집인으로 활동한 권상로와 그를 중심으로 한 횡적 네트워크는 문학장의 중심이 되며, 1910년대부터 영향을 끼친 박한영과 국학그룹의 네트워크는 문학장의 배경이 된다. 그리고 박한영, 권상로의 영향 아래 역량을 키워간 신진 유학생 그룹은 이 시대 불교문학장 전개의 전위가 된다. 이들 각각에 대한 논의가 필요한 가운데, 본고는 신진 유학생 그룹의 네트워크와 문학 활동에 대해 고찰하고자 한다.

불교유학생 그룹은 식민지 조국

박한영, 불교고등강원 시절, 1934(출처=신아출판사)

중앙불전 졸업기념사진(박한영은 앞줄 왼쪽에서 3번째)

을 떠나 일본이나 중국, 그리고 유럽에서 유학생활을 하며 신진 지식을 흡수한다는 자부심을 가슴에 안고, 조국과 불교의 현실에 대한 울분을 동력으로 삼으며 그들에게 부과된 시대적 사명을 기꺼이 감당해 나갔다. 이들 중 다양한 글을 투고하여 《불교》지의 기획에 동참하면서 문학작품을 남긴 대표적인 이로는 백성욱(白性郁, 1897~1981), 김태흡(金泰洽, 1899~1989), 이영재(李英宰, 1900~1927)를 들 수 있다.[2]

특히 일본유학생 그룹은 《금강저(金剛杵)》라는 동경유학생회에서 발간한 회보가 있어, 초기 창간호를 기획하던 《불교》지 편집자에게 자극을 주었다. 《금강저》는 어려운 경제적 상황에도 불구하고, 서울의 《불교》지와 서로를 의식하면서 꾸준히 발행되었다. 《금강저》의 편집인으로 활동한 이영재와 김태흡, 그리고 중국을 거쳐 독일에서 박사학위를 취득한 백성욱은 1920년대에 학술적이든 기사로든 해외 불교소식을 가장 먼저 소개한 선구적 인물들이다. 그런데 이들은 박한영, 권상로와 꾸준하게 교신을 해 왔으며, 일부는 특정한 주제를 의뢰받아 투고하기도 하였다. 또 입학, 졸업, 유학, 순례여행, 강연 같은 이들의 개인 신상은 잡지의 본문이나 소식란에 거의 실시간으로 소개되기도 하였다. 이는 《불교》지의 편집자와 긴밀한 네트워크를 형성하지 않으면 이루어질 수 없는 현상이다. 따라서 불교잡지의 문학장을 형성한 주체로서 박한영(1870년생)을 제1세대, 20년 후배인 권상로(1889년생) 안진호(1890년생)를 제2세대라 한다면, 백성욱(1897년생) 김태흡(1899년생) 이영재(1900년생)는 권상로의 10년 후배로서 제3세대라 할 수 있다.

Ⅱ. 백성욱의 시와 산문

백성욱[일명 백준(白埈). 호 무호산방(無號山房)]은 중앙학림을 졸업하던 해에 3·1운동에 참가하고 중국으로 망명하였다. 당시 교장은 박한영이었다.

백성욱(출처=송수기념논문집)

중국에서 1920년까지 1년간 머문 그는 프랑스를 거쳐 독일에 유학하였고, 1925년에 독일 뷔르츠부르크대 철학과에서 아비달마 연구로 박사학위를 취득하였다. 귀국한 후 1928년 5월에는 불교사에 입사하여 근무하였고, 같은 해 중앙불전의 교수가 된 소장학자였다.[3] 그의 이력과 학위취득의 경과는 《불교》지에 비중 있게 소개되었고, 〈불교순전철학(佛敎純全哲學)〉이라는 제목으로 제7~14호(1925.1~1925.8)에 연재되었다. 권상로에게 보낸 편지를 통해서 학위 취득 후 그가 처한 경제적 어려움이 알려졌고, 권상로는 독자들에게 재정적 지원을 요청하기도 하였다.[4] 이처럼 박한영의 중앙학림 제자인 백성욱이 《불교》지 편집자인 권상로와 긴밀하게 서신을 주고받으며 투고 활동을 하는 양상은 세대 간의 종적 네트워크의 양상을 확인시켜 주는 대표적인 사례이다.

백성욱이 처음부터 본격적으로 문학작품을 투고하겠다는 생각을 가진 것은 아닌 듯하다. 그의 문학작품으로는, 《불교》지의 창간을 축하하는 축시[5] 한 편을 제외하면, 무호산방이라는 필명으로 투고한 〈평수잡조(萍水雜俎)〉 연작(15~18호, 20~30호)과 기행문 몇 편[6]이 전부이다. 〈평수잡조〉 연작은 요녕성의 잉커우(營口)에 도착(1919년 5월)하면서부터 시작하여 대부분 상해에서의 유학생 체험을 담았다. 연도가 확인되는 마지막 작품(제22수)은 1920년 5월 1일이다. 3·1운동으로 망명한 지 약 1년간의 체험을 담은 이 연작은 완성 즉시 발표된 것은 아니고, 이미 독일에서 학위를 취득한 1925년 7월에 권상로의 부탁을 받아 투고한 것이다. 〈평수잡조〉는 서언(緒言)과 31편의 글로 이루어져 있다.

[표] 백성욱 창작 문학작품 목록

호수	년도	제목과 집필 시기	장르
15호	1925.9	서언(緒言) (1925.7.1)	산문
		1. 〈늣김〉 (1919.5.10)	시
		2. 〈낙조(落照)〉 (1919.7.24)	시
		3. 〈추천귀안(秋天歸雁)〉 (1919.8.15)	시
16호	1925.10	4. 〈명월(明月)의 유영(留影)〉 (1919.9.15)	시
		5. 〈자연(自然)의 경(景)〉 (1919.10.17)	시
17호	1925.11	6. 〈인중자연(人中自然)의 발로〉 (1920.3.15)	산문
		7. 〈나의 늣김〉 (1920.4.3)	산문
		8. 〈불(佛) 공원에 하루〉 (1920.4.14)	산문
18호	1925.12	9. 〈맹서〉 (1920.4.17)	시
		10. 〈쌔앗기 어려워라〉 (1920.4.17)	시
		11. 〈우화(寓話)〉 (1920.4.17)	시(백화시)
20호	1926.2	12. 〈기달림〉 (1920.4.20)	시
		13. 〈내살림〉 (1920.4.20)	시
		14. 〈솟마즌 사랑〉 (1920.4.22)	시

21호	1926.3	15. 〈파상주(波上舟)〉 (1920.4.23)	산문
		16. 〈오늘 나의 늣김〉 (1920.4.25)	산문
		17. 〈비 맛는 꽃〉 (1920.4.25)	시
		18. 〈여름에 늣김〉 (1920.4.26)	시
22호	1926.4	19. 〈나로 본 상해 현황과 늣김〉	산문
23호	1926.5	20. 〈미의 차별〉 (1920.4.27)	시
		21. 〈생(生)의 위하자(威嚇者)〉 (1920.4.29)	시
		22. 〈내 동무〉 (1920.5.1)	시
24호	1926.6	23. 〈미(美)〉	산문
25호	1926.7	24. 〈어느 날 공원에서〉	시
		25. 〈쫓긴 주인(主人)〉	시
26호	1926.8	26. 〈가난을 중심으로 한 내외면〉	산문
27호	1926.9	27. 〈어느 날 길ㅅ가에서〉	시
		28. 〈아우 찻는 소녀(少女)〉	시
28호	1926.10	29. 〈엇더케 보아야 미(美)를 잘보나?〉	산문
29호	1926.11	30. 〈사람이 보는 미는 우주에 공통이 아님〉	시
30호	1926.12	31. 〈나 아는 님의 살림〉	산문

이중 시가 18편, 백화시가 1편, 나머지는 산문이다. 일부 산문은 산문시라 해도 무방할 듯하다. 작가는 〈서언〉에서 "비상한 시기에서 비상한 사정으로 (중략) 극히 위험한 파란 중에다가 몸을 던"진 시기에 쓴 글로서, "가능한 정도에서 직설(直說)을 피하고서 표징(表徵)으로 된 것이 많"은 글이라 하였다. 그의 표현대로 비상한 시국의 비상한 체험이 문학적

상징과 비유로 드러나 있는 경우가 많다. 특히 3·1운동의 여파가 아직도 가라앉지 않았을 1919년 5월부터 시작하여 1920년까지 창작된 작품이기에 더욱 그러할 것이다.

작품은 다시 몇 가지의 주제로 나누어볼 수 있다.

첫째는 나라 잃은 지식인이 느끼는 거친 현실을 반영하고 화자의 의지를 담은 작품이다.

〈쌔앗기 어려워라〉(10)는 강철 같은 화자의 의지를 빼앗을 수 없다는 내용이며, 〈내살림〉(13)에는 거지 같은 나의 살림에도 앞길을 개척해 나가겠다는 금강 같은 굳은 의지를 담아내었다. 나라 잃은 젊은이의 각오는 개인적인 것이면서 동시에 민족적인 것이다. 〈여름에 늣김〉(18)은 고향을 떠나 다른 나라의 문화를 느끼면서 자신의 '거친 집'을 동무들과 함께 고치고자 하는 이상을 노래하였다. 〈쫓긴 주인〉(25)도 이와 같은 경향을 담은 작품이다.

풀밭의 아이 제가끔 노닐 때에
나는 그 안에 낯 누런 아이 보네
흰 애 견주면 생기 없어 보여라
그러나 그는 이곳 주인 당연해!

문 닫고 사는 이집 남에게 빼앗겨
주인 구박해 다시 오지 못하네
제집 보고자 그놈 옷 갈아입고
숨어보는 꼴 자연 그를 동정해!

그들 잘못해 아이까지 無 용기
남과 놀아도 열이 작아 보이네
어서 내어라 네 앞에 무한 큰 힘
자주 너에게 눈물 섞어 오리라!

전일 앗긴 것 너의 알 바 아니라
오직 찾아서 네 집 광채 내는 날
나는 찾아와 앞길 축수하리라
크고 큰 누리 그대 희망 아니랴!

〈쫓긴 주인〉은 4연으로 구성되어 있다. 자기 집을 남에게 내주고 사는 힘없는 아이의 앞길을 격려하는 내용으로 나라 잃은 민족의 상황을 비유적으로 표현하였다. 그야말로 작가는 '비상한 시기'에 비유와 상징으로 자신의 처지와 감정을 읊어 내었다. 전체를 마무리하는 〈나 아는 님의 살림〉(31)은 민족에 대한 자신의 이상, 자신의 불교적 인생관, 앞으로의 희망과 걱정 등을 3인칭 시점으로 담담하게 서술한 것으로, 다분히 자기고백적인 성격을 지니고 있다.

둘째는 중국 공원의 다양한 풍경들-자연풍광과 남녀의 애정 표현 등-을 노래한 것과 중국 사회의 생동하는 실상을 소개하고 감상을 적은 산문 작품이다. 이 가운데 〈오늘 나의 늣김〉(16), 〈나로 본 상해현상과 늣김〉(19)은 사회 혁명의 기운이 감도는 중국의 변화하는 양상을 반영하고 이에 대한 평을 실은 시사적인 내용이다.

셋째는 아름다움(美)에 대한 진지한 사색의 글이다. 대체로 상해의 불란서 공원에서 본 아름다운 풍경과 남녀의 사랑에 대해 20대 청춘다운 관심을 보여주면서, 단순한 묘사를 넘어 그 본질적 측면까지 탐구해 내는 철학적 시를 지향하였다. 〈미의 차별〉(20), 〈미(美)〉(23), 〈엇더케 보아야 미(美)를 잘 보나?〉(29), 〈사람이 보는 미는 우주에 공통이 아님〉(30) 등이 대표적이다.

아직 해는 이 세상을 다 차지하지 아니하여서 불란서 공원 이쪽에 두 사람이 앉아 웃고 또 입을 빙긋하는 꼴은 먼 데서 보아도 흥미 있어 보이던지 나는 그것을 보았다. (중략:인용자) 그 중에도 내 눈에 이상하게 보이는 것은 무엇이 있다. 그래 오직 본능적인지? 혹은 이것이 선철(先哲)의 이른바 비의지채(非儀之采)라는 것인지? 이것을 비의지채라 하는 사람이면 그의 입각(立脚)은 현금(現今)에 달라서 순이지(純理智)의 판단이겠지 (중략) 그러면 나는 시방 감정의 지배를 받나? 그러니까 모든 판단이 미(美)로만 치우치겠지? 아니다. 사옹(社翁) 같은 이성적 인물로 배심원 중에 동정하는 사람을 두었을 때에는, 또한 독자가 카추사를 동정하게 만들었을 적에는, 이 세상에는 그것이 없을 수 없다는 말이겠지! (중략) 선철의 말에 남녀를 구별치 않는다면서도 천녀(天女)가 각종향화(各種香花)를 부처님과 스님들께 베푼다(施佛及僧)하였으니 미(美)가 아니고 무엇일까. (중략) 천우만다라화(天雨曼陀羅花)라 하였으니 화(花)의 미(美)같이 순결하게 오직 정신미를 느끼고 육욕의 가미(假美)에 혹하지 말라는 것이다.(하략)

이 글은 〈엇더케 보아야 미를 잘보나?〉의 일부다. 화자는 공원에서 대화를 나누는 연인들의 아름다운 광경을 보면서 마음속에 어떤 끌림을 느낀 후 미에 대해 관조하는 과정을 펼쳐 보인다. 사르트르 같은 이성적 인물로도 배심원 중에 미에 동정하는 사람을 두었을 때, 또 독자들이 아름다운 카추사를 동정하게 하였을 때, 과연 미에 지배를 받지 않는 자가 있을까 하는 의문을 가진다. 불경에도 등장하는 천녀(天女), 화(花) 등 아름다움에 대한 동경이 나오는 것을 보면서 화자는 과연 미란 무엇인가, 미를 어떻게 보아야 하는가에 대해 고민하고 있다. 욕망으로 점철된 현실에서 욕망의 초극을 말하는 불법(佛法)의 의미는 무엇인가. 욕망을 인정할 것인가 버려야 할 것인가. 이 글은 젊은 유학생인 필자가 미에 대해 관조한 과정과 내용을 산문으로 표현한 것으로 일종의 사색적 수필, 즉 수상록(隨想錄)이라 할 수 있다.

이외에 무한한 공간 속에서 유한한 순간, 찰나적 존재로서의 고독감을 토로한 시편들도 있다. 〈늣김〉(1), 〈낙조〉(2), 〈인중자연의 발로〉(6), 〈불공원에 하루〉(8) 등이다.

이처럼 〈평수잡조〉에는 격렬한 시대 속에서 피어오르는 화자의 민족의식이 비유를 통해 형상화되어 있다. 아름다움에 대한 관조적인 탐구와 작가의 사상적 깊이가 담긴 작품이다. 자신이 시인이라는 고민은 그다지 크지 않았던 것은 분명하다. 그의 시는 형식적으로 단조로운 5.7조의 음수율에 의지하고 있어 자유시 형태와는 거리가 있다. 그러나 백성욱은 시를 통해 자신이 처한 가난한 생활과 나라 잃은 젊은 지식인이 겪는 고뇌와 아픔을 노래하였고 그 극복의 의지를 드러내었다. 그리고 산문을 통해 아름다움에 대한 사색 등 깊이 있는 철학적 고민을 담아내었다. 백성욱은 근대 불교문학의 편폭을 확장한 문학청년으로, 《불교》지의 문학장에 다채로움을 선사하였다.

III. 김태흡의 시와 순례기

　김태흡은 일제시대 불교계를 통틀어 가장 논란이 많은 문제적 인물 중의 하나인데, 20년대만 해도 유학생으로서, 불교사 기자로서, 포교사로서, 종단부설 기관의 장으로서 근대불교의 성립에 기여한 바가 크다. 《불교》지와 관련하여 보면, 처음에는 일본 유학생 신분으로 투고 활동을 하다가 1926년에는 불교사 촉탁기자[7]가 되어 활동하였으며, 1928년 귀국 후 조선불교중앙교무원에서 포교사가 되어 활발한 포교활동을 전개하였다.[8] 그는 《불교》지에 다양한 필명[9]으로 왕성한 투고 활동을 전개하였다.

김태흡

　김태흡은 전통 강원의 이력을 밟고[10] 1919년에는 법주사 강원의 강사가 되었다. 그가 일본 유학을 떠나게 된 것은 '친구' 이영재의 권유에 따른 것이다[11]. 이듬해 봄에 문경 대승사의 강주청장(講主請狀)을 받고 한 철 동안 학인들을 지도한[12] 그는 이영재의 권유로 1920년 일본 유학길에 오른다. 《불교》지에 소개된 입학과 졸업 기사를 보면 그가 대승사 출신으로 나오기는 하나 사찰의 지원을 받는 공비생(公費生)은 아니었다.[13] 그는 후에 일본대학 종교과를 졸업한 후(1925), 다시 일본대학 고등사범부 국어한문과를 졸업하였다(1928). 1924년 5월 이영재 · 최범술 등과 함께 재일불교청년회의 기관지인 《금강저》의 창간을 주도하였고, 제7~15호의 편집 겸 발행인을 맡았으며, 다수의 글을 발표하였다.[14]

또한 방학 중에는 귀국하여 동료들과 함께 전국 각지를 돌며 불교 강연회를 열기도 하였다. 그리고 그 경과가 전 호를 통해 자세히 기록되어 있다. 그는 신진세대의 대표주자로 부상하여 30년대에 이르면 불교계를 대표하는 포교사로서 출판계, 방송계, 강연계에서 크게 활약하게 된다.[15]

김태흡은 권상로와 함께 최취허·안진호가 펴낸 불교의식집 《불자필람》(1931)의 교열을 담당하였고[16], 안진호가 이를 보완해서 펴낸 《석문의범》(1935)에도 권상로와 함께 교열을 담당하다.[17] 같은 책 하권에는 서문을 써서 수록하기도 하였다. 그가 이들 선배세대와 네트워크를 형성할 수 있었던 데는 다양한 이유가 있다. 첫째 대승사 유학생으로서 권상로·최취허·안진호와의 교류가 밀접했고, 둘째 일본 유학생 중에 최초로 종교학 전공으로 학사 학위를 받았다는 선도적 위상이 있었다.[18] 그리고 《불교》지 창간 초부터 편집진과 동경유학생 사이에 놓였던 상호 대척적인 분위기 속에서 양자의 교섭에 가교 역할을 하였다는 점도 주목해야 할 것이다.[19]

1920년대와 30년대에 김태흡은 《불교》지에 논설과 학술적 기사 외에 문학적인 글을 다수 발표하였다. 1920년대 초에는 동경 유학생으로서 시 작품을 투고하였고, 이후에는 순회강연의 여정을 담은 기행문을 다수 발표하였으며, 30년대에는 주로 희곡(聖劇)의 창작에 힘을 쏟았다.[20] 본고의 대상인 20년대를 중심에 놓고 보면 시 작품 5수와 기행문 약간 편이 있다. 문학작품의 투고에는 '동경'의 김소하(金素荷)로 소개하였고, 순회강연기를 쓸 때는 수송운납(壽松雲衲)이란 필명을 사용하였다.[21]

[표] 김태흡의 문학 작품 목록

번호	필명	제목	호수(연도)	장르
①	김소하	〈광야(曠野)의 종성(鍾聲)〉, 〈신생(新生)〉 〈참회(懺悔)와 감은(感恩)〉	제10호 (1925.4)	시
②	김소하	〈남북선순강인상기(南北鮮巡講印象記)〉	제17~18호 (1925.11~12)	기행문
③	김소하	〈희망〉	제26호 (1926.8)	시
④	소하	〈화마(花魔)〉	제59호 (1929.5)	시
⑤	김소하	〈남유구도예찬(南遊求道禮讚)〉	제63~65호 (1929.9~11)	기행문
⑥	수송운 (壽松雲衲)	〈삼방약수포전도행(三防藥水浦傳道行)〉	제64~65호 (1929.10~11)	기행문
⑦	김소하	〈태조대왕(太祖大王)의 발상(發祥) 함흥전도행(咸興傳道行)〉	제70호 (1930.4)	기행문

이 시기의 유학생들의 작품 가운데는 그들이 처한 현재적 삶이 반영되어 있는 경우가 많다. 그가 떠나온 조선의 현실도 팍팍하지만, 청운의 뜻을 품고 건너온 일본 유학생활도 녹록지 않은 가운데, 계절의 변화에 민감하게 반응하여 처연한 분위기를 자아내거나, 종교적 신념을 오롯이 표출하는 시 작품이 다수 게재되었다. 김태흡의 〈광야의 종성〉은 그 두 가지 경향을 함께 보여주는 작품이다.

정처 없이 떠난 나그네
무변한 광야에 끝없이 헤메이다
눈- 퍼붓고 바람 부는데 해조차 지네

아- 하룻밤 재워줄 곳 어디인고?
외로운 몸과 찬 마음을 무기로 하야
악전, 고투, 노력의 허사
해는 이미 져서 야삼경일세
아- 가련한 이내 몸-

부모님과 여래는 어느 곳에 계신가?
실망, 낙담, 비관에 빠아지니
연모의 정, 신앙의 불꽃, 끝없이 타오르네
아- 들려오도다. 기꺼운 천공(天空)의 종성(鐘聲)!

1연과 2연은 현해탄을 건넌 젊은 불교유학생의 처지를 단적으로 드러내고 있다. 광야는 화자가 처한 막막하고 거친 현실을 비유한다. 가난한 고학생으로 온갖 일을 해 가며 오로지 배움의 열정 하나로 달려간 그들의 아픔이 표현되어 있다. 3연에서는 그 가운데 넘치는 종교적 열정을 '연모의 정, 신앙의 불꽃이 끝없이 타오른다'는 표현으로 드러내었다. 〈신생〉에서는 부처님의 광명과 은혜에 포옹된 나의 신생명을 노래하였다. 〈참회와 감은〉〈희망〉 역시 제목에서 느끼듯이 종교적인 참회, 부처님의 은혜에 대한 감사의 마음을 담아내면서, "구원(久遠)의 생명(生命) 흐르고 흐르는 곳 희망(希望)의 진리왕국(眞理王國)"이 실현될 날 있으리라는 기대를 표명하면서 불자로서 용맹 정진을 다짐하였다. 〈화마〉는 부처님 전에 공양하려한 꽃이 비바람에 꺾이고 말았다는 안타까움을 노래하였다. 이 시는 참회와 감사, 정진의 표명이라는 불교시의 일반적인 시 문법에서 벗어나 있는데, 비탄, 영탄의 어조로 감상을 표출하다가 마지막 순간에 종교적 감성으로 비약하고 있다는 점에서 수준 높은 종교시의 경지에는 도달하지 못한 것으로 평가할 수 있다.

김태흡은 긴 유학생활과 국내 여행에서 느낀 감상을 별도의 시 작품을 통해 표출하지는 않은 대신 순례기와 여행기로 자신의 감상을 표출하였다.

〈남북선순강인상기〉는 1925년 봄에 일본대학 종교학과를 졸업하고 다시 일본에서 공부를 계속하게 된 김태흡이 그해 8월 여름방학을 이용하여 순회강연을 하며 기록한 국내 기행문이다. 이 순회강연은 공식적으로는 재일본불교청년회와 금강저사의 후원을 받아 이루어진 불교전도의 기획물인데, 개인적으로는 관동대지진의 참화 속에서도 귀국하지 못했던 가난한 고학생의 염원을 6년 만에 실행에 옮긴 것이었다. 그는 강연에 대한 두려움을 토로하면서 자신이 속한 불교사적연구회의 도키와 다이조우(常盤大定, 1870~1945) 교수가 간행한 《지나불교사적(支那佛敎史蹟)》[22]을 가지고 전람하면서 강연하겠다는 계획을 세우고 귀국길에 올랐다.

귀국하는 연락선에서 그는 도일(渡日) 후 실패를 맛보고 돌아가는 동포의 초라한 행색과 비참한 이야기를 듣기도 하고, 부산항에서 보이는 헐벗은 산과 게딱지 같은 집, 무기력한 사람들의 모습에서 실망하기도 한다. 그리고 조국의 가옥을 불교의 영향을 받은 일본의 가옥구조와 비

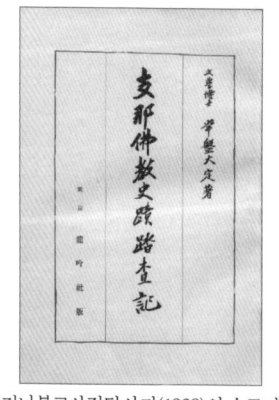

지나불교사적답사기(1938)의 속표지

교하는 등 어느덧 훈습된 제국의 시선으로 고향산하를 바라보고 있다.

일정은 동래·범어사(5일), 대구 동화사(6~7일), 직지사(8일), 김용사포교당(9일), 직지사 청암사 연합포교소(9일), 경성 각황교당(10~16일), 석왕사(21일), 원산(22~23일)을 차례대로 답사하였다. 이후 함흥, 나남으로 향하려던 일정이 있었으나, 개인 사정으로 다시 남행하여 상주포교당(24일), 대승사(25일), 예천(26~27일)을 거쳐 동래(28~29)에서 마지막 강연을 하고 도일하였다. 가는 곳곳마다 강연회를 주선하는 동지들과의 협력 과정이 소개되었고, 소년회 청년회 여자청년회의 활동, 그리고 도시포교의 현황과 도시별 분위기의 차이, 강연에 대한 경찰의 감시 등이 적절히 균형을 이루어 서술되었다.

중앙불전 학생 하계 순강단, 1935

전체적으로는 신진 유학생으로서 국내의 포교 현장에 직접 뛰어들어 그 실상을 전달하는 기행문으로 나름대로의 성과가 인정되는 글이다. 지역마다 하루 정도의 짧은 여정에, 그것도 일부 지인들이 주선한 공적인 강연행사 위주의 활동이어서 당시 도시 불교의 현실을 복합적으로 드러내는 데는 한계가 있다. 그가 강연을 준비하며 만난 그곳 사람들은 주로 유학 생활에서 맺어진 유학생 출신들이었다. 제목이 그러한 것처럼 주마간산식의 '인상기'라는 한계가 있다. 그러나 이 글은 이 시기 도시포교의 실상을 드러내는 답사보고서로 자료적 가치가 있는 여행기라 평가할 수 있다.

김태흡의 기행문 가운데 안변 석왕사에서 박한영(朴漢永)을 만나 감회에 젖은 대목은 상당히 인상적이다. 그는 '박한영 선생님을 찾아뵙고 구활(久闊)의 예(禮)를 드리고, 조선불교를 위하여 백전고투(百戰苦鬪)하시며 늙으신 모습에 스스로 알 수 없는 눈물을 머금으며 고담청화(高談淸話)를 배청(拜聽)하'였던 사연을 소개하였다. 김태흡이 불교사에서 권상로와 맺고 있는 네트워크의 견고함은 익히 알려져 있지만, 그와 박한영의 관계는 잘 드러나지 않았는데, 박한영을 대하여 느끼는 그의 경모의 감정은 그 시대의 신진 세대에게 박한영이 차지하는 정신적 위상을 드러내기에 충분하다.

〈삼방약수포전도행〉은 포교사 김태흡이 본격적인 포교 활동을 전개하는 시기에 나온 전도 여행기다. 경원선 개통으로 활성화된 관광지인 삼방약수터의 전도현장을 자세히 소개하였다. 삼방 약수는 일제가 기획한 조선의 여행지 가운데 하나로서 경원선 개통과 함께 큰 인기를 끌었다. 이곳은 당시 '피서객이 사오천 명씩이나 들썩거리는 사람사태가 난'[23] 관광지로 유명하였다. 김태흡은 봉은본말사연합에서 건축한 삼방포교당에서 불교식 화혼식의 주례를 부탁받고, 8월 28일에 각황사 부설 대자유치원 원장의 자격으로 권상로와 함께 그곳을 찾았다. 그는 원산행 기차에서 신여성에게 불전화혼식의 유래를 설명하기도 하고, 삼방경찰서에서 8일간 가상전도(街上傳道)와 교당강연을 허락받고 북치고 광고를 붙이며 수백 명의 군중을 시가 광장에 모아 가상전도를 행한 경과를 본격적으로 소개하였다. 다양한 청중으로 구성된 모습과 동원 과정의 흥미로운 광경이 자세히 묘사되어 있어, 비록 산중이지만 관광지라는 도시 불교의 포교현장을 생생하게 전달하고 있다. 그는 약수터 포교가 경성보다 훨씬 효과가 컸다는 자신감을 피력하며 앞으로의 전도방향에 대해 낙관적인 견해를 표명하였다. 이에 더하여 권상로가 지은 장편가사 〈삼방약수가〉를 포교당 광고판에 붙이고 사람들의 반응을 소개하였다. "야소교도도 써가고 천도교도도 써가고 무종교자도 써가"는 흥미로운 광경을 소개하며 가사 전문을 소개하였다.

〈남북선순강인상기〉가 유학생 김태흡이 도시포교의 가능성을 개진한 첫 여행기라면, 〈삼방약수포전도행〉은 중앙교무원과 각황교당을 대표하는 포교사의 역할이 잘 드러난 여행기다. 전자가 한 달간의 일정에 넓은 공간을 순회한 급조된 전도여행의 결과물이라면, 후자는 불전화혼식이라는 근대적 의례를 실현하면서 대중포교, 가상전도의 가능성을 낙관적으로 소개한 여행기이자 도시 포교의 현장성을 생생하게 드러낸 여행기라 할 수 있다.

〈남유구도예찬〉은 포교사로서 도시불교의 현장에서 활동하던 김태흡이 백양사, 구암사, 내장사 등 선맥(禪脈)이 살아있는 세 곳의 호남사찰을 답사한 여행기다. 평소 중앙교무원에서 송만암(宋曼庵) 선사(1876~1956)로부터 선지식을 찾으려면 남방으로 가야 한다는 이야기를 익히 들었던 필자는[24], 백양사의 환응(幻應) 장로(1857~1929. 4월 입적)와 내장사의 학명(鶴鳴) 선사(1867~1929. 3월 입적)가 열반했다는 보도를 듣고 남방순례를 결심하였다. 그런데 학명선사의 유고집인 《백농집(白農集)》을 꼭 얻어오라는 권상로의 권유가 있었던 것[25]을 보면, 개인적인 발심과 함께 불교사의 기사청탁이 병행했던 것을 알 수 있다. 7월 15일 경성을 출발하여 16일 백양사에 도착한 필자는 정문에서 송만암과 만오(晚悟)선생(안진호), 정인보 선생의 환영을 받고 쌍계루에 올라 현판시의 품평을 하고, 그곳에서 있는 정인보 찬 〈백양사사적비(白羊寺事績碑)〉, 이건방(李建芳) 찬 〈연담선사비(蓮潭禪師碑)〉를 함께 읽기도 하였다.

위당 정인보

정인보는 박한영 선사와 교류를 나눈 국학자이며, 강화학파인 이건방의 제자로 알려져 있다. 송만암, 김태흡, 정인보가 백양사 운문암에서 7일간 수선(修禪)행각을 할 때 이건방이 직접 방문한 것 [26]을 보면 이건방-정인보의 사제간의 정을 느낌은 물론, 불교지성과 양명학자와의 교류의 일단을 엿볼 수 있다.

이 기행에서 필자가 역량을 기울여 서술하고 있는 대목은 사찰의 선 기풍에 대해서다. 먼저 백양사에서는 수도도량의 위의와 주경야선(晝經夜禪), 주경야선(晝耕夜禪) 주의를 실천하는 근대 선불교 개혁운동의 모습을 감동적으로 전하고 있다. 7월 16일 오후에 우연히도 불전(佛傳)의 순회강연단이 백양사에 들러 연사로 추천받았을 때, 선 대중과 선사들 앞에서 말문이 막혀버린 것은 선의 힘을 체감하고 선 수행의 필요성을 깨닫게 되는 계기가 되었다. "대체 선이란 무엇인가. 문장과 박사로도 선이란 앞에서는 거두치 못하며 강사와 율사라도 선이란 앞에서는 꼼짝하지를 못한다. 귀혜귀혜(歸兮歸兮)여. 선으로 도라가자!!"[27]라는 자기 독백은 이미 도시 포교사로 명성을 떨치고 있던 필자가 선풍의 위력 앞에서 압도당한 것을 고백한 것이다.

필자 김태흡은 송만암 정인보와 함께 운문암에서 7일간(7.17~7.23) 선수행에 참여하였다. 이곳 백양사 운문암은 백파(白坡)선사가 40년간 주석하면서 기신론(起信論)을 판각하고 《선문귀감(禪門龜鑑)》《禪門手鏡》을 짓고, 《염송설화(拈頌說話)》와 《전등록(傳燈錄)》의 사기(私記)를 저술한 곳이고, 경담(鏡潭)화상과 환응(幻應)화상이 40년간 강설하던 곳이며, 박한영이 개당보설(開堂普說)하던 곳이다.[28] 이곳은 곧 호남의 불교교학과 선맥의 본거지라 할 수 있는 상징적인 공간이다.

다음 여정인 구암사(龜岩寺) 역시 백파(白坡), 설파(雪坡), 설두(雪竇), 설유(雪乳)대사가 주석했던 "호남의 선불장(選佛場)"으로 유명한 곳[29]이다. 박한영 역시 이곳에서 "수법강설(受法講說)"하였으며, 내장사의 학명 선사도 이곳에 왔다가 출가한 인연 있는 사찰이다. 그는 박한영이 주석하던 조실방에 '기서진서(奇書珍書)'가 무려 '만권이 넘는' 것을 보고 감동하기도 한다. 박한영 학문의 든든한 배경을 엿보는 느낌이 든다. 내장사는 학명(鶴鳴)선사의 반선반농주의(半禪半農主義)를 실천한 공간인데 학명선사의 삶에 관한 여러 가지 일화와 선 혁신운동의 사례를 자세히 소개하였다. 그는 결정적으로 학명선사가 필사한 자필 《백농집》을 얻어 이를 《불교》지에 소개하는 역할을 하였다. 그리고 젊은 유학파 선승을 만나 칠통같이 모르고 있던 조선 선맥의 대강을 이해하게 된 것을 이번 순례 여행의 보람으로 삼았다.[30]

김태흡의 기행문은 명승지를 답사하면서 국토의 의미를 발견하고 미적 감동을 자아내는 문학적인 기행문은 아니다. 〈남북선순강인상기〉는 사명감을 가지고 국내전도 여행을 떠난 유학생의 기행문이며, 〈삼방약수포전도행〉은 종단의 공식적인 포교사로서 강연 일정과 과정을 자세히 서술한 전도기행문이다. 두 기행문은 이 시기 도시 포교의 경과와 실태를 포교 담당자의 시선으로 기술한 여행기라는 의의가 있다. 이에 비해 〈남유구도예찬〉에는 일주일 간 선 수행에 참여하며 그 분위기를 깊이 이해하려 한 기자이자 수행인인 김태흡의 자세가 잘 드러나 있다. 호남 사찰 답사기라 할 수 있는 이 글은, 선 수행의 전통이 아직도 산중에 생생하게 살아있음을 말하고 그 가치를 대중들에게 전달하고 있다는 점에서 이 시대 산중불교의 보고서로 충분한 의의를 지니고 있다.

IV. 이영재의 기행문

이영재(필명 宗圓, 梵鷺)는 충북 청주 출신으로, 충북도청에서 근무하다 19세에 출가하였다. 출가 후 법주사에서 공부하였으며, 구례 천은사의 공비유학생으로 일본유학길에 올랐다. 1920년부터 1923년까지 일본대학 종교과에서 수학하였고, 1923년에는 동경제대 인도철학과 입학하여 1924년 4월에 졸업하였다. 그는 그곳에서 권위 있는 불교학자인 타카쿠스 준지로오(高楠順次郞, 1866~1945) 교수 밑에서 산스크리트어와 팔리어를 배웠다.[31]

그는 동경불교유학생회의 간사로서 기관지《금강저》를 편집하는 등 유학생회를 대표한 인물 중 하나이다.[32] 일제시대에 사찰이나 불교 기관에서 일본

동경불교유학생회 기념사진(1926) 이영재는 가운데 줄 왼쪽에서 세번째이고, 첫번째가 김태흡이다. 출처= 불교신문.

에 보낸 유학생은 약 360명에 이르는 것으로 알려져 있는데[33], 이 가운데 정작 불교학을 전공한 학생은 많지 않아 본사와의 갈등이 컸던 것이 당시 상황이었다.[34] 이러한 현실에서 불교학을 연구하며, 본격적인 인도불교 연구를 위해 조선인 최초로 스리랑카로 유학의 길을 떠난 그에게 거는 불교계의 기대는 매우 클 수밖에 없었다.[35] 그의 기행문 역시 독

자들의 기대를 크게 받았다. 이영재의 기행문은 스리랑카 유학 과정에서 지어진 것으로 《불교》지에 모두 6종의 글이 투고되었다.[36] 이 가운데는 본격적인 여행기인 것도 있고 여행 과정에서 주고받은 편지글 형식으로 된 것도 있다.

[표] 이영재 문학 작품 목록

번호	필명	제목	호수(연도)	장르
①	이영재	〈도석기(渡錫記)〉 1~5	23~27호 (1926.5~1926.9)	기행문
②	종원(宗圓)	〈영호(映湖)선생님 예하(猊下)〉	27호 (1926.9)	서간
③	이영재	〈'불교'군에게-이역병상에서〉	34호 (1927.4)	서간
④	이영재	〈남국기(南國記)〉 1~3	32~34호 (1927.2~4)	기행문
⑤	이영재	〈석란(錫蘭)의 불교(佛敎)〉	31·38·39호 (1927.1·8·9)	기행문
⑥	석종원(釋宗圓) (유고)	〈도인(渡印)에 제(際)하야 동신제형(同信諸兄)에게〉	42호 (1927.12)	서간

특기할 사항은 〈영호선생님 예하〉와 〈석란의 불교〉다. 〈영호선생님 예하〉는 1926년의 웨삭을 보기 위하여 캔디를 방문한 여행기를 써서 '영호 선생님'(석전 박한영)에게 보낸 것이다. 내용상 박한영이 불교교육을 포함한 불교계 발전에 대한 고민을 어린 제자에게 정담과 함께 보냈음을 알 수 있고, 따라서 이는 박한영 서신에 대한 답신의 성격을 갖는다. 〈석란의 불교〉 역시 박한영의 요청으로 쓴 것으로 스리랑카 불교의 역

사에 대한 내용이다.

〈남국기〉는 권상로에게 보내는 편지 형식으로 되어 있는 기행문이다. 스리랑카 인도 緬甸(미얀마), 暹羅(태국), 甘浦塞(캄보디아)를 돌아보겠다는 계획을 세우고 가장 먼저 스리랑카 일원을 여행한 내용을 소개하였다. 그러나 이영재는 이때 풍토병에 걸려 더 이상 투고를 진행하지 못하고 27세의 나이로 요절하고 말았다.[37]

이상을 보면 이영재 역시 박한영, 권상로와 밀접한 네트워크를 통해 불교의 미래에 대해 함께 논의했던 사실을 확인할 수 있다. 그리고 이영재와 불교 유학생들과의 동지적 우애가 잡지에 잘 드러나 있다.[38] 이러한 종적, 횡적 네트워크의 견고함을 기본으로 한 이영재의 한 걸음 한 걸음은 국내 《불교》지 독자들과 유학생 그룹에 상당한 영향을 끼친 것으로 파악된다.

이영재의 대표적인 기행문은 〈도석기〉다. 이 글은 1925년 11월 9일 요코하마를 출발하여 12월 2일 스리랑카 콜롬보에 도착하기까지 22일 간의 여정을 기록한 것이다. 그는 요코하마 부두에서 출발한 런던행 하쿠산마루(白山丸)호를 타고 겪은 새로운 경험들을 소소하게 전하여 재미를 주기도 하고, 그 과정에서 기착하거나 지나쳐 온 여러 지역의 불교와 관

하쿠산마루(白山丸)호

련된 자취를 소개하여 정보를 제공하며, 자신의 미래에 대한 다짐을 되새겨 비장한 심사를 엿볼 수 있게 하였다. 선실에서 다양한 인종과 다양한 목적의 승객들이 차별 없이 함께 공존하던 평화에 기뻐하던 출항 초기의 인상(11월 14일)에도 불구하고, 조선불교와의 인연을 무시하고 중국불교와 직접적인 교류만 강조하는 일본인 학자에 대한 반감(11월 18일)을 느끼면서 좌절감을 맛보기도 하였다. 뱃전과 선실에서 겪은 소일한 이야기도 소소하게 읽는 재미를 느끼게 한다. 그러나 남지나해와 홍콩을 지나면서 쓴 글은 15행이 삭제되었고(제25호, p.25), 교지(交趾, 베트남 지역), 해충(海冲)의 기록도 24행이 삭제되었다.(제25호, p.28). 아마도 삭제된 부분은 현지의 식민지 상황이나 그들 나라가 겪은 참혹한 피해상황이 묘사된 것으로 추정된다.

모지(門司)항을 출범하여 북으로 고국을 바라보고 상해를 지나서 동지나해(東支那海) 일대로 홍콩(香港)을 지나서 남지나해(南支那海)로 내려오며 북으로 안남(安南) 교지(交趾), 남으로 필리핀(比律賓) 말레이군도(馬來群島) 싱가폴(新嘉坡)을 돌아서 말레이(馬來) 해협을 지나며 말레이반도와 수마트라 일대를 보고 인도양을 나서서 미얀마(緬甸) 인도(印度) 일경(一境)으로 또 나의 지금 찾아가는 스리랑카섬(錫蘭島)까지, 아- 하등의 참상이며 폭력의 광경(暴相)일까. 대선풍(大旋風)이 불고 간 뒤를 보듯 처참하였으며 영폭(獰暴)한 시랑(豺狼)이 양의 무리를 함부로 물어 죽인 듯 잔인하였다. 무수한 생령이 무더기 무더기 순몰(殉歿)한 정상(情狀)이 비분하기 그지없으며 더욱이 그 선혈이 임리(淋漓)한 속에서 살아나려고 애쓰는 모양이 얼마나 비절참절(悲絶慘絶) 하였던가. 생각하여도 한갓 마음만 비상(悲傷)할 뿐이요 아무렇게도 할 수 없는 일이지만 감상적인 나의 성분(性分)이 화로 쓸데없이 비상하였으며 부질없이 흥분하였다.(27호, p.33)

인용문은 12월 1일 콜롬보 입성을 하루 앞에 두고 쓴 소회이다. 인용문에서 '참상' '폭상' '처참' '순몰' '선혈이 임리'하다는 표현으로 당시 동남아 지역의 참상을 자극적으로 드러내고 있다. 그 실상을 자세히 알 수는 없지만, 아수라장을 바라보는 충격이 고스란히 전해진다.[39] 그리고 이 지역의 현실은 식민지 젊은이의 가슴 속에 비상(悲傷)함과 흥분의 감정을 불러일으키고 있음을 인용문의 거친 표현을 통해서도 짐작할 수 있다.

1920년대는 망국의 현실에서 민족혼을 찾고자 하는 국학운동과 병행하여 국내 기행문이 큰 인기를 끌었다. 그리고 유럽으로 미국으로 유학하거나 여행한 체험기가 등장하여 공간적 지리적 인식을 확장하는 성과를 보여주고 있다. 《지산해외일기(志山海外日誌)》(정원택) 등의 중국 및 동남아 유력 기록, 《나의 본 일본 서울》(성관호) 등의 일본여행기, 《서백리아방랑기(西伯利亞放浪記)》(현경준) 등의 러시아 여행기, 《세계일주, 산넘고 물건너》(노정일) 등의 미국, 유럽 여행기가 등장하여[40] 당시 독자들의 지리적 인식을 확장하고 공간적 세계상(世界像)을 형성하는 데 기여하였다.

그런데 일본에서 출발하여 남지나해를 거치는 여정, 즉 중국, 베트남, 필리핀, 말레이반도, 싱가포르, 미얀마를 거쳐 스리랑카까지 도달하는 여정이 담긴 '남국' 여행기는 이영재의 〈도석기〉가 유일하며, 따라서 이 작품은 1920년대 기행문학에서도 독특한 입지를 확보할 수 있다. 유구한 불교문학의 전통에서 볼 때도 혜초가 육로 실크로드를 이용해 아프가니스탄을 거쳐 인도에 도달한 여정과 대응되는 정도의 비중을 갖는다고 할 수 있다. 그가 지나간 뱃길, 되짚어 돌아오지 못한 그 바닷길은 사실 해상 실크로드라 할 수 있기 때문이다. 도착한지 4, 5개월 만에 작성된 〈남국기〉에 불교사의 원고 독촉으로 작성한다는 사정이 문면에 드러나 있는 것을 보면, 그에 앞서 선상에서 매일매일 원고를 써서 불교사로 발송한 〈도석기〉의 인기가 상당했으리라 유추할 수 있다.[41]

V. 1920년대《불교》지 문학장의 재구성

권상로와 약 10년의 터울을 가진 신진 유학생으로서 백성욱, 이영재, 김태흡의 문학활동이 두드러진다. 백성욱의 〈평수잡조〉의 시와 산문은 시대의 아픔을 반영하면서도 미의 본질을 추구하는, 철학적 깊이가 있는 글쓰기를 보여주고 있다. 김태흡의 시는 현실적 어려움 속에서 고군분투하는 유학생들의 현실을 반영하면서 종교적 심성으로 자신을 정화하는 종교시를 창작하여 근대 불교시의 기대 지평을 확장한 공로가 있다. 이영재의 여행기는 동 시대 지어진 여행기 가운데서도 해양 실크로드를 따라 스리랑카, 인도에 도달한 최초이자 색다른 여행기로 평가할 수 있다.

이들은 박한영의 제자이거나 긴밀한 서신을 나누는 관계이거나 권상로와 교류를 나누는 사이였는데, 이를 달리 표현하면 박한영, 권상로와 종적 네트워크를 형성하고 있다고 할 수 있다. 아마도 정신적인 지주로서 박한영을,《불교》지의 실무적인 편집인으로서 권상로와 밀접한 교류를 나누며 기사를 작성하고, 여행기를 투고하고, 창작 시를 투고한 것으로 판단된다. 특히 김태흡은 권상로가 사장으로 있는 불교사의 기자가 되어 지근거리에서 교류를 나누었으며, 이영재는 박한영과 권상로에게 보내는 편지글 형식을 통해 기사를 투고하였다. 또 김태흡은《불자필람》과《석문의범》의 제작과정에서 권상로 안진호 최취허 등과 공동의 작업을 진행하고 있음이 확인된다.

따라서 불교잡지의 문학장을 형성한 주체로서 박한영(1870년생)을 제

1세대, 20년 후배인 권상로(1889년생)와 안진호(1890년생)를 제2세대, 다시 10년 후배인 백성욱(1897년생) 김태흡(1899년생) 이영재(1900년생)를 제3세대라 할 수 있다. 1920년대의《불교》지에 구현된 문학장은 1910년대부터 박한영이 중심이 되어 구축한 불교지성-국학인프라가 배경이 되고, 박한영의 20년 후배 격인 권상로와 그의 대승사 김용사 인맥(최취허, 안진호)이 중심이 되며, 본고에서 소개한 유학생세대가 그들의 추동을 받으며 적극적으로 투고활동을 하는 전위세력으로 등장하는 시기라고 규정할 수 있다.

한편 대승사에 머물던 김태흡은 이영재의 추천으로 일본대학에 유학하고, 일본불교유학생회에 적극 참여하여 이영재를 이어《금강저》의 편집장을 맡게 된다. 이들은 유학생 가운데 대표성을 띄고 있으며 여타의 유학생들과 함께 견고한 횡적 네트워크를 형성하고 있다. 이에 비해 백성욱은 1919년 3·1운동으로 중국에 망명하여 일 년 정도 준비한 후, 프랑스를 거쳐 독일에 유학한 후 한국인 최초로 불교학 박사학위를 취득한 재원이었다. 그의 학위취득 소식은《불교》지에 대서특필되었고, 그의 학위논문은 〈불교순전철학〉이라는 제목으로 연재되었다. 그러나 유학의 행선지가 서로 달라 백성욱과 김태흡, 이영재가 직접 소통하고 있는 자료는 보이지 않는다. 그럼에도 이들 세 명의 신진 세력이《불교》지에 논설 및 학술 기사와 해외 소식 등을 실시간으로 소개함으로써 동일한 세대, 동일한 지향을 보이는 세대의 네트워크로 묶을 수 있을 것으로 생각한다.

예를 들어《불교》7호(1925.1)에 세 편의 논설이 수록되어 있는데, 오봉산인(五峯山人)의 〈조선불교의 현안을 해결하라〉, 이영재의 〈교학 연구를 진흥하라〉, 백성욱의 〈근시(近時) 불교운동에 대하야〉 세 편은 상호 연관성을 강하게 가지고 있다.

즉 오봉산인의 총론, 이영재의 국내불교 혁신방안, 백성욱의 해외불교의 사례를 통한 국내불교 혁신방향을 소개한 특집 기사이다.[42] 백성욱과 이영재가 신진 유학생 신분으로 동시에 개혁방안에 대해 모색하고 있다는 점은, 이들 간의 인적 교류가 기록으로 남지 않았다 하더라도, 횡적 네트워크에 충분히 귀속시킬 수 있음을 방증하는 것이다.

또한 유학시절부터 불교사 촉탁기자로 활동한 이후, 불교사와 오랫동안 인연을 맺고 김태흡과 1928년에 입사한 백성욱 또한 《불교》지의 주요 필진으로 참여하고 있다는 점에서도 그러하다. 이들이 이 시대 불교운동에 어떤 공통의 기여를 하고 있는지, 어떻게 지향이 다른지에 대한 논의는 필자의 역량을 넘어서는 문제이고, 또 문학연구의 범위를 벗어나는 내용이기도 해서 거론할 수 없지만, 그들의 문학 창작 행위와 문학 작품을 통해 보아도 그들을 하나의 네트워크로 묶어 신진 유학생세대의 선두주자로 부르기에 충분하다고 생각한다.

지금까지 1920년대 《불교》지에 활발하게 투고한 대표적인 유학생 그룹을 소개하면서 1920년대 불교 문학장 형성과 전개의 큰 줄기 하나를 그려보았다. 이에 따라 다양한 측면에서 논의해야 할 작가군과 장르별 고찰은 소략하게 언급될 수밖에 없었다. 1920년대는 국내 학생이거나 유학생이거나를 막론하고 모두가 감수성 충만한 시인이요 문학인이었던 시대이다. 이들의 시는 대부분 가벼운 감상을 읊거나 종교적 심성을 소박하게 표현한 것들이 대부분이나, 이들 역시 하나의 집단성을 형성하면서 이 시기 문학장에 참여하는 주체가 된다. 중국 유학생의 경우에는 민족의식을 조장하는 기행문을 통해 이와 다른 조국에 대한 애처로운 심사를 드러내고 있다. 이상 소개한 유학생 그룹의 대표주자 외에도 고려해야 할 다양한 흐름이 불교잡지에 존재하고 있는데, 이에 대해서는 후속 논의가 필요한 것으로 본다.

5 장

1930년대 《불교》지의 문학장
– 구성과 문학적 실현 양상

Ⅰ. 만해의 등장과《불교》문학장의 재편

　이글은 불교계 잡지를 통해 근대불교문학 연구의 가능성이 있음을 전제로 하여, 1930년대《불교》지에 구축된 문학장의 구성 주체와 그 문학적 특징에 대해 고찰하고자 한다. 구체적으로는 잡지의 문학장을 구성하는 주체로서《불교》지 편집진(편집인·직원 및 기자)의 층위를 파악하고 그들이 지면 변화에 어떻게 기여하고 있는지, 그들이 창작한 문학의 특징은 무엇인지가 주요 대상이다. 만해 한용운이 잡지 발행인으로 주도한 지면의 변화, 특히 시 발표 지면의 배치전략을 검토하여 잡지에 드러난 불교 문학장의 양상을 그려내고자 한다.

　총 108호가 간행된《불교》지의 편집과 발행은 권상로와 한용운이 차례대로 담당하였다. 권상로는 창간호(1924.7)~83호(1931.5)까지, 한용운은 84·85합호(1931.7)~종간호(108호, 1933.7)까지 책임편집을 담당하였다. 만해가 편집인으로 부임한 후에 보여준 가장 큰 지면의 변화는 87호(1931.9)부터 [불교시단(佛敎詩壇)]을 신설한 것이다. 이는 이후

만해 한용운

[시단(詩壇)](93호), [독자시조단(讀者時調壇)](97~99호)으로 명칭이 변하기도 했지만, 시의 게재는 종간호까지 계속되었고 점점 분량이 확대되는 경향이 있다. 그 결과 [불교시단]을 통해 전국 여러 사찰의 강원, 불교청년회, 유학생, 중앙불교전문학교 출신 청년 승려들이 시인으로 다수 등장하게 된다.[1]

1930년대《불교》지의 문학장　147

만해가 《불교》지의 문학적 성격을 강화하겠다는 사고(社告)나 개인적 소회를 피력한 글은 없다. 또한 한용운과 이들 문학청년, 불교청년과 직접적인 교류 사실이 잡지에 구체적으로 드러나지는 않는다. 그러나 《님의 침묵》(1926)을 간행한 시인으로서 불교계 안팎에서 명성을 얻은 상황에서 편집인으로 부임한 그가 보여준 편제의 변화는 결과적으로 당시 문학청년들의 창작열을 잡지로 수렴하는데 기여한 것으로 추정된다. 만해는 당시 젊은 청년들의 정신적 좌장 역할을 맡은 것과 마찬가지로, 잡지의 편집인으로서 문학투고의 장을 활성화하여 젊은 문사의 문학창작을 추동한 역할을 담당한 것으로 평가할 수 있다.

Ⅱ. 만해의 권두시 창작의 양상

한용운은 이렇듯 불교문학의 장이 재구축되고 활발하게 전개될 수 있도록 추동하는 편집자 역할을 했을 뿐 아니라, 자신도 문학인으로서 창작 작품을 게재하여 《불교》지의 문학적 분위기를 조장하는데 기여하고 있다. 그가 부임하여 최초로 펴낸 84·85합호(1931.7)에 권두언으로 〈환가(還家)〉(시조)를 발표한 이후 91호(1931.12)까지 매 호 시[창작시 혹은 구고(舊稿)], 시조, 산문시를 발표하였다. 이는 전임자 권상로가 초기에 찬불가를 수록했으나 이후 작품을 발표하지 않고 오랫동안 권두언을 문학적으로 활용하지 않은 것과 비교된다. 권두언에 수록된 이들 작품은 자신의 내면을 반영하면서 현실적인 상황이나 미래를 노래한 시의성 있는 작품으로 주목할 필요가 있다.

[표] 《불교》지 소재 한용운의 시 작품

호수	연도	수록 작품	
		[권두언]	[불교시단]
84·85 합호	1931.7.	〈환가(還家)〉(시조)	〈성탄(聖誕)〉(시)
86호	1931.8.	'스스로~'(산문시)	〈비바람〉(구고)(시)
87호	1931.9.	'항하사겁(恒河沙劫)의 시간(時間)~'(산문시)	〈반달과 소녀〉(구고)(시)
88호	1931.10.	'나가 없으면~'(산문시)	〈산촌의 여름 저녁〉(구고)(시)
89호	1931.11.	'성공(成功)하는 도중(道中)에서는~'(산문시)	

90호	1931.12.	'해는 저물엇다~'(산문시)	〈세모(歲暮)〉(시)
91호	1932.1.	'해는 새롭엇다~'(산문시)	
93호	1932.3.	'가며는~'(시조)	
94호	1932.4.	'이른봄~'(시조)	
96호	1932.6.	'따슨볕~'(시조)	
101·102 합호	1932.12.	'해가고~'(산문시)	
103호	1933.1.	'새봄이~'(시조)	
104호	1933.2.	'가마귀~'(시조)	
105호	1933.3.	'봄ㅅ동산~'(시조)	
107호	1933.5.	'극운(隙雲)이~'(산문시)	

　제목 없이 등장하는 권두언 중 시조 작품은 기존 연구에서도 만해의 작품으로 인정되어 왔다.[2] 권두언에는 "만해"라는 호가 마지막에 명기되어 있어 만해의 작품이 확실하다. 이중에는 한문 경구[3]나 시사적인 단문[4]도 있어 모든 권두언을 하나의 '작품'으로 보기에는 무리가 따른다. 그러나 시나 시조 외에 표에 소개한 〈스스로〉〈항하사겁〉〈나가 없으면〉〈성공하는 도중〉〈해는 저물엇다〉〈해는 새롭엇다〉〈극운이〉 등은 평이한 산문처럼 보이지만 내재율을 갖춘 산문시(자유시)로 보아도 무리가 없는, 시적 여운을 주는 작품들이다. 당시 잡지의 지향과 시대정신을 제시하는 권두언의 자리에 있는, 기사문과 산문시의 경계에 있는 이들 작품은 단순히 정보 전달의 기사문이 아니라 문학적 향유의 대상이

되었을 것으로 추정된다.

 한용운은 《불교》지의 첫 인상을 좌우하는 [권두언]란을 문학지면화함으로써 《불교》지를 문학적 텍스트로 확장하는 데 일조하였다. 만해는 84·85합호 권두언에 "처음 가졌던 마음"을 가지고 "님께서 주시는 사랑하 기루어 다시 온다"는 내용의 〈환가〉를 발표하였다.

 이는 취임의 변(辯)을 은유적으로 표현한 것으로 읽히는데, 다음 호에서는 시적 긴장감이 살아 있는 비유적 산문시로 권두언을 채웠다.

> 스스로 움직이는 것은 사ㄴ 것이오 스스로 움직이지 못하고 고요한 것은 죽은 것이다
> 움직이면서 고요하고 고요하면서 움직이는 것은 제 생명(生命)을 제가 파지(把持)한 것이다
> 움직임이 곳 고요함이요 고요함이 곳 움직임이 되는 것은 생사(生死)를 초월(超越)한 것이다
> 움직임이 곳 고요함이요 고요함이 곳 움직임이어서 움직임과 고요함이 둘이 안이며 움직임은 움직임이오 고요함은 고요함이어서 움직임과 고요함이 한아가 안인 것은 생사(生死)에 자재(自在)한 것이다
>
> (86호의 권두언. 띄어쓰기 필자)

 움직이는 것과 고요한 것은 일견 대립적인 것이다. 또 생과 사의 분별만큼이나 대립적인 것은 없다. 일종의 형식논리에 따른 첫 행은 눈에 보이는 것이 실체라 믿는 중생들의 분별심을 드러낸 것이다. 이하 행에서

생과 사, 현상과 본질, 물(物)과 아(我)의 대립, 혹은 현상계의 차별성으로 확장해서 볼 수 있는 '움직임'과 '고요함'을 하나의 맥락으로 이해하고 체득하는 과정은 깨달음의 심도를 점층적으로 드러내는 것이다. 그리고 '파지(把持)함', '초월(超越)함', '자재(自在)함'의 경지는 그 인식 수준이 깊어지는 것을 단계적으로 표현한 것이다.

2행은 움직임과 고요함이 서로 다르나 동시에 걸림 없이 심중에 존재하는 상태를 말하였다. 이는 곧 주인공이 생명의 주체로 존재하는 순간이다.

3행은 움직임과 고요함이 상호 즉(卽)한 상태를 말한다. '색즉시공(色卽是空) 공즉시색(空卽是色)'의 논리와 표현을 원용한 것이다.

4행의 전구(前句)에서는 다시 움직임과 고요함이 둘이 아니라는 불이법문(不二法門)의 구조를 차용하고 있는데, 후구(後句)에서는 그렇다고 각각의 개별자가 무화(無化)되는 것이 아니라는 인식, 즉 개별적 현상이나 개별적 존재 자체를 있는 그대로 긍정하는 단계에 이르렀다. 그 자체가 하나의 생명이요 우주로서 '움직임은 움직임이오 고요함은 고요함이어서 움직임과 고요함이 하나가 아닌 것'으로 귀결하였다.

전체적인 시상의 흐름은 '산은 산이요 물은 물이로다. 산은 산이 아니요 물은 물이 아니로다. (중략) 산은 산이요 물은 물이로다'라는 전래하는 선어록의 논리를 계승하고 있다. 이처럼 산문처럼 보이는 만해가 쓴 권두언의 일부는 산문시, 즉 자유시로 보아도 충분한 시적 깊이를 지니고 있다.

권두언에 실린 만해의 창작 시조 가운데는 전통 시조를 패러디한 작품[5], 신년을 기념하고 자연의 변화를 노래한 작품[6]이 주로 수록되었다.

이를 보면 《불교》지 수록 만해 시조에는 그가 《님의 침묵》에서 보여준 시적 긴장감과 성취가 상대적으로 약하게 드러난다. 이러한 상황에서 잡지에 게재한 [권두언]란의 산문시는 불교적 시상을 유장한 호흡과 리듬으로 전개한 작품으로서 불교시의 전통과 맥락에서 새롭게 평가할 만한 작품으로 평가할 수 있다.

   만해의 시문학에 대한 평가는 《님의 침묵》에서 시작하여 《님의 침묵》으로 마무리되는 경향이 있다. 그런데 《불교》지 [권두언]의 분석을 통해 만해가 여전히 시적 긴장을 늦추지 않은 산문 형태의 불교시를 창작했다는 점을 확인할 수 있다. 종교성과 문학성이 가미된 이들 작품은 독자들에게 묵직한 사유의 기회를 제공하고 있다는 점에서 재평가 받아 마땅하다.

III. 불교사 기자의 활약과 장르 확장
- 시대성과 종교성 강화

불교사 직원과 기자는, 지금까지 독립적인 관점에서 연구한 예는 없는 듯한데, 매 호마다 편집진으로서 전체 주제를 기획하고 필진을 추천하며 원고를 의뢰하는 통상적인 역할을 했을 가능성이 크다. 동시에 자신들도 필진으로 적극 참여하고 있다는 점도 주목된다.[7] 《불교》 전 기간에 걸쳐 등장하는 양상을 보면, 편집 겸 발행인으로 권상로와 한용운이 있고, 불교사 직원 및 기자로 김태흡, 백성욱, 유엽, 방인근, 김일엽, 도진호 등이 있으며, 촉탁 기자로는 안진호(만오생)가 있다. 이들 가운데 1930년대 전반에 문학장 형성의 주역으로 김태흡, 도진호, 안진호, 김일엽을 들 수 있다.[8]

1. 김태흡

김태흡은 1924년 《불교》지 창간 초기에 유학생 신분으로 불교사 동경 기자로 활동하면서 《불교》지와 동경 불교유학생을 연결하는 통로가 되었고, 귀국 한 후 1928년 5월 각황사 중앙교당의 포교사이자 불교사 직원, 기자로서 실질적인 편집부 업무를 담당하였다. 매주 각황교당에서 일토설교(日土說敎)시에 강연을 하였고, 경성방송에 출연해서 불교 강연을 하였다. 그의 강연 제목은 매 호 《불교》지의 [휘보]란에 소개되었고, 이후 다양한 장르의 작품을 불교계 잡지에 발표하여 그의 작품이 전국의 여러 사찰에서 불교행사 시에 활용될 정도로 영향을 끼쳤다.

김태흡이 1930년부터 종간호까지 《불교》지에 발표한 문학 작품은 기행문 10편, 가극 1편[10], 소설 5편[11], 희곡 11편[12], 찬불가 및 시 13편[13] 등이다.[9] 편수도 편수지만 기행문, 가극, 소설, 희곡의 경우 매월 잡지에서 차지하는 분량이 작지 않다. 1928~1929년 경 《불교》지에 괄목할만한 비중을 차지했던 일반 문인들의 희곡과 소설을 대신할 만큼의 분량에 육박한다. 문예잡지 성격을 강화했던 1920년대 말에 수록된 문예물의 대체재로서 김태흡의 문학 작품은 그 역할이 매우 컸다고 평가할 수 있다.

이 가운데 기행문은 잡지사 직원이자 포교사인 그가 당대 불교현실을 실시간으로 보고하는 장르로서 시대적 의의가 있기 때문에 주목할 필요가 있다.

그가 쓴 기행문 10편은 모두 서울 경기 이북의 북한지역을 대상으로 한 것이다. 유독 지역적 편중성이 주목되는데 이는 우연이라기보다는 당시 중앙교무원, 각황교당의 포교사로서 활동한 자취를 반영하는 것이며, 불교사의 기획이자 불교계의 행정 중심기관인 중앙교무원의 기획이라 할 수 있다. 〈태조대왕(太祖大王)의 발상지(發祥地) 함흥전도행(咸興傳道行)〉(70호, 1930.4)은 제목에서처럼 필자가 포교사로서 함흥지역에 '전도'를 행한 경과를 소개한 기행문이다. 〈지하금강(地下金剛) 동룡굴유기(蝀龍窟遊記)〉(86호, 1931.8)는 1931년 6월 4일 경성에서 출발하여 묘향산 보현사, 동룡굴, 영변읍의 보현사 포교당, 약산 동대를 거쳐 19일 입경(入京)하기까지 경과를 담은 기행문이다.

이상의 단편적 기행문을 거쳐 연작 형태의 기행문이 등장하였다. 〈국경연안(國境沿岸)의 전도행각기(傳道行脚記)〉(88호, 1931.10), 〈백두산등척기(白

頭山登陟記)〉(89호~90호, 1931.11~12), 〈북선일대전도순강기(北鮮一帶傳道巡講記)〉 (89호, 1931.11)는 이 시기 기행문 가운데 이채를 띠고 있는 시리즈물이다. 이 연작의 출발 과정을 담은 부분에서 '경성의 포교사'로서 가지는 시대적 책무의식을 확인할 수 있다.

> 소납이 경성의 포교사로 부임한 후로부터 남서북선의 전도 걸음을 아끼지 아니하였으나, 국경 연안에는 한 번도 가본 일이 없습니다. 신문지상을 볼 것 같으면 다른 종교의 교역자들은 매양 하기(夏期)가 되면 국경을 넘어서 혹은 남만주 혹은 북만주까지도 교화망을 펴기 위하여 돌아다닌다는 보도가 자주 있는데 우리 불교에서는 포교 전도 방면에 힘을 쓰는 분이 많이 있으나, 국경은커녕 지방 안에서라도 순회 전도를 계획하는 분이 적습니다. 이것은 열성이 적다는 것보다 기관이 그만큼 벌어져 있지 못한 까닭이겠지요. 소납은 이에 느낀 바가 있어서 항상 불교를 이해치 못하는 지방에 가서 전도를 하였으면 하는 생각을 하고, 국경지방에 가서 전도를 하였으면 하는 생각을 하고, 국경지방에 포교의 거름을 단행코자 한 바가 자못 많았습니다. 그러나 오직 주저하던 바는 여비의 변출무로(辨出無路)를 근심하였을 뿐입니다. 이러하던 차에 종성 불교부인회 주최로 하기 불교강좌를 연다 하면서 기어이 와 달라는 초청이 있었습니다. 그래서 보내준 여비를 받아들고 칠월 십일 밤에 청진행 차를 타고 북선(北鮮) 행객(行客)의 한 사람이 되었습니다. (88호 p.56)

타 종교의 활발한 전도행각을 의식하고 불교의 포교행각이 그에 미치지 못함을 탄식하며 국경지역의 불교 포교행에 강한 의욕을 보여주고 있다. 당시 불교계를 대표하는 서울의 포교사로서 가지는 책무의식이 문면에 자세히 드러나 있다. 비록 출발이 함경북도 종성 불교부인회의 초청에 의한 것이기는 하나, 결과적으로 일련의 기행 기록은 함경도, 국경, 백두산 지역의 오지에 대한 근대불교 최초의 답사기이자, 그동안 관심에서 배제되었던 지역의 근대적 '전도'(포교) 기록으로 큰 가치를 지니고 있다.

세 편 연작 형태의 여정을 약술하면 다음과 같다.

(1931.7.10) 경성 출발, 청진행

(7.11) 석왕사역 하차. 석왕사 방문

(7.12) 회령 하차. 종성 도착

(7.13) 종성에서 수양강화. 〈불교의 인연관〉 주제로 강연

(7.14) 간도 방문. 저녁 강연

(7.15) 삼봉역 불교부인회 초청으로 강연

(7.16) 용정촌행. 대각교당에서 강연

(7.17) 회령행. 강연

(7.18) 회령의 건봉사 출장 포교당에서 설법

(7.21) 무산읍 도착

(7.22) 무산 불교회 주최로 강연

(7.23~8.1) 백두산 등반 (→이 부분은 〈백두산등척기〉에 별도로 기술함)

(8.2) 삼장시 전도 강연

(8.3) 두만강 뗏목을 타고 무산행

(8.6) 무산 불교부인회 주최 강연 (이상 〈국경연안의 전도행각기〉)

(8.7) 무산 출발. 나남 도착. 나남 교당의 관북 불교회 교당방문

(8.8) 나남 불교계 경영의 명성여자학원에서 강연

(8.9) 나남 출발, 경성행

(8.10) 경성의 보통학교 대강당에서 강연

(8.11) 청진행. 신암동 포교당 방문. 불교부인회 주최 강연

(8.12) 신암동 교당 주최로 동해안유치원 등지에서 강연

(8.14) 청진 출발, 성진행. 도중에 칠보산 순례를 위해 고참역 하차

(8.15) 칠보산 개심사 도착 (가사 〈유산록〉 창작)

(8.16) 개심사 출발, 성진행

(8.17) 성진에서 불교강연

(8.18) 함흥행

(8.19) 천불산 방문. 강연

(8.22) 함흥출발, 원산행. 강연

(8.24) 석왕사 방문

(8.25) 경성 도착 (이상 〈북선일대전도순강기〉)

약 한 달 반에 걸쳐 여행한 함경도 일원은 사실 그동안 불교계의 포교 여행기에서 담지 못했던 미지의 세계다. 그가 말한 바와 같이 그의 기행문이 타 종교 전도여행기를 모델로 삼았을지라도 불교계의 기록으로는 최초의 것으로 그 의의가 크다. 아울러 국경 연안과 함경도 내륙의 여러 소도시마다 불교회, 불교부인회가 주도하여 포교사를 초빙하고, 광고지를 수십 부 필사하여 도심에 붙이고, 광고 홍보를 하여 청중을 모

으는 과정이 상세히 기록되어 있다. 어느 도시에서나 최소한 50명에서 650명의 청중이 운집하였다고 기록되어 있으며 선남선녀는 물론이고 소년 소녀들이 운집하여 때로는 불교설화로 어린이들을 유도한 후 내보내고 일반청중이 입장할 수 있도록 조치하기도 하였다. 강연 때마다 각 도시의 경찰서에 가서 집회 신청을 하였는바, 대중의 소요를 우려하여 집회를 허락하지 않다가 우여곡절 끝에 허가를 내준 사례도 여러 차례 기록되어 있다. 전반적으로 오지라 할 수 있는 함경도 각 지역마다 도시포교의 현장인 포교당을 중심으로 도시포교의 열기가 매우 뜨거웠던 상황이 잘 묘사되어 있다. 지역적으로는 두만강 건너편의 간도 땅, 용정의 대각교당까지 방문한 기록 등 국경지역 불교 현황이 소개되어 있다는 점도 특징이라 할 수 있다.

여행의 1차적인 목적은 전도 여행이었기에 구체적인 여정을 빠지지 않게 기록했으며, 〈북선일대전도순강기〉의 마지막 장에 일시, 장소, 강연주제, 청중 수를 제시하여 그 성과를 잘 부각하였다. 기록에 따르면 총 19곳에서 5,870명의 청중을 대상으로 전도 강연을 한 것으로 소개하고 있다.

이와 함께 김태흡의 기행문은 다양한 통계 기록을 통해 독자들의 이해와 감상을 돕고 있다. 그 결과 전반적으로 1930년대 이북지역의 불교계의 현황을 전체적으로 파악할 수 있음은 물론이고 각 지역의 지리적 특색과 와 시민들의 경향까지도 확인할 수 있다.

〈백두산등척기〉는 '동방의 히마라야'라는 수식어가 제목에 붙어 있다. '히마라야'는 인도의 성지요 불교의 성지인 바, 범어 히마는 '설(雪)', 라야는 '장(藏)'의 의미로서 경전에서는 이를 설산(雪山)이라고 한 것에 근거해서 "그런 까닭으로 나는 백두산을 제이 설산으로 상상하고 백두산만 가 보드래도 설산에 견주어 견문소득(見聞所得)이 많으리라는 생각을 하였다."고 소개하고 있다.(p.26) 일종의 종교적 성지로서 히말라야를 대신하여 백두산을 신앙화하고 있으며 등반에 대한 의미를 부여하고 있다. 주지하듯 백두산 자체에 불교 유적이 많거나 모든 사항을 불교와 관련시킬 수는 없다. 필자는 이보다는 백두산을 하나의 성지로 규정하고 그 탐방의 시작과 끝을 소상하게 소개하였다.

성지순례라는 1차적 여행 의도는 백두산 정상에서 느낀 감격을 종교적 감성으로 표현함으로써 완성되었다.

만고빙설(萬古氷雪) 이고 있는 설산(雪山)은 어드멘지
천리임해(千里林海) 솟아오른 백두산(白頭山)은 여기로다
내 몸도 님의 뜻 바다 에서 깨쳐 보오리

나는 밖으로 임해(林海)를 내다보고 안으로 천지(天池)를 내려다 보면서 석존억모(釋尊憶慕)의 시조를 읊으며 법화경의 고원한 이상과 화엄경의 광박한 정신을 체험하고 반야경의 공막한 사상과 열반경의 심현한 이상을 그대로 사색하며 그려 보았다. 그리고 불교의 위대한 정신은 이렇게 위대한 대자연에 포옹되어 보지 못하면 도저히 알기 어려우리라고까지 생각하여 보았다.

백두산은 석가모니가 고행하여 깨우쳤던 공간인 히말라야, 즉 설산이 조선 땅에 현현된 성소(聖所)이다. 시조에서 필자는 백두산에 오른 감

흥을 종교적 환희와 다짐으로 환치시켜 표현하고 있다. 이는 설산과 백두산과 화자인 '나'가 하나가 되는 종교적 희열의 경지에 다름아닐 것이다. 나아가 백두산 정상에서 천지를 내려다보면서 자연의 위대함과 경외감을 느끼지 못한 사람은, 《법화경》, 《화엄경》, 《반야경》, 《열반경》의 말로 표현할 수 없는 높고 깊고 드넓은 경지를 이해하기 어려울 것이라 하였다. 경전이 보여주는 정신적인 위대함을 자연의 위대함과 연결하여 하나로 통찰한 문학적 표현이다. 김태흡의 기행문은, 그가 의도한 바는 아닐지 모르나, 불국토관(佛國土觀)의 근대적 표상을 보여주는 작품이라 할 수 있다.

여기에서 누락된 이북지역, 즉 의주, 신의주 지역의 전도여행기인 〈서선국경(西鮮國境)의 전도행각기(傳道行脚記)〉(1·2)(103호~104호, 1933.1~2)를 포함한 여러 기행문은 사실 김태흡 개인의 여행이라기보다 중앙포교당의 기획이요 불교사의 기획이라 해도 과언은 아니다. 〈백두산등척기〉는 89호에 발표되기 전부터 불교사의 기획물로 독자들에게 광고되었으며, 게재가 늦어지면서 독자들의 성화도 있었음을 확인할 수 있다.[14] 김태흡은 포교사이면서 불교사 기자로서 도시 불교의 홍보와 확산에 다대하게 기여한 것으로 판단된다. 나아가 이는 1920년대 말 《불교》지에 일반 문인들의 소설, 희곡, 시 작품이 대거 유입되면서 문예지화한 현상에 대한 반작용으로서, 잡지의 종교성을 강화하는 결과를 가져온 것으로 평가할 수 있다.[15]

2. 도진호

도진호는 도시 불교의 현장에서 강연과 작품 활동, 계몽 활동으로 한 시대를 풍미한 인물로서 김태흡과 동시기에 불교사 직원 및 기자로서 활동하였다. 그가 불교사에 언제 입사했는지는 확실치 않으나, 79호(1931.1) 근하신년 광고란에 김태흡과 함께 불교사 직원으로 소개된 것을 보면 1931년 전후로 근무했으리라 짐작된다. 도진호는 쌍계사 출신으로 1925년 일본대학 예술과를 졸업하였다. 그는《불교》49호(1928.7)부터는 [불교휘보]란에 각황교당의 연사로 활동한 양상이 자세히 소개되기 시작하였다. 1929년 12월에는 희방사에서《월인천강지곡》을 인간(印刊)하여 학계에 제공하기도 하였다.(68호, 1930.2)

그는《불교》지에 단평과 시론을 다수 게재한 외에 시 작품도 창작하여 시 동인지인《조선시단》4호(1929)에 발표하였다.《불교》67호(1930.1)에는 찬불가〈성도가〉를 발표했는데 이는 성도절 행사에서 공연한 작품으로서, 같이 수록된 김태흡의〈승리의 새벽〉(성도가극)과 짝을 이루는 작품이다. 79호(1931.1)에는〈새 무대〉를, 80호(1931.2)에는〈성도의 노래〉(시조)를 발표하였다. 중앙불전 교우회지인《일광》1호(1928)에는〈생生의 환상(幻想)〉(시)을 발표하였다.

그의 기행문은《불교》75호(1930.9)~77호(1930.11)의〈범태평양회기(汎太平洋會記)〉와 80호(1931.2)의〈태평양대회기여(太平洋大會記餘)〉이다. 각황교당에서 일토설교(日土說敎)의 강사로 활발한 활동을 한 도진호가 1931년 조선불교계를 대표하여 하와이 범태평양불교도대회에 참석하고 쓴 이 글은 당시 세계 불교 포교의 현실과 실행 방향을 자세히 소개한 보고서

이자 기행문의 성격을 지니고 있다.[16] 아울러 그가 1931년 1월호에 불교사 직원으로 소개되어 있기 때문에 이들 연작 역시 기본적으로 불교사의 직원이자 기자의 소임을 가진 채 발표한 것으로 볼 수 있다.

> 기자가 조선 대표로 제1회의 범태평양불교청년회의에 출석하고 그 회의의 경과 전말을 보고하기 위하야 본기(本紀)를 초(抄)하게 되었으나, 이번의 여행은 시일과 행지(行地)와 행사 등의 범위가 비교적 꽤 광장 착잡한 바 있어, 그간 보암직한 여행기로 나타내기에는 지금에 나의 건강과 시간으로는 도저히 기득(期得)하지 못할 바라. 이에 회의의 기략(紀略)으로써 제산(諸山)의 모든 존숙(尊宿)에 삼가 보고하오며 아울러 혜가(惠加)의 종시(終始)가 너무나 간후(懇厚)하였사옴을 깊이 감사하나이다. (75호 p.6)

이 글은 일종의 대회참가 보고서나 참관기에 가까운 글이다. 다만 건조하고 객관적인 기사문을 넘어서 비교적 다양한 시각에서 그 전말을 묘사하고 있어 일반 기행문 못지않은 호기심을 불러일으킨다. 이 글은 회의 참가의 전말과 회의 경과, 안건 내용, 회의에서 행했던 자신의 발제문, 성명서, 조선불교를 대표해서 나누어준 여러 자료의 목록과 상대방의 반응 등을 소개한 복합적인 보고서이며 해외 체험의 기행문으로 평가해도 실상에 어긋나지 않는다. 인용한 서문에서 필자는 '그간 보암직한 여행기'로 나타내고 싶었으나, 자신의 건강과 시간이 도저히 허락하지 않기에 '회의의 기략(紀略)'을 서술하는 것으로 대신한다는 입장을 밝히고 있다. 필자가 '여행기'로 인식하고 있었으나 거기에 미치지 못하고 있음을 아쉬워한 것인데, 본고에서도 그러한 한계를 인정하는 선에서 일종의 기행문으로 판단하고 그 의의를 살펴보고자 한다.

이글은 1930년 7월 7일 경성을 출발하여 9일 일본 요코하마(橫濱)에서 1박하고 10일 동경의 불교협회 본부를 방문한 경과를 약술하는 것으로 시작하였다. 11일 다시 요코하마에서 출항, 18일 하와이(布哇)에 도착한 후 21일 정식회의가 열리는 날에 조선을 대표하여 인사들에게 《Korean Buddhism and Her Position in the cultural history of the orient》라는 책자를 배부하여 큰 호응을 받은 사실을 기록하였다. 사실 이 책자는 대회 출발 20일을 앞두고 '최남선이 집필하고 최봉수(崔鳳秀)가 번역한 것'으로 "그 과정과 경위에 있어서 퍽이나 커다란 고난과 쓰라린 경험"이 녹아 있는 책자다. 그 결과 "조선과 조선불교의 역사적 사명을 세계만방에 완전(完傳)하엿스며 세계와 세계인들이 비로소 우리 손과 마음에서 나간 의의깊은 이 선물에 감명(感銘)"받은 것으로 자평하고 집필자에게 감사의 말을 전하였다. 그런데 이 책자는 기행문 발표 직전에 〈조선불교-동방문화사상에 잇는 그 지위〉(74호, 1930.8)라는 제목으로 최남선 글로 소개된 바 있다. 도진호의 활동은 기실 그가 조선 대표로서 참석하기 전부터 불교사 내외의 여러 인사가 협력한 결과 가능한 일이라 하지 않을 수 없다.

일본, 인도, 미국, 하와이 등지에서 온 177인이 참석한 정식회의의 일정과 토의 내용은 기사(紀事)식으로 소개하였다. 필자는 조선불교를 대표하여 '성명서' '조선불교청년회 현황보고' '조선불교청년회 연혁 개요'를 영어로 발표하였다. 그리고 각국에서 제출한 안건을 토대로 분과 회의를 거쳐 도출한 '범태평양불교청년회의결의록(汎太平洋佛教靑年會議決議

錄)'을 적요식으로 소개하였다.[17]

이러한 경과를 볼 때 조선불교청년회 활동은 당시 불교 청년운동이 세계적으로 활발하게 일어나고 있는 시대적 흐름 속에서 이해될 필요가 있다는 점을 확인할 수 있다. 그리고 이 회의에서 제시한 시대적 사명은 다시 조선의 청년들에게 불교발전의 방안으로 피드백되었을 것으로 생각된다. 조선불교청년회가 불교청년동맹으로 발전하고 전국적인 조직을 결성하여 《불청운동》이라는 잡지를 창간(1931.8)한 과정에는 사실 이러한 국제 조류와 상호 관련성이 바탕에 깔려있다. 그리고 이러한 발전적 움직임에, 추정이지마는 그러나 당연하게도, 도진호의 기행문이 끼친 영향이 적지 않았으리라 생각된다. 아울러 그의 해외 동정에 대한 국내외 조선불교 청년계의 반향 또한 상당했던 것으로 파악된다.[18]

〈태평양대회기여〉에는 대회의 경과를 소개한 앞의 글에 이어 조선 대표로서 자신이 행한 강연, 배부한 기념 책자를 소개한 후일담이다. 글의 구조를 볼 때 이 글은 사실의 전달인 회의 참가기를 핵으로 하고, 견문과 감상으로 외피를 감싼 기행문으로 평가된다.[19]

3. 김일엽

김일엽은 신여성의 대표 주자로 불교계에 입문하기 전에 이미 언론의 주목과 대중들의 관심을 한 몸에 받았던 인물이다. 그는 1928년 6월(《불교》 48호) 불교사 기자로 입사한 기록이 있고, 퇴사 시기는 정확하게 알려지지 않았으나 1929년경 퇴사

김일엽

했을 것으로 추정된다. 그럼에도 그는 1930년대에도 전직 직원 및 기자로서《불교》지에 회고담, 창작설화, 단형 소설, 수필(기행문 포함)을 꾸준히 발표하였다. 사실 그가 입사한 시기는 백성욱과 외부 문인들(유엽, 방인근)이 입사한 직후인 1928년 6월이다. 그는 당시까지만 해도 불교와 크게 관련이 없었던 인물로서 외부의 문인 군에 속한다고 볼 수 있다.

이 시기에 외부의 문인들이 입사하면서《불교》지에는 소설, 희곡, 시조 등 일반 문인의 작품이 다수 수록되었다. 김일엽은 1920년대까지 발표한 몇 편의 글은 역시 일반 문인의 글로서 뛰어난 문학적 역량을 보여주지는 못하였다. 동시에 불교사의 직원, 기자로서 담론을 주도한 것은 아니다. 다만 작품에 관통하는 하나의 핵심어에 주목할 필요가 있다. 바로 '사랑'이다.

〈회고(回顧)〉(49호, 1928.7)는 입사 후 처음으로 발표한 자전적 수필로서, 자유연애를 부르짖고 실제로 그러한 삶을 살면서 세상 논란의 중심에 섰던 작가가 지나온 반생을 파노라마처럼 소개한 글이다.

〈영지(影池, 전설)〉(50·51호, 1928.9)는 불국사 석가탑(무영탑)을 축조할 때 중국에서 온 석공과 아내의 애틋한 사랑 이야기를 각색한 짧은 글이다.

〈파랑새로 화한 두 청춘〉(55호, 1929.1)은 평안남도 용강군 어느 마을을 배경으로 한 단편 소설인데, 탁발승과 젊은 처녀의 사랑 이야기로서 불완전하나마 서사적 구성을 갖추었다.

〈여자의 마음〉(57호, 1929.3)은 전설을 각색한 것인데, '누가 아내와 제일 정다운가'를 두고 자랑하는 일종의 경합담에 속한다.

〈X氏에게〉(60호, 1929.6)는 '동무가 어떤 이성에게 보내는 편지 그대로 전재함'이라는 부제가 붙어 있는 편지글이다. 본문에는 필자가 'K生'으로 되어 있으나 전체 목차에는 '一葉'으로 소개되어 있어 김일엽의 글로 파악된다. 떠난 사랑에 대한 아쉬운 감정을 담아 전달하고 있다.[20]

이처럼 1920년대 김일엽의 글은 사랑이라는 주제가 수필, 소설, 전설에 관통하고 있다. 일부 글은 불교사의 기자로서 혹은 공인으로서 자신을 객관적 위치에 두는 데 실패한 것으로 보이는데, 이는 불교사의 필진으로서 제자리를 찾아가는 과정에 발표한 습작으로 평가할 수 있다. 다만 신 여성계를 떠나 불교사에 입사했지만, 여전히 삶의 동력이었던 사랑이라는 실체에 대해 탐구하는 일관성 있는 자세는 평가할 만하다.

이상의 평가는 1930년대 남편과 함께 자신의 고향에 있는 용강온천을 다녀온 사적인 기행 〈용강온천행(龍岡溫泉行)〉(88호, 1931.10), 유랑인을 소재로 한 미완의 소설 〈자비(慈悲)〉(1)(92호, 1932.2), 일본 잡지에서 채록한 두 남녀의 짝사랑의 비극 〈애욕이 낳은 비극〉(95호, 1932.5), 무더위에 지친 심신을 이야기한 수필 〈서중잡감(暑中雜感)〉(99호, 1932.9), 고부간의 갈등과 남편의 재산탕진 등 인생의 여러 단면을 이야기한 〈사회상의 가지가지〉(105호, 1933.3), 보성고보 교사인 남편과 나눈 안타까운 수험생의 사연을 소개한 〈보성고보 입학시험 때〉(107호, 1933.5) 등의 글에서도 여전히 유효하다. 소재는 일상적이며 내용은 사적이고 현실의 다양성 이외에 특정한 주제 의식이 잘 드러나지 않는다. 일부 작품의 결말에 불교적 진술이 있으나 필연적 전개로 보이지는 않는다.

이처럼 그가 각색한 설화나 창작 소설의 완성도는 높지 않으며 기행문 역시 개인적 소감을 담은 것으로 사적 담화에 가깝다. 오히려 주목할 것은 〈회고〉에서 시작된 새해를 맞이하는 소감문 연작이다.

앞서 살펴본 〈회고〉(49호, 1928.7)에서 필자는 '사느냐 죽느냐'의 갈림

길에서 하나의 활로를 찾은 것이 곧 '我'를 찾는 것을 말하면서 인생의 방향 전환을 불교적 가르침에서 찾을 것임을 암시한 바 있다.

〈불문투족(佛門投足) 2주년에〉(68호, 1930.2)는 기독교 집안에서 성장한 자신이 불교사에 입사하게 된 계기와 불교사 사장 권상로에게 한문을 배우면서 불교를 알아가는 과정을 자전적으로 소개하였다. 그리고 기독교의 전도열에 비추어 불교가 미진하다고 평가하면서 최근에 창설된 불교여자청년회도 십여 명의 회원이 모일 뿐이라는 자괴감을 토로하였고, 청년회 간부부터 불경, 교리학습을 할 필요가 있다는 점을 신년의 각오로 대신하고 있다. 근대적 포교에 대한 각성이 드러나 있는 이 글을 통해 필자가 이제는 비로소 불교계 인사로서 자기 위상을 정립해 나가고 있음을 확인할 수 있다.

〈여신도로써의 신년 감상〉(91호, 1932.1)은 신년의 감상을 담은 글인데, 새해를 맞이하여 무작정 새로운 희망을 노래하지는 않았다. 새해라는 것이 인간이 규정한 기준일 뿐이며 오히려 인생의 무상함을 깊게 느끼는 소감으로 서두를 장식하였다. 그러나 그러하기에 불교에 귀의한 현재의 자신의 각오 또한 남다른 바 있다는 점을 강조하였다.

> 불법(佛法)을 듣고 새해를 네 번째 맞게 되는 나는 이 새해에 비로소 나는 신도외다. 나는 특별히 여신도외다. 좀 더 미(迷)하고 좀 더 속(俗)된 여인 중에 기신(起信)을 한 여신도외다. 중생들은 나와 같이 신도가 되사이다 하고 용기 있는 말을 할 수 있나니라. (중략) 그러나 해마다 신심이 조금씩 조금씩 깊어가는 것만은 사실이었나이다. 그러다가 지난 가을부터 비로소《불교》《불청운동》, 그외에 초

입(初入)의 불서를 읽기 시작하는 동시에 불도(佛道)가 무상(無上)함을 더욱 절실이 느끼었나이다. (중략) 하고 싶건만 바랄 수 없다 하여 버려두었던 문인의 소질을 잘 기르고 도를 깨쳐서 부처님의 진리를 발표하여 중생을 건지겠다는 서원과 함께 끄침없는 노력을 할 것이외다. (pp.41~42)

인용문에서 비로소 자신이 불교의 신도가 되었다는 점, 여성의 위치에서 여신도로서 자각하면서 자신이 불교계를 위해 할 수 있는 일이 무엇인지 고민한 결과 문인의 재능으로써 불법을 전파하여 중생을 구제하겠다는 서원을 제시하였다. 동시에 이런 과정은 불교잡지와 기본적 입문서의 독서가 바탕이 되었음을 고백하였다. 이제 비로소 불교계에서 자신이 할 수 있는 역할을 찾은 필자가 자신 있는 목소리를 내기 시작한 것이다. 동시에 여성이라는 존재가 항상 사고의 저변에 깔려 있음도 알 수 있는데, 이는 신여성의 대표주자로 시대와 여성의 관계를 고뇌하며 현실 속에서 부조리한 상황을 몸소 헤쳐나갔던 김일엽 자신의 일관된 지향이라 할 수 있다. 결론에는 불교 교단의 안타까운 현실을 타 종교에 비교하여 제시하였고, 특히 여신도 역할이 미미하여 신여성 신도가 적고 활동이 적은 것에 대한 대책 마련을 촉구하였다.

〈또 한해를 보내면서〉(103호, 1933.1) 역시 앞의 글과 마찬가지로 인생의 무상함을 길게 서술하였는데, 시간의 무상함을 닭장의 주인과 닭에 비유하여 제시하면서 우리의 보배를 찾기 위해 어두운 눈을 밝히자는 주장으로 마무리하였다. 비록 평이한 신년 담화에 불과하지만 간단한 내용에 원시 불교경전의 비유 설법에 상응하는 하나의 이야기를 삽입함으로써 전달력을 높이고 있다. 이는 일엽이 신년 수필에서 다짐했던 '문인의 역량'을 포교를 위해 발휘하겠다는 다짐을 실현하고 있다는 점에서 의미를 찾을 수 있다.

이상 신년 수필의 내용 변화를 통해, 과연 김일엽이 1933년 출가한 것이 우연이 아니며, 정체성 고민에서부터 여러 모색의 과정을 거쳐 이루어진 필연적 사건이었음을 확인할 수 있다. 다분히 사적인 내용으로 보였지만 여성의 삶에 대해 고민하고, 고난을 겪고, 불교에서 새로운 진리를, 새로운 삶의 가능성을 확인하고, 이를 배움을 통해 조금씩 발전시켜 나가면서 불교여성청년회 활동을 펼쳐나가는 한 개인의 기록은 개인의 기록을 넘어서 이 시대를 살아가는 한 여성, 한 종교인의 내면세계를 진정성 있게 보여주고 있다는 점에서 감동을 준다.

한편 종교인으로 성숙해 가는 과정에서 김일엽은 시조라는 장르를 발견한다. 그는 《불교》 94호(1932.4)의 [불교시단]에 시조 〈행로난(行路難)〉을 발표한 이후 14편의 시와 시조를 발표하였는데,[21] 시기적으로 《불교》지의 편집인이 만해로 교체된 이후 종교문학으로서 시조라는 장르에 대해 관심을 가진 것으로 보인다. 그가 발표한 시조는 나름대로 특색이 있는 내용을 담고 있다. 94호부터 108호까지 1년여에 걸쳐 발표한 시조와 시는 주로 [불교시단]에 수록되어 있다. 그의 수필이 개인적 삶의 변화와 의식의 변화 과정을 진솔하게 드러낸 특징이 있는 것처럼 시조에서도 신앙에 귀의한 이로서 종교적 진실에 다가서고자 하는 진솔한 심정이 드러난 경우가 많다.

님께서 부르심이

천년 전가? 만년 전가?
님의 소리 느낄 땐
금시 님을 뵈옵는듯
법열에 뛰놀건만
들처보면 거기로다

천궁에서 시 쓸 땐가?
지상에서 꽃 딸 땐가?
부르시는 님의 소리
듣기는 들었건만
어대인지 분명치 못하야
뺑뺑이만 치노라

님이여! 어린 혼이
님의 말씀 양식 삼아
슬픔을 모르옵고
가노라고 가건마는
지축지축 아가 거름
언제에나 님 뵈릿가! 〈행로난〉 94호, p.21

〈행로난〉은 이백(李白)의 장시 제목을 따와서 구도행의 험난한 여정과 어려움을 토로한 작품이다. 시적 화자는 선 수행을 하는 수행자는 아니고, 불교에 입문한 지 몇 해 지나지 않은 불교인으로서 일엽 자신과 동일시할 수 있다. 불교의 진리를 님의 목소리로 설정하고 들릴 듯 말 듯, 뵈올 듯 말 듯한 님의 목소리를 찾아가는 초심자의 구도행을 노래하였다. 잠시 임을 뵈올 때도 있는 듯 하지만 다시 나 자신의 위치를 찾아보면 다시 그 자리이고, 방향을 잡지 못해 빙빙 도는 화자의 모습을 아기 걸음에 비유한 이 시는 수필에서 보여주었던 진솔한 신앙 고백에 다름 아니다. 형식적으로는 3연으로 이루어진 시조로 보이나, 종장의 첫 구가 3음절이고 둘째 구가 5음절 이상인 시조의 일반적인 형식을 준수하지는 않았다. 시조가 아니고 자유시의 율격에 미치지 못하는 2음보 연속의 단형시로 볼 수도 있다.

　내용의 소박함과 시 형식의 불철저함을 보면 일엽은 시인으로서 철저한 수련을 다졌다고 보기는 어렵다. 다만 그가 창작한 시조는 고백 형식으로 종교인의 내면을 소박하게 드러낸 작품으로 평가할 수 있다. 우주에 만유한 불성을 보고 듣지 못하고 헤매는 중생의 모습을 노래한 〈님의 손길〉, 불법에 귀의하고 선지식을 모시고 공부하는 것이 기쁘지만 가르침을 모두 받아들일 능력이 없어 아쉽다는 〈귀의〉, 세존이 행하던 길이 내 앞에 있으니 나도 따라가리라는 다짐의 〈세존이 예든 길〉, 세상은 몽환이요 인생은 무상한데 '대도를 깨치고자 마음만 홀로 바쁘다'는 안타까움을 노래한 〈무제〉 등은 불교에 입문하여 공부하고 정진하고자 하나 아직 갈 길이 먼 자신을 발견하고 간절한 마음으로 기도하는 화자의 심정이 담겨있는 작품이다.

　이외에 시간의 흐름과 덧없는 세상사, 인생사를 대비시킨 〈가을〉 〈만각(晩覺)〉 〈시계추를 쳐다보며〉, 마음보다 겉으로 드러난 미를 추구하는 여성의 한계를 한탄한 〈경대(鏡臺) 앞에서〉 등은 그의 수필에서 서두를 장식한 내용의 시적 표현이라 할 수 있다.

시조 형식에 대한 불철저한 운용은 한계로 남겠지만 다음 시들은 사물에 대한 시적 관찰과 그 표현미가 돋보이는 작품이다.

따슨 볕 이불 삼아 풀요 위에 누웠으니
작은 새 노래하고 가는 바람 키쓰한다
무심한 저 구름은 시샐 줄을 모르는가 〈청춘〉 95호

유수(流水)는 광음(光陰)이오 낙화는 인생이라
한 구비도 못 돌아서 꽃잎은 으서져도
그네게 안긴 혼은 바다까지 가거라 〈낙화유수〉 96호

열매를 고이 지어 잎 속에다 숨겨두고
옛집을 떠나가는 어여쁜 꽃이어늘
날으고 또 날으기에 나비인가 하였노라 〈낙화〉 96호

세상이 어지러우니
절기조차 문란한가
봄 차지 그 대지(大地)를
눈이 앗아 안았으니
두어라 그 눈이 녹아
꽃을 재촉하리라 〈때아닌 눈(雪)〉 106호

〈청춘〉은 따뜻한 볕을 이불 삼고 풀을 담요 삼아 누우니 작은 새는 노래하고 가는 바람은 키스한다는 내용으로 찬란한 봄날 한순간을 시각 청각 촉각의 공감각으로 표현한 작품이다. 앞서 소개한 시와 달리 오직 봄날의 감각에 시인의 정서를 맡겨 놓아 서정적인 감성을 잘 포착하였다.

〈낙화유수〉의 초장은 세월의 흐름이 빠르고 인생은 무상하다는 불교의 관용적 인식과 표현을 유수, 광음, 낙화, 인생이라는 한자어를 적절히 배치함으로써 압축하는 데 성공하였다. 중장과 종장에서는 지는 꽃잎이 한 굽이도 돌지 못해 으스러지겠지만 그 안에 담긴 혼은 바다까지 가리라는 염원을 담아내었다. 역동적인 물살 가운데서 한순간 사라지는 꽃잎의 무상함을 탄식하기보다 그 안에 담긴 혼이 바다 끝까지 멀리 닿으리라는 기대와 바람을 담았다. 어설픈 종교적 탄식이나 승화로 마무리하지 않고 긴 여운을 남기는 데 어느 정도 성공한 작품이다.

〈낙화〉는 열매를 잎 속에 남겨놓고 떨어지는 꽃잎을 나비인 줄 알았다는 내용의 시조 작품이다. 허무함 속에 감추어진 고귀한 생명, 하강하는 꽃잎과 상승하는 나비의 몸짓, 이러한 모순되는 시어들이 동시에 표현됨으로써 시를 풍부한 이미지의 향연으로 만들어 독자에게 감동을 선사한다. 이는 〈때아닌 눈(雪)〉에서도 발견된다. 절기가 문란해져 봄날에 때아닌 눈이 내려 봄기운을 없애 버렸으나, 오히려 그 눈이 녹으면 꽃을 피우는 자양분이 될 것이라는 역설의 미학을 보여준다. 죽음과 생명의 상승 이미지와 하강 이미지를 통해 우리네 인생사와 자연의 진리를 드러내는 데 기여하고 있다.

김일엽의 시조와 시는 전체적으로 낮은 자세로 불법을 깨우치고자 하는, 불교에 입문한 시인의 소박한 감성이 고스란히 반영되어 있다. 세상에 달관한 이의 목소리가 아니라 자기를 관조하고 자신의 보잘것없음을 드러내어 님을 향해 갈구하는 자세가 오히려 종교시의 진정성을 확보하는 데 기여하였다. 그리고 시적 사물에 대한 공감각적인 묘사가 두드러지며 교조적인 종교적 담화를 벗어나서 죽음과 생명, 조락과 탄생 등이 평이한 표현으로 제시되어 있어 서정시의 본령을 획득했다 할 수 있다.

일엽의 시와 시조는 《불교》지에 여성화자의 목소리가 담긴 서정시의 등장과 함께 종교시의 영역을 확보했다는 점에서 의의가 있으며, 이런 측면에서 일엽이 구축한 불교시의 영역은 새롭게 평가할 가치가 있다. 여성 문학으로 《불교》지에 두드러지게 나타나는 작가와 작품이 없는 가운데, 한용운이 마련한 [불교시단]에 자신의 시조 작품을 집중 수록하고 있다는 점에서, 일엽은 이 시기 불교문학의 장에서 나름대로 입지를 구축한 것으로 평가된다.

Ⅳ. 1930년대 《불교》지 문학장의 구도와 성격

1924년에 창간된 《불교》지는 84·85합호(1931.7)부터 편집인이 권상로에서 한용운으로 교체되면서 몇 가지 의미 있는 지면상의 변화가 수반되었다. 불교사의 주요 필진이자 실무를 담당했을 직원, 기자의 면면을 보면 대표 편집인의 교체에 따른 구성원의 변화는 크지 않은 것으로 보인다. 여기서는 이러한 연속성을 전제로 하되, 획기적인 변화 양상을 제시하기보다는, 편집인 한용운이 가져온 체재 상의 변화와 새로운 창작물의 성격, 그리고 30년대 발표한 기자들의 역할과 수록작품의 경향을 검토하고자 한다.

한용운이 편집인으로서 기여한 바는 다음 몇 가지로 나누어 정리할 수 있다.

먼저 한용운은 당시 전주 안심사에 소장되어 있는 658매의 한글경판(언해불서)을 발굴하고 이를 적극적으로 기사화하면서 한글과 민족문화에 대한 관심을 환기하였다. 이는 일종의 한글 문화운동으로서 불교계가 한글 창달에 기여한 성과로 주목할 만한 것이다.

또 잡지의 얼굴이라 할 수 있는 [권두언]에 해당 호와 관련된 시의성 있는 주제를 담은 시, 시조, 산문을 게재하여 《불교》지의 문학장을 확장하는 데 기여하였다. 이는 권상로가 1920년대에 찬불가(창가)를 게재하여 그 시대에 맞는 새로운 불교가요를 시험한 것에 견줄 수 있다. 권두언 가운데 특히 산문 형태로 되어 있는 〈스스로〉〈항하사겁(恒河沙劫)〉〈나가 없으면〉〈성공하는 도중(道中)〉〈해는 저물엇다〉〈해는 새롭엇다〉

〈극운(隙雲)이〉 등은 시어의 상징성이 돋보이고 시적 내재율을 갖추고 있어 산문시로 보는 것이 타당하리라 생각한다. 그동안 평가받을 기회가 없었던 이들 산문시는 한국 불교시의 시 문법이 근대에 어떻게 계승, 원용되고 있는지 파악할 수 있는 좋은 자료가 된다. 《님의 침묵》의 시인 한용운은 《불교》지에 자신의 문학적 역량을 여러 가지 형태로 발휘하였다. 한용운은 《임의 침묵》 한 권으로만 한국 시단에 기여한 것은 아닌 것이 분명하다.

더욱 중요한 사실은 한용운이 《불교》지 발행 겸 편집인으로서 [불교시단] [독자시조단] [독자문단]을 신설하여 시, 시조를 대폭 수록하고 있다는 사실이다. 87호(1931.9)부터 선보인 [불교시단]에는 조종현, 김태흡, 김일엽, 김어수 등 총 47인의 시인 작품이 게재되어 있다. 빈도순으로 보면 조종현(조탄향 포함, 19회 32수), 김태흡(8회 8수), 김일엽(7회 14수), 나방우(7회 8수), 윤한성(7회 7수), 김어수(6회 11수), 장익순(5회 8수), 홍준표(4회 4수), 박병우(4회 6수), 강유문(3회 3수) 등이다. 이들 중 대부분은 전국 강원의 학인이나 중앙불전의 학생들이다. 이들 불교청년들이 문학적 감수성을 가지고 시를 창작, 투고하는 발표 지면으로 《불교》지는 중요한 역할을 하였다. 결과적으로 한용운은 강원(講院), 중앙불전 및 일본의 대학에서 배출된 문학청년들을 시인으로 성장하게 하는 좌장 역할을 한 것이다.

그러나 불교 청년이 문학청년으로 자기 자신을 표출하는데 기여한 것은 한용운이라는 좌장만 있었던 것은 아니다. [불교시단]에 수록된 작가와 작품 수를 볼 때 김태흡, 김일엽도 선두 그룹에 서 있는 것을 보면, 그들 역시 불교사의 직원 및 기자로서 상기한 문학적 흐름을 주도해 간 것으로 볼 수 있다. 한용운이 마당을 열고 김태흡, 김일엽 등 전 현직 직원 및 기자들이 분위기를 형성해 간 형국이라 하겠다. 그리고 이렇게 형성된 불교시문학의 마당에 자신의 문학적 재능을 가지고 뛰어든 문학청년의 대표주자들은 상기한 조종현, 김어수, 강유문 등이다.

김태흡, 도진호, 김일엽, 안진호 등 불교사 직원 및 기자들은 이 시기 잡지에 구현된 불교문학장의 주체로서 문면에 드러나지 않는 역할을 했을 것으로 추정된다. 더 나아가 이들은 불교사와 관련해서, 혹은 주변에서 다양한 장르를 활용하여 문학 행위를 함으로써 잡지의 지면을, 단순한 사상적 텍스트가 아니라, 전국 각지에서 불교도로 살아가는 다양한 구성원의 이야기를 담아내는 인문 잡지로, 문화잡지로, 문학잡지로 확장하는 데 크게 기여하고 있다.

사실 《불교》지에 문예지적 성격을 가미하고자 한 시도는 1928년에 권상로 편집인이 유엽, 방인근 등의 외부 문인을 직원으로 영입하면서 본격화된 바 있다. 그러나 실험은 1년 정도 유지되다 말았던 것이 바로 직전의 상황이었다. 1930년대에 들어 일반 문인들의 작품은 사라지고 그 자리를 대신한 것이 이들 직원, 기자 중심의 기행문이었다. 이는 기행문의 양과 질에서 증명되는 현상이다.

특히 불교사 직원으로 큰 역할을 한 이로 김태흡을 주목할 필요가 있다. 그는 당시 조선불교 중앙교당인 각황교당의 포교사로서 활동했는데, 이는 그가 근대불교의 포교의 혁신을 추구하는 주체이자, 도시 불교의 선봉대라는 위상을 갖는다. 김태흡은 그러한 직위를 가지고 잡지의 기획과 편집에 핵심적인 인물로 역할을 한 것이다.

김태흡은 포교사로서 전국 각지의 요청이 있을 때 각 도시를 방문하여 강연 활동을 하며 근대식 전도 행각을 펼쳐갔다. 그리고 실시간 상황을 기획 보도 형식으로 《불교》지에 투고함으로써 근대불교 포교의 활동 양상과 각 도시의 불교의 양상에 대해 생생하게 보고하는 역할을 하였다. 그의 기행문은 건조한 사실의 기술에 국한하지 않았다. 기차를 타고 가면서부터 만난 사람들에 관한 이야기, 각 도시의 불교 현황과 그 지역 인물과의 만남, 지역적 특색 등 다채로운 이야기가 수반되어 있다. 1930년대에 투고한 기행문 중 주목되는 것은 함경도, 평안도, 백두산 지역의 전도 여행기인데, 여기에는 이 시대 타 종교에 비해 후발주자로서 각 도시에 불교회가 설립되고 수많은 청중이 운집하는 열기가 잘 소개되어 있다. 《불교》지에 종교성을 강화하는 기획보도물인 이들 기행문은 문학적 감흥을 충분히 전달하는 수준에 이르렀다. 동시에 이 시기 불교계의 종교적 지리지(地理志)로 평가하기에 부족하지 않다.

김태흡이 활용한 문학 장르는 기행문 외에 시, 희곡이 있다. 희곡은 초기경전에서 소재를 취하여 각색한 작품이 대부분으로 근대불교의 여러 행사 시에 필요한 레퍼토리를 당대의 포교사로서 직접 제작한 것이다. 김태흡이 발군의 창작 역량을 발휘하여 다양한 장르에 걸쳐 근대불교의 포교의 형식을 만들어 갔다. 1930년대 초까지 한정한다면, 그는 불교포교의 선구자이자 불교문학장의 구축에 중심 역할을 한 작가로 평가할 수 있다.[22]

이외에 도진호의 해외 기행문, 김일엽의 수필 창작과 설화 각색 및 소설과 시조, 그리고 안진호의 기행문도 주목된다. 도진호와 김일엽의 문학세계는 앞서 거론한 바와 같고, 안진호의 기행문은 1920년대부터 지속되어 온 불교사 자료 탐색이라는 목적에서 답사한 기록으로서 이 시기 《불교》지를 풍부하게 하는 데 기여하고 있다. 불교사 사장 권상로와 오랜 인연을 맺은 그는 봉선사, 백양사 강사로서 1920년대 문학장의 한 축을 담당하였다. 안진호는 불교사의 정식 직원 명단에 보이는 인물은 아니다. 다만 창간 당시부터 불교사 촉탁 기자로서 남도의 주요 사찰을 돌아다니며 불교사의 행정 업무(수납)를 대행하며 불교사와 밀접한 관계를 유지했다. 안진호는 이미 1920년대 《불교》지에 〈양주각사순례기〉(29~49호), 〈색진성진〉(53~62호), 〈천불천탑을 참배하고서〉(65~66호) 등을 연재하며 봉선사 본말사, 송광사 선암사 일원, 운주사 등지를 답사하고 충실한 기행문을 작성하였다. 그가 작성한 최초의 기행문 〈양주각사순례기〉는 그가 펴낸 근대 사지(寺誌)의 전범이라 할 《봉선사본말사지(奉先寺本末寺誌)》(1927)의 편찬과 밀접한 관계가 있다. 그리고 봉선사와 건봉사의 전례를 따라 여러 사찰에서 자신들이 속한 본산의 본말사지를 엮는 데 관심을 가지고 안진호가 각 사찰을 방문할 때 관심을 표명하기도 하였다.

안진호는 이미 1920년대 권상로와 함께 사찰사료의 수집을 위해 의기투합한 바 있고, 30년대에도 사찰사료 수집과 《불교》지의 회비징수를 담당한 객원기자의 역할을 계속 담당하였다. 그는 "사료수집 겸 불교지대(佛敎誌代) 징수로 남선(南鮮) 지방을 출장"(86호, p.48)하였고, "불교지대(佛敎誌代) 징수의 2, 3할을 배경 삼아 충남 본말을 선착수하기로"(97호, p.54) 했다는 기록도 있다. 〈동화사의 일주일〉(73호, 75~76호, 1930.7,9~10), 〈사찰사료 수집의 길을 떠나면서〉(86,87,89호, 1931.8,9,11), 〈석왕사행〉(97호, 1932.7) 등의 기행문을 통해 우리는 그가 이 시기 문학장 구축의 한 주역으로 활동하였음을 알 수 있다.

이처럼 같은 기행문이라 하더라도 작자에 따라 지향점과 독자에 전달되는 감흥의 차원이 다르다. 당대 불교포교의 현실을 중심으로 한 충실한 보고를 통해 도시 불교의 활발한 움직임을 실시간으로 보고한 김태흡의 기행문, 하와이에서 열린 불교청년회의에 참여하고 그 실상을 보고하면서 불교도의 시야를 확장한 도진호의 기행문, 각 사찰의 작은 현판이나 문헌, 유물 하나라도 낱낱이 소개하면서 역사적 정체성을 확립하려는 안진호의 기행문은 각각 개성적인 면모가 뚜렷하다. 다채로운 기행문과 함께 다양한 장르를 통한 문학작품의 창작은 사실 각 장르의 문학적 형식에 충실하지 못한 면도 없지 않으나, 나름대로 이 시기 문학장을 구현하는데 소중한 재료들이다. 《불교》지 문학장의 구축과 전개과정에서 이들 불교사 기자들의 역할이 뚜렷하다고 평가할 수 있다.

1930년대 《불교》지의 문학장을 구성하는 주체로서 편집 겸 발행인, 직원 및 기자와 외부 투고자 군(群)이 있다. 이 가운데 이글은 대표 편집인과 직원 및 기자로서 문학지면의 구성에 기여하거나 기획에 동참하거나 투고를 통해 문학적 성격을 가미한 인물과 이들의 대표적인 문학 실현 양상에 대해 고찰해 보았다. 다만 이들의 활동, 즉 편집 전략이나 기획 과정, 그 실천의 과정이 명시적으로 드러낼 수 있는 것이 아니기 때문에 일정부분 문학적 실천에 비중을 두어 논의를 전개할 수밖에 없었다. 이러한 한계에도 불구하고 이 시기 불교문학의 장이 탁월한 문학적 성취를 획득한 대 작가만이 아니라 근대불교의 혁신적 분위기에서 나름대로의 문학적 역량을 가지고 종교성과 문학성을 조화시켜 나간 편집부 직원 및 기자들에 의해 이루어져 있다는 점을 확인하였다. 1930년대 《불교》지의 문학장은 대표편집인, 직원 및 기자들과 함께 이들의 기획에 따라 새로 등장한 신진문사들에 의해 완성될 것이다. 이들 중앙불전

출신들이 중심이 된 불교문학청년의 실체와 문학적 성취에 대해서는 별도의 고찰이 필요할 것으로 본다.

제 3 부

대중지《불교》

6장

근대 전환기 불교잡지의 여성 담론

Ⅰ. 들어가는 말

한국불교사에서는 통상적으로 승려의 도성 출입 금지가 해제된 1895년을 근대의 기점으로 친다. 이 무렵 불교계는 억불 내지 배불 정책으로 점철되어 왔던, 조선조 500여 년간의 속박에서 벗어나 분주히 움직이게 되니 바로 '불교부흥 운동'이 시작된 것이다. 더욱이 시기적으로 사회 각 분야에서 근대화를 향한 움직임이 한창 진행될 때였고 불교 역시 생존의 차원에서 이러한 근대화의 물결을 거스를 수 없는 처지였다. 따라서 이 시기 불교계는 불교부흥을 위한 절호의 기회를 얻은 동시에 불교근대화라는 새로운 과제에 직면하게 되었다고 할 수 있다. 하지만 문제의 금지령 해제가 일본 승려의 건의에 의해 성사되었고 당시 이미 일본불교의 침투가 시작되고 있어 이러한 불교부흥 운동 내지 불교근대화 운동은 시작부터 많은 논란에 휩싸인 것이 사실이다.

무엇보다 해방의 주체가 남이기에 해방된 이들은 통일된 힘으로 결집되기 힘들었고, 따라서 스스로 개혁을 이루기에 많은 난맥상을 보인 것으로 보인다. 경술국치 직후의 사찰령 선포(1911년)는 이러한 난맥상을 수습한다는 미명 하에, 일제가 불교 침식 정책의 수순을 밟은 데 불과하다. "병합 이후에 대번 조선사찰령이 제정되어서 이것을 발포, 시행한 것은 실로 조선 불교계에 정히 일대 기원을 획립하며 조선 불교의 연혁에 일대 변혁을 주게 되므로 이것이 조선 불교 중흥, 부흥의 서광인 줄로 인정"[1]한다는 것은 당시 총독부 학무국장 나가노 간(長野幹)의 발언이지만 이에 대한 불교계의 처신도 다를 게 없다고 보인다. 그로부터 10년간 불교계는 일제와 관련하여 정치적으로 굴종적 처지에 있으면서 자체적으로 많은 갈등과 알력을 겪었기 때문이다. 사찰령 시행에 따른 본말사 간의 갈등, 주지 선정을 둘러싼 문제, 통일체 구현 과정에서 벌어진 암투, 포교·교육·재정과 관련된 난제 등이 그것이다.

근대 불교잡지는 이러한 분위기 속에서 즉, 타의에 의한 해방의 시국에서 궁극적으로는 그 타의를 청산하고 자체적인 부흥 운동 내지 근대화 기획을 수립해야 하는, 불교계로서는 중차대한 시점인, 1910년대에 탄생되었다. 하지만 근대 불교잡지의 대표격인 《불교》가 총독부의 비호 하에 결성된 '재단법인 조선불교 중앙교무원(財團法人朝鮮佛教中央教務院)의 기관지로서 친일적 성향을 노정한 것을 보더라도[2] 근대 불교잡지의 정치적 한계는 자명하다 하겠다. 물론 이러한, 《불교》의 정치적 한계는 정도는 다르지만 근대 불교잡지에 공통적으로 나타난다. 따라서 근대 불교잡지가 불교 부흥 내지 근대화 기획과 관련된 불교계의 기대와 역할에 얼마나 충실했는지 하는 문제와는 별개로 당시 일제의 침탈에 저항하면서 국권을 수호하려 한 민족운동 노선에선 이탈해 있었다고 할 수 있다.[3]

근대 불교잡지라 함은 1910년에서 1945년까지 불교 관련 단체에서 발행한 것으로 최초의 잡지인 《원종(圓宗)》을 비롯해서 《유심(惟心)》, 《불교(佛敎)》 등 20여 종의 잡지를 총칭하는 용어이다.[4] 이중 1910년대와 20년대에 발간된 잡지가 주목되는데 이는 여기에 앞서 말한, 불교계의 전환기적 양상, 고민 등이 잘 나타나기 때문이다. 따라서 이들 20년대까지의 잡지를 중심으로 근대 전환기 불교잡지의 양상을 집중적으로 검토할 필요가 있다.

앞서 말한 정치적 한계에도 불구하고 근대 전환기 불교잡지에는 왜색 불교에 대한 비판과 그 청산의 방향 및 새 시대에 적합한 수행, 포교, 대중화 운동에 대한 다양한 논설이 실려 있다. 불교근대화 운동에 대한 기대와 열망 혹은, 그것을 둘러싼 진통이 공공의 언론 매체인 잡지를 통해 표출된 것이다. 또한 여기에는 설화, 소설, 시조, 가사, 근대시, 희곡, 동화, 동시 등의 장르에 걸쳐 불교계뿐 아니라 근대 전환기 사회·문화적인 실상을 반영한 작품들이 수록되어 있다.

무엇보다 불교의 여성관 내지 여성의 수행 방식 등 여성에 대한 관심이 집중적으로 나타나는 것도 이 시대 불교잡지의 특징이다. 이러한 여성 담론은 논설에만 국한되지 않는다. 소설, 설화, 희곡, 시가 등 다양한 문예양식을 통해 여성의 삶에 대한 관심이 폭넓게 나타나는 것이다. 그렇다면 문학사에서는 근대 전환기에, 그리고 불교사에서는 불교부흥기 내지 불교근대화 운동기에 이렇게 여성에 대한 관심이 불교잡지에 집중적으로 나타나는 배경은 무엇일까? 그리고 이들 여성에 대한 담론이 어떤 관점에서, 어떤 양상으로 전개되는가 하는 점을 검토할 필요가 있다. 물론 불교계를 중심으로 한 것이지만 공공의 언론 매체인 불교잡지의 특수성을 전제로 해서 이들 문제에 접근해야 할 것이다.

이 글에서는 1910년대와 20년대의 불교잡지에 게재된 논설, 문예 작품 중에서 여성 담론을 가려 정리한 후, 그 특징과 배경, 의의를 검토하고자 한다.

Ⅱ. 1910년대: 불타의 여성관 대두

"사대(四大)의 몸으로는 생멸 남녀의 상이 있을지라도 영각한 성품에는 생멸 남녀의 상이 없다."는 《종경록(宗鏡錄)》의 구절은 불타의 여성관을 단적으로 보여주는데, 이러한 평등관에 근거한 말씀 외에도, 불타가 그 처지를 고려하여 특히 여성을 우호적으로 대우한 사례는 여러 불경에 나타난다. 주지하듯이 이러한 불타의 남녀평등관은 인도를 비롯해 여러 지역에 만연해 있던 남존여비의 차별상을 타파하는 계기가 되었다. 하지만 불타의 적멸 이후 전개된 불교의 여성관은 불타의 본래 취지에서 벗어나 많은 굴절을 겪은 것이 사실이다. 물론 대승 불교에 이르러서는 불타의 여성관이 다소 회복되기도 하였지만 본래 취지에 크게 미흡했다고 할 수 있다.[5]

우리의 경우 이러한 불타의 여성관이 1910년대의, 불교 부흥 내지 근대화 운동의 기운 속에서 대두된 것엔 어떤 의미가 있을까?

불교와 부인과는 특별한 관계가 있다 할지로다. 대저 여자는 상고로부터 불교가 아니면 구속을 면하고 해탈을 얻지 못하며 또한 여자를 가르치신 말씀이 《여사서(女四書)》, 《여논어(女論語)》, 《내칙(內則)》 등 유교의 서적보다 더욱 상명한 부녀 수신 교과서(婦女修身教科書)가 되거늘 조선은 여러 백년을 불교를 믿지 아니하는 동시에 부녀의 학문도 없어지고 수신도 하지 못하여 부녀라 하면 인류 사회에 쓰지 못할 버린 물건으로 대우하였으니 어찌 분하지 아니하리

오!⁶⁾

　이 인용문 앞에는 불타가 남존여비의 사회상을 타파하면서 출세했다는 점, 여자를 배척하지 않았을 뿐 아니라 특별히 여자를 위해 경을 설하여 제도한 사례가 많다는 점 등이 서술되어 있다. 불교와 부인과의 특별한 관계라 함은 이를 말하는 것이다. 따라서 여성은 불교를 통해서야 구속을 면하고 구원을 받을 수 있으니 불교 신앙이 바로 남녀평등의 길이며 여성의 살 길이 된다. 게다가 불타가 여성을 위해 친설하신 말씀이 유교의 수신서보다 더욱 적실하기 때문에 여성 교육의 측면에서도 불교가 유리하다 하였다. 여기에서 여성을 중심으로 유교 이념이 지배적이었던, 조선 시대와 불교 부흥의 시대인 당시를 차별화하는 논의 방식에 주목할 필요가 있다.
　1910년대를 전후한 불교 부흥 운동은 바로 그간 멸종의 위기에 있었던 불교를 다시 살리는 운동이라 할 수 있다. 그런데 이러한 운동이 가능하게 된 데에는 불교계 자체의 동향뿐 아니라 유교 이념의 붕괴, 그에 따른 신분제의 철폐라는 시대적 상황이 크게 작용했을 것으로 보인다. 시대적으로 이미 유교가 힘을 잃어 그로부터 현실적 견제를 받지 않아도 되었겠지만 불교계는 여전히 이에 적절히 대응할 필요가 있었을 것이기 때문이다. 혹은 유교 외, 당시 이 땅에 들어와 정착해 가고 있던 기독교 등 다른 종교에 비해서도 이념적인 측면에서 유리한 면모를 보일 필요가 있었다. 이때 주목되는 것이 바로 불타의 평등관이다.
　일체 중생이 불심을 지녀 해탈에 이를 수 있다는 점에서, 불교는 그간 유교의 이념, 그에 따른 신분제로부터 구속을 받던, 당시 민중들에게 크게 어필할 수 있었을 것이다. 불교 부흥 운동이 다방면에서 전개되는 가운데 특히, 대중화 운동에 역점을 둔 것은 이러한 배경에 기인한 것으로 보인다. 그런데 이러한 상황이 여성들에겐 좀 더 특별한 의미가 있었을 것으로 짐작된다.

유교 이념은 다른 누구보다 여성에게 큰 질곡으로 작용했다. 이는 유교 이념과 제도 자체에 따른 여성의 억압적인 상태만을 뜻하는 것이 아니다. 무엇보다 유교 이념의 현실적 득세로 인해 불교가 배척됨으로써 여성의 자유와 구원을 보장한, 불교에 대한 신앙이 공식적으로 불가능하였음을 의미하는 것이다. 또한 여성 교육의 한계로 인해 수신 교과서로서의 불경을 여성들이 읽고 연구할 수 없었다는 점에서도 유교 이념이 지배적이었던, 조선 시대는 여성들에게 큰 장애였다고 할 수 있다.

이러한 점에서 불타의 평등관을 내건 불교 부흥 운동은 다른 누구보다 여성에게 새로운 전기를 부여하는 계기가 되었을 것이다. 무엇보다 여성이 불교를 통해 신앙 생활을 공식적으로 할 수 있게 되었을 뿐만 아니라 이 시대에 다시 부각된 불타의 평등관이 여성에게는 바로 남녀평등권의 의미가 있기 때문이다. 이상이 근대 전환기 혹은, 불교 부흥 운동기에 불타의 평등주의적 여성관이 대두된 이념적 배경이다.

하지만 이러한 불교의 평등주의적 여성관은 남녀평등권을 실현하기보다는 현실적으로 여성들을 불교로 끌어들이는 동시에 그간 내외적으로 불교의 버팀목이 되어 왔던 여성 불자들의 활동을 격려하는 역할을 한 것으로 보인다. 불타의 여성관이 불교부흥 운동의 일환으로 여성 문제에 적용되었다는 것이다. 또한 "유교와 이슬람교는 다처교多妻教로서 출납(出納)의 권리가 남편에게만 있으므로 오늘날의 남녀동권(男女同權)의

법과 점차 맞지 않게 되니"[7]라는 말에서처럼 여성과 관련해서 불교가 당시 세간의 남녀동권주의의 풍조에 편승했다는 혐의도 지울 수 없다. 무엇보다 불타의 여성관이 현실에 적용되면서 여성의 역할이 자모에 한정된다는 점에 주목할 필요가 있다.

> 불교는 자비가 광대하여 일체중생을 제도함으로 취지가 되나니 일체중생에게 각각 친절한 자는 자모慈母라. 남의 자모가 되어 진정한 신심으로 불교를 숭봉하여 불경을 수신 교과서로 하고 자녀의 교육과 가장 섬기는 것 내지 무량한 자비로 보살행을 닦아 일체중생에게 유익한 사업을 행하면 누가 부녀를 모욕하며 남존여비를 주장하리오![8]

자모로서 여성이 자녀를 교육하고 가장을 섬길 뿐 아니라 보살행으로서 일체중생을 위해 유익한 사업을 행해야 한다며, 그 희생과 봉사 정신을 강조하는 것이다. 이에는 당시 현모양처론[9]의 영향이 다분히 보이지만 여성 개개인의 수신이라는 소승적 차원의 수행뿐 아니라 시대적 상황에 비추어 일체중생 구제사업 즉, 보살행에 대한 참여를 촉구하는 의미가 있다고 본다.

이러한 점은 여성을 위해 특별히 마련된, '언문란(諺文欄)'에 최초로 글을 남긴, '춘수관여사 천일청(春壽觀女士千一淸)'이라는 여성이 쓴 글에 더 구체적으로 나타난다.[10]

> 지금 문명한 시대에 우리 불교의 종풍이 다시 일어나매 일월 광명

이 더욱 밝았으니 환희한 마음을 측량치 못하겠도다. 우리 여자된 일반 동포여 지금부터는 이전의 부패한 습관은 다 버리고 신사상을 고취하여 복을 구하고자 할진댄 착한 사업을 면려할지어다. 자선 사업을 힘쓰지 아니하고 단정한 품행을 가지지 못하며 부처님 계명을 어기면 부처님 전에 천만 번 예배하고 대중공양을 천만 번 하여도 복이 오지 아니하나니 공일이 되거든 교당에 참석하여 대법사의 설법과 제신사의 찬연을 자세히 듣고 집에 돌아가 자세히 연구하며 사구고(事舅姑), 양자손(養子孫), 봉제사(奉祭祀)에 태홀하지 아니하고 자선 사업을 힘써 가정을 정돈하고 신심으로 귀의하오면 복록이 자연 융융할 것이오 자손이 자연 만당할지니 이렇게 하기를 그만두지 아니하면 최상승(最上乘) 종문(宗門)에 들어가 도솔천(兜率天) 내원궁(內院宮)도 내 마음대로 갈 것이오 무량겁(無量劫) 차신이 전녀성남(轉女成男)하기도 어렵지 아니하오리니 생각할지어다 여자 동포여 종교를 신하거든 수신을 면려하시오.[11]

여기서 새 시대 여성 불자의 도리는 설법 듣기, 교리 연구하기, 가정에서 전통적인 부녀의 역할에 충실하기, 자선 사업에 힘쓰기이다. 물론 그 목적은 현세에서의 복을 구하기 위한 것뿐 아니라 내세의 복락을 위한 것이다. 이중 교당에 나아가 설법을 듣고 그것을 연구하는 것은 여성 불자들에게는 새로운 수행 방법이라고 할 수 있다. 전통적으로 여성 불자들은 설법과 연구를 통해서가 아니라 염불을 통해 신앙생활을 해왔기 때문이다. 하지만 전통적인 자모로서의 역할을 충실히 행하면서 여성이 교당에 나아가 설법을 듣고 연구하는 것은 쉽지 않은 일이며 또한 수행 방식이 이렇게 바뀌었다고 하더라도 그 목적에 있어선 여전히 기복에 머물러 있다는 점에서 이상의, 새 시대 여성 불자의 도리는 한계가 있다고 하겠다.

요컨대 불교 부흥 운동이 일어나던 1910년대 논설에 나타나는 여성 담론은 불타의 여성관을 끌어들여 남녀평등을 고취하는 것이다. 이에 따라 그동안 수행과 불사에서 소외된 여성 불자들을 복권시키고 그들에게 적절한 수행 방식을 마련했다는 의미가 있다. 하지만 이러한, 평등주의적 여성관은 불교 부흥의 시점에서 불타의 본래 취지를 복원한다는 의미보다 당시 세간의 남녀동권주의 흐름을 반영했다는 의미가 더 크다고 본다. 즉, 이러한 풍조를 활용하여, 여성 불자들 내지 여성계의 이목을 집중시키고, 여성들을 불교로 끌어들이는 의미가 있다는 것이다. 이를 통해 당시 불교 대중화 운동의 일환으로 여성계에 불교를 확산시킬 뿐만 아니라 신자의 대다수인 여성 불자의 수행과 신앙생활을 근대적으로 재편하고 그 의욕을 고취시키는 역할을 한 것으로 보인다. 또한 여기에서 여성의 역할이 자모에 한정된 것은 당시 세간의 현모양처 담론의 영향을 받되, 가정의 어머니를 넘어, 민족의 어머니, 일체 중생의 어머니가 되어 민족 구제 사업뿐 아니라 자선 사업에 힘쓰라는 의미로 읽힐 소지가 있다.

이상 논설에서 여성 담론의 양상은 진정한 남녀평등권과 관련하여 많은 한계가 있지만 상당히 의욕적이고 활발한 측면이 있다. 그런데 이러한 점이 당시 소설 등 문예양식에는 잘 반영되어 있지 않다. 간단하게 나마 이를 소개하면, 〈소설〉[12]이라는 제목의 소설의 경우 자신은 자수성가한 사람이라 보시에도 자선에도 관심 없다고 장황하게 피력하는 애인의 곁에서 여성이 보시한다는 내용이다. 신여성으로서 주체적으로 행동하고 그것이 자선에 이르렀다는 점에서 이상의 새 시대 불교 여성관에 부합되긴 하지만 작품이 워낙 단편적이고 단순해서 그 의식의 면모를 면밀히 검토할 수 없다. 이 외 결혼 첫날밤부터 '재기(才器)'가 불합하여 독수공방을 지키는 한 여자의 기구한 삶을 그린 소설이 있다.[13] 양쪽 부친은 구습을 개량하는 뜻이 있어 개가도 권했다 했으나 여자가 일편단심을 지킨다고 했다. 전통적인 의미의 소박과는 다를 뿐만 아니라 그 불합함을 여성의 책임으로 돌리지 않고, 오히려 그녀를 동정하고 개가하도록 설득한다는 점에서 전통적 여성 담론과는 차이가 있다.

이상 이 소설들은 문학상으로도, 여성 담론의 측면에서도 큰 성과를 남기지 못했다고 할 수 있는데 이는 당시 신소설 일반의 문학적 한계와 무관하지 않을 것이다. 또한 무엇보다 이러한 여성 담론이 사람들의 의식에, 삶에 영향을 끼칠 만큼 충분히 무르익지 않은, 구호 차원에 머물렀기 때문일 것이다.

III. 1920년대: 연애 시대의 불교 여성 담론

1920년대는 세간에서 연애 담론이 활성화되면서 여성의 몸과 일상생활에 대중의 관심이 집중되던 시기이다.[14] 바로 이 시기에 불교잡지에도 여성 관련 담론이 급증한다. 여전히 새 시대 불교계 신여성에 대한 시대적 요청을 강조하는 논설이 등장할 뿐 아니라 여성 불자들의 전통적인 신앙생활을 반영한 시 내지 영험담이 눈에 띈다. 또한 연애, 순결, 결혼 문제를 다루면서 여성을 성적으로 타자화시키는 담론 뿐 아니라 사회에서 소외된 전통적인 약자로서의 소녀들의 삶을 다룬 소설들이 새로이 등장하는 것이다.

1. 성모, 혹은 현모양처

김태흡은 남녀평등관을 넘어 부처님이 여성을 특별히 우호적으로 대우했다는 사례를 들고 다음과 같이 논설을 마무리하였다.

> 여러분 자매, 부인 제씨도 부처님의 교훈에 의지하여 십불선덕(十不善德)을 끊고 본구십덕(本具十德)을 발휘하야 한 가지 〈마리야〉가 되고 관음성모가 되어서 조선으로 하여금 빛나게 힘써 주심을 바라나이다.[15]

앞서 1910년대 불교 여성관의 경우 여성의 역할을 자모에 두고 가정에서 그리고, 일체 중생을 대상으로 유익한 사업을 하라고 한 것이 여기서는 '조선을 빛나게' 하는 일로 구체화되었다. 이는 정치적으로, 그간 독자적으로 움직이던 불교 부흥 운동 진영이 3·1운동의 실패 후 민족 운동에 동참하게 된 저간의 사정[16]을 반영하는 동시에 여성 담론의 측면에서는 전 시대에 이어 모성의 역할 내지 여성의 시대적 사명을 강조한다는 의미가 있다.[17]

〈수쟈타와 푼나의 두 소녀(少女)〉라는 '동화전설'은 《인과경(因果經)》에 나오는 〈목녀유미(牧女乳糜)〉의 변이형으로, 소녀들의 이름뿐 아니라 신분, 둘의 관계, 무엇보다 전설의 궁극적인 취의가 변형되어 있다. 애초 〈목녀유미〉에선 소를 먹이는 두 여인인 란타(難陀)와 파라라(波羅羅)가 정거천인(淨居天人)의 권고에 따라 육년 간의 고행을 마친 석가를 공양하려고 유미죽을 만들어 찾아간다. 다음은 그에 대한 석가의 태도이자 이 이야기의 주지이다.

태자께서 주문을 외워 발원하시되, '이제 시식하는 바는 먹는 자로 하여금 기력이 충실케 함이오, 주는 자로 하여금 무병장수하고 지혜 구족케 함이로다.' 하시고 다시 말씀하시되, '내가 모든 중생을 도탈시키기 위하여 이 식물을 받겠노라.' 하시고 곧 받아 잡수시니 신체가 광택하여지고 기력이 충족하여지사 견디어 불법을 성취하실 만하게 되시더라.[18]

석가는 그들에게 무병장수와 지혜구족의 축복을 내리고는 그들의 공양 덕에 힘을 얻어 불법을 성취하게 되었다고 하였다. 따라서 이 이야기는 천한 신분의 여성이라도 불보살을 공양하면 큰 복락을 이룰 수 있다는 점, 그리고 그들의 작은 정성이 자신들을 구원하는 데만 이르는 것이 아니라 불보살의 불법 성취라는 막중한 공덕을 이루고 있음을 말하는 것이다. 이는 어디까지나 삼보에 대한 공경을 강조하는 것으로 불경 일반의 보편적인 취지에 다름 아니다.

그런데 이 이야기의 변이형인 〈수쟈타와 푼나의 두 소녀〉에선 수쟈타라는 촌장의 딸과 푼나라는 그녀의 몸종이 등장하며, 특히 수쟈타는 귀한 신분의 여성으로 어려서부터 성품이 부드럽고 소행이 착하여 항상 바라문 행자에게 공양하기를 원하였다고 하였다. 즉, 석가에 대한 공양이 누군가의 권고에 의한 것이 아니라 그녀의 착한 심성에서 우러나온 발원의 결과라는 것이다. 그리고 이러한 발원이 우연한 기회에 이루어진 것이 아님을 다음에서 알 수 있다.

> 수쟈타는 속으로 생각하기를 고행림에 계신 바라문 행자 팔백인을 한하고 하루 한 사람씩 공양구를 해서 올리려고 결심하였습니다. 그리하여 팔백 명을 다 공양하는 끝의 사람은 보살도를 이루는 사람, 불도를 이루는 사람이 되기를 원했습니다.[19)]

석가 공양, 그로 인한 불보살의 불법 성취는 이러한 그녀의 의지와 오랜 발원에 의한 것임을 알 수 있다. 그녀는 이러한, 오랜 기간의 큰 발원뿐만 아니라 공양물을 준비하는 데도 온갖 정성을 다한다. 그리고 석가를 대해 공양할 때도 "내가 기뻐하는 것과 같이 당신께서도 기쁘게 받아주소서. 그리하여 보살도를 이루고 불도를 이루소서."라고 하며 최고의 서원을 표한다. 이에 석가가 그녀의 공양을 받고 정각을 이루었다는 것이니 〈목녀유미〉와 비교할 때 불법 성취에 대한 서원과 관련하여 여성과 석가의 역할이 전도되어 있다고 할 수 있다. 그렇다 하더라도 여기까지에서 두 이야기의 근본 취의는 크게 다르지 않다. 그런데 이야기 끝에 첨부되어 있는 다음과 같은 평가는 〈목녀유미〉형 이야기가 근대 전환기에 전승되는 계기를 시사하는 것으로 주목된다.

이것을 관찰하면 우리 소녀같이 인연이 크고 서원이 중대한 자는 없습니다. 우리 소녀는 장래에 현처양모만 될 뿐 아니라 부처님의 어머니도 되고 보살님의 어머니도 되는 큰 사명을 가졌습니다. 그러한즉 어려서부터 부처님을 믿고 어진 성품을 길러야 하겠습니다.

바로 현모양처이자 일체 중생의 어머니인 성모로서 여성의 역할을 강조하기 위해 이러한 이야기가 새 시대에 전승된 것이다. 이러한 현모양처, 성모가 민족의 수난기에는 바로 민족 구제 사업에 동참하는 여성임은 물론이다.

요컨대 1920년대에 여성 담론은 전 시대에 구호에 머물던 불타의 여성관, 남녀평등관을 여성의 실제적 삶에 적극적으로 끌어들이되 이를 당시 민족의 삶에 공헌하는 현모양처, 성모의 의미로 확장했다고 할 수 있다.

2. 전통적 신녀상, 그리고 영험담의 주인공

이 시대 불교잡지에는 이상의 새 시대의 여성상만 등장하는 것이 아니다. 여전히 전통적인 불교 여성상이 등장하는 바 〈어머님〉,[20] 〈신녀의 노래〉,[21] 〈오직 염불만 하련다〉[22] 등에서 염불을 통해서만 구원에 이르고자 하는 전통적인 신녀상을 볼 수 있다. 〈오직 염불만 하련다〉를 보면,

1월 1일 첫 새벽에
보슬보슬 내리는 눈이
만물을 고요하게
은욕(銀褥) 밑에 잠재운다
그러나 나는
잠도 자지 않고
오직 염불만 하련다

영감은 눈을 쓸고
영양(令孃)은 밥하는데
문간에 행랑아범
물지개 지고 간다
그러나 나는
아무것도 아니하고
오직 염불만 하련다
…(중략)…

〈오직 염불만 하련다〉니

염불이란 무엇인가?

서방에 극락도사(極樂導師)

영산(靈山)에 석가여래

〈당신들은 영원히

나를 버리지 마사

큰 뜻을 이루게 하여 주오〉라고

기도를 드리련다

남무아미타불……

남무석가모니불……게.

  주부인 여성이 집안일은 돌보지 않고 염불만 한다는 것은 쉽지 않은 일이다. 다만 살림살이에 크게 구애되지 않을 수 있다는 점에서 여성의 일상적 삶에 다소간 변화가 있음을 확인할 수 있지만 여전히 염불에 머물고 있다는 점에서 전근대적인 신앙 방식이라 할 수 있다.

  전통 시대 여성은 문자를 몰라 불경을 읽거나 교리를 탐구할 능력이 없었고, 더구나 집안일에 얽매여 있어 별도의 장소를 찾아가 설법을 듣거나 참배할 여지가 별로 없었을 것이다. 따라서 육자(六字) 염불인 '나무아미타불'을 염송하는 것이 전통시대 여성들의 불교 신앙 방식의 전부라 해도 과언이 아니다. 〈어머님〉이라는 서간문 형식의 글에 "어머님 평생 공부인 육자 염불을 지극히 하옵소서."라고 하는 말이 그 실례다.

  한편 〈박처사 따님〉[23]이라는 시가에는 시집갈 생각도 않고 참선공부를 즐기는, '야릇'한 박처사의 딸이 등장한다. 여성의 신앙생활이 보편적으로 근대적인 선 수행으로 전환된 것은 1930년대 이후의 일이지만 20년대에도 그 사례가 나타난다는 점에서 이 시대 여성의 수행 방식에 많은 변화가 있었음을 알 수 있다.[24] 그럼에도 불구하고 근대 불교잡지에 전근대적인 여성의 수행상이 나타나는데 이는 여전히 염불 수행에 몰두하던 세간의 사정이 반영된 것으로 보인다.

그런가 하면 김순득이라는 처녀가 관음의 가피력을 입어 병으로 인한 생사의 고비에서 다시 살아났다는, 새 시대 영험담이 대서특필되기도 했다.[25] 그런데 그녀가 관음의 가피력을 입은 것은 지극한 신심과 효성 덕이라 하였다. 즉, 전통적인 신앙생활과 역시 전통적인 생활 덕목에 충실한 결과 그녀는 구원을 받은 것이다. 이러한 점은 남편이 병으로 죽어가자 단지(斷指)를 시도해 그 목숨을 살리려 한 불교여성 단체 회원의 미담에서도 드러난다. 그녀의 희생 행위에도 불구하고 그 남편은 목숨을 잇지 못했는데 이를 두고 "김씨의 정렬은 시대 신여자계에 처음 있는 일이라고 원근 사녀들은 모두 칭찬한다더라."[26]라고 하여 불교 신여성의 정렬을 강조한다. 역시 전통적인 생활 덕목인 '정렬'이 이 시대 불교 신여성의 생활 지침으로 동원된 것이다.

《부인》창간호 표지

《신여성》25호 표지

요컨대 이 시대 불교잡지는 새 시대를 맞이하여 불타의 평등관에 입각해 남녀평등권을 내세우고, 그에 따라 여성 불자의 수행 방식을 근대적으로 재편하는 방향을 선도한다는 점에서 여성 담론과 관련하여 큰 기대를 갖게 한다. 다만 이상의, 전통적인 신앙 형태 내지 생활 덕목에 관한한 불교잡지가 시대를 향한 변화의 물결과 무관하게 여전히 전근대적인 신앙 내지 생활 방식에 익숙해 있는, 세간의 사정을 반영한 것으로 볼 수 있다.

3. 다시 유혹하는 여성들

오랜 기간 불교에서 유포시킨 여성상은 유혹하는 여성, 극단적으로 마녀이다. 물론 이는 여성이 본래 악해서가 아니라 남성 수도승들의 음욕을 경계할 목적으로 그 대상인 여성을 터부시한 데서 비롯된 것이라 하지만,[27] 그렇게 해서 형성된 유혹자로서의 여성상은 강고하기만 하다. 새 시대에 부각된 불교의 여성관은 이러한 유혹자로서의 여성상을 극복하는 데 의미를 두었다 하겠는데, 1920년대에 들어와 다시 이러한 여성상이 빈번히 등장하는 원인은 무엇일까?

〈불교의 여성관〉[28]이라는 논설은 그 표제와 달리 '이해하기 어려운 여성'이라는 부제에 맞게, '남성이 본 여성'의 알쏭달쏭한 면모를 장황하게 열거하면서 시작된다. 즉, 동서양 문호들의 말을 인용하면서 여성은 매우 약한 듯도 하나 대단히 용한(勇悍)한 점도 있고, 가장 거룩한 듯도 하나 퍽 요망한 듯도 하다면서 남성에게 여성은 이해하기 어려운, 의문스러운 존재라고 하였다. 그리고는 고대에서 현대에 이르기까지 동서양 각 민족에서 남성 중심적인 문화가 여성을 학대한, 여성 억압의 사례를 역시 장황하게 제시한다. 이 글이 미완이라는 점 때문에 궁극적인 그

저술 의도를 속단할 수 없지만, 여기까지만 보더라도 논지에 일관성이 없음을 알 수 있다. 무엇보다 '이해하기 어려운 여성'이라는 부제와 그에 따른 전반부의 내용은 여성을 인격적 존재로서의 남성과 다른, 정체불명의 모호한 존재로 간주한다는 점에서 여성을 타자화하는 효과를 낳았다고 할 수 있다.

'고담(古談)'이라 소개된 〈여자의 마음〉[29]은 의리도 저버리고 형세에 따라 돌변하는 한 여성으로 인해 즉, "믿을 수 없는 사람의 마음"에 무상감을 느끼고 "허무하기 끝이 없는 세상"을 등졌다는 한 승려의 이야기다. 이야기 속의 여성은 물론 형세에 편승해 남편마저 죽이려고 했다는 점에서 극악한 인간상이라고 할 만하다. 하지만 이것은 특정한 한 여성의 이야기다. 이를 전체 여성의 본성인 양 표제를 달고 이야기를 이끌어 간 것은 여성의 본성을 왜곡했다는 혐의를 지울 수 없다.

다음으로 〈처녀의 순결성〉[30]은 육체적으로 정신적으로 순결한 여성을 찬미하는 글이다. 남성이 처녀에게 순결을 요구하는 것은 정당한 일이라고 하고는 처녀의 순결성의 의미는 여기서 그치지 않는다고 하였다.

> 즉 개체 이성(異性)의 사랑의 대상으로만 그러한 것이 아니라 인류 이성의 이상애(理想愛)의 대상으로서 그 순결성을 부여한 것이 아닌가? 인류 이성의 이상애 이상미(美)의 대상으로서 처녀의 순결성을 시인하는 것을 우리는 부인할 수는 없다고 생각한다.

여성의 순결성을 한 남성과의 관계 문제를 떠나 그 자체로 숭고한 가치를 지닌 것으로 보겠다는 것인데 여성의 순결성만을 요구한다는 점, 여성을 성적인 존재로만 재단하면서 타자화한다는 점에서 많은 문제점을 내포하고 있는 글이다. 또한 순결, 정절 등 전근대적인 덕목을 강조한다는 점, 무엇보다 성적인 의미가 다분한 표제를 내걸었다는 점에서 여성에 대한 자각 등 근대 전환기적 분위기와 맞지 않는다고 할 수 있다.

이상 세 경우는 선정적인 표제로 여성에 대해 이목을 집중시키는 한편 그 본성을 왜곡함으로서 여성을 타자화한다는 의미가 있다.

불교잡지에서 이 시대에 들어 두드러진 특징은 '연애'에 대한 빈번한 환기이다. 〈연애와 부부애〉,[31] 〈금욕, 연애, 종교〉[32] 등의 논설을 비롯해서 각종 문예 작품이 '연애'라는 표제를 내걸고 남녀 간의 연애 문제를 다루는 것이다. 물론 세간에서 이 시대가 '연애의 시대'이기 때문에 이러한 문화적 경향이 불교잡지에 반영된 것일 수도 있고, 혹은 맹목적인 연애 지상주의를 경계할 목적으로[33] 연애 문제를 다루는 것일 수도 있다. 또한 불교 대중화 운동의 일환으로 대중적 관심을 염두에 둔 측면도 있을 것이다. 하지만 딱히 '연애' 문제를 통해서 대중에 접근할 필요가 있을까? 연애 문제를 "세밀하게 연구하는것은 매우 흥미도 있을뿐더러 더욱이 인생에 관한 실용적 문제일 것"[34]이라는, 저술 의도로 보더라도 단순히 흥미 위주로 이러한 논의를 했다고 할 수 있다.

무엇보다 연애와 여성을 관련시키는 논의를 보면 이 시대 여성에 대한 관심이 어디로 흐르는지 알 수 있다. 이는 여성의 몸에 대한 관심으로 여성의 삶을 왜곡시키고 이목을 집중하는 의미가 있는 것이다.

대표적으로 이 시대의 희곡 작품을 보면 〈아난에게 반한 여자〉,[35] 〈연애〉,³⁶⁾ 〈홀아비 형제〉³⁷⁾ 등 연애에 대한 내용이 대종을 이룬다. 이러한 작품이 1회로 끝나지 않고 어떤 경우 3회에 걸쳐 연재됨으로써 잡지를 펴면 연애 관련 표제를 빈번히 발견할 수 있어 불교잡지가 연애 문제에 골몰하다는 인상을 주기에 충분하다.

이중 〈아난(阿難)에게 반한 여자〉는 불경의 한 대목을 극화시킨, 일종의 성극이다. 아난은 석가의 친척이자 최측근의 제자인데 미천한 신분의 여자인 마등(摩鄧)이 친절을 베푼 그에게 음욕을 품고 그것을 실현하고자 하는 사건이 발생한다.

> 마등: (활기가 생기며) 그러면 아난 스님 스님께선 사랑을 - 남녀 사랑을 - 큰 사랑의 근저로 인정한단 말씀이십니다 그려. (아난에게 쏠리듯이) 아 좋아라. 나를 이해해 주시고. (흥분하여) 감사한 말씀을 내 무어라고 여쭙나. (가슴에 타오르는 정화(情火)에 못 견디어 결연히 아난을 껴안는다.) 아난스님.
> 아난: (악연(愕然)하야 마등을 떠밀려 하며) 어허 악마……
> 마등: (미친듯이 뺨을 대기도 하고 접문(接吻)하기도 한다. 아난 의자에서 떨어져 바닥에 엎어진다.) 아난 스님. 스님은 인제 내 것이에요. 아아 나는 행복이다. 이렇게 영겁을 살았으면.³⁸⁾

그 후 아난은 그녀를 악마로 치부하며 비구로서 그러한 접촉 사건에 휘말린 것에 대해 죄책감을 느끼며 석존에게 참회한다. 이에 석존은 아난이 '부인의 유혹에 걸렸다'고 하며 다음과 같이 깨우친다.

아난아 번뇌의 긴박을 벗고 최고의 열반에 이르려 함에는, 특히 부인을 주의하지 않으면 안 된다. 아난아 모든 여인을 대할 때에는 늙은 여인은 어머니라고 생각하고 연상 되는 여인은 손위 누이로 생각하고 또 연하의 여인은 누이동생으로 생각하여야 한다.[39]

그리고 마등에게는 애욕의 무상감을 들어 불안(佛眼)을 뜨도록 깨우쳐 귀의하게 만든다. 이렇게 석존의 등장으로 애욕으로 인한 문제가 해결되는 바 이 작품은 정욕의 무상감을 일깨우고, 음욕의 대명사인 여성을 경계하는 등의 의미가 있다.

물론 이러한 류의 작품에 아난이 등장하는 것엔 사유가 있을 것이다. 아난은 특히, 여성 출가에 관심을 갖고 이를 해결하는 데 앞장섰던 인물로 유명하다.

이 세상의 잘못된 인습으로 말미암아 다수한 무행(無幸)한 사람이 설움을 받는 것이요. 당신도 여자인 고로 해서 남자에게 수다라(首陀羅)인 고로 해서 사문(沙門)에게 물건을 주는 것을 대단히 무서워하는 모양이나 여자를 낮게 여기는 것은 제가 젠체하는 남자가 우연히 그들의 가진 어느 능력이 환경의 일부 가령 쟁(諍)이니 투(鬪)이니 하는 것에 비교적 많은 적합성를 발견할 때에 품은 자만지심에 지나지 않는 것이요. 내가 일찍이 담미(曇彌)부인들을 위하여 교단의 해방을 세존께 청한 것도 여자의 가치와 능력을 안 까닭이오.[40]

아난의 활약은 이렇게 작품에만 나타나는 허구적인 사건이 아니다. 실제적으로도 아난은 석존의 숙모이며 양어머니를 비롯한 여성의 출가 문제에 진력하여, 그것을 위해 석존에게 세 번이나 간청해서 허락을 받아낸 것으로 유명하다. 물론 그는 여성의 출가 문제에만 진력한 것이 아니고 재가 여성들의 교화에도 많은 힘을 쏟았던 것으로 알려져 있다. 따라서 아난은 여성과 특별한 관계가 있기 때문에 이러한 작품이 빚어졌다고도 할 수 있다. 그리고 "불타가 출세하심에 그 은혜는 남자와 같이 여인에게도"[41] 열렸다고 하는 말에서 알 수 있는 바 '불타의 여성관'을 주지시키는 것이 이 작품의 본래 의도인 것도 알 수 있다. 하지만 그렇다 하더라도 유혹자로서의 여성을 등장시키고, 표제에서 이를 명시한 것은 아난과 여성과의 관련성, 그리고 불타의 여성관의 본질을 훼손할 뿐 아니라 독자 대중의 관심을 성적인 데로 이끄는 역할을 한다.

〈연애〉[42] 역시 음욕을 품은, 불제자 난타(難陀)를 석존이 깨우쳤다는 내용인 바 이들 성극을 구성하는 데 여성의 몸이, 유혹자로서 다시 동원되었다는 점에 주목할 필요가 있다. 전통적으로 이러한 여성은 관음으로 나타나는데 여기서는 그냥 일반 여자로서 성도(成道)의 역할마저 주어지지 않는다. 〈홀아비형제〉[43]에서는 나이 많은 두 형제를 이간하는 유혹자로서 나타난 여성이 결국 여우였다는 점에서 이 점이 확연히 드러난다.

요컨대 이들 연애 관련 담론들은 연애 시대의, 사회·문화적 풍조를 빌려 불교잡지의 대중적 취미를 호도한다는 의미가 있다. 그 표제의 선정성, 여성의 몸에 대한 호도가 문제라 하겠다.

4. 순희들의 운명

이 시대 불교잡지에는 순희들이 많이 등장한다. 전통적인, 가난하고 가냘픈 소녀들의 대명사인 이들 순희가 불교잡지에 등장하는 맥락을 짚어볼 필요가 있다.

〈여인(旅人)〉[44]의 순희는 절에서 '뒷방' 술심부름을 하며 속인들의 '밀매음' 등을 지켜보는 등 불안한 삶을 사는 반승반속(伴僧半俗)의 비구니다. 그녀가 이렇게 되기까지는 어머니의 죽음, 빈곤, 가정의 해체와 유리 등 당시 서민층의 보편적인 삶의 문제가 작용했겠지만 무엇보다 어린 소녀의 몸으로 절집에 몸을 맡긴 것이 화근이었다. 물론 친척집에서도 쫓겨나다시피 하여 그녀가 절을 찾은 것은 '중노릇'을 하기 위함이라고 하지만 근본적인 목적은 오갈 데 없는 처지에서 몸을 의탁하고자 함이었을 것이다. 그러던 것이 하필 괴팍하고 음흉한, 역시 가난한 노장의 절에 들어가 "젊은 놈, 늙은 년 할 것 없이 여학생, 밀가루 차별하지 않고 이승 방구석에 으슥히 찾아오는 고맙지 않은 손님들에게 진지 공양, 술 봉양"을 하는, 몹쓸 신세로 전락하고 만 것이다. 물론 성적으로 직접적인 피해가 있는 것은 아니지만 어린 소녀의 몸으로, 그리고 형식적이나마 '비구니'의 신분으로 '매음' 등의 추잡한 행태를 일상적으로 목격하고 보조하는 일은 신체적으로나 정신적으로 치명적이라 할 만하다. 그녀가 자신을 '승려'이기보다는 '천둥이, 멍텅구리'로 여자는 물론, 사람 노릇도 제대로 하지 못하는, '볼 것 없는' 인생으로 치부하는 것도 무리는 아니다.

그녀는 자신이 그렇게 된 근본 원인을 '열 살 전에 안 부모'를 잃었기 때문이라고 생각한다.

내가 만일 사랑하는 가정에서 길러졌더라면 오늘날 이렇게 볼 것 없는 꼴이 되었을 리야 있느냐고. 설사 가세가 넉넉지 못한 탓으로 남과 같이 여학생 노릇하여 사내와 같이 학문을 배웠을는지는 알 수 없다 하더라도 어머니 밑에서 길러졌더라면 아무리 곤궁한 살림이라도 옛날 큰애기들이 하는 침선등절은 얌전히 배웠을 것이 아닌가? 어머니의 솜씨도 얌전하였더라니 아무리 한들 내가 이제까지 저고리 하나도 못 만드는 천둥이, 멍텅구리 신세가 되었으랴! 생각하면 이가 악물린다. 이 집으로 저 집으로 돌아다니며 기명물구시 앞에서 십여 년을 보내고 난 열여덟 살 큰애기가 큰애기다운 모양이라고는 하나도 없고 큰애기가 가질 체면도 차릴 수도 없고 큰애기 할 구실도 없으니 게다가 잡놈 잡년들의 앞에서 아니꼬운 술심부름이라니……이것이 과연 나의 운명이란 말인가? 부처님이 나를 이렇게밖에는 더 구제하실 수가 없단 말인가? 나의 죄가 얼마나 중하기로 여자로 난 몸이 여자로 살 수 없도록 중하단 말인고?

하지만 그녀의 처지는 빈곤, 그로 인한 가정의 해체와 유리 등 당시의 보편적인 삶의 문제에다 여성이기에 성과 관련하여 또 다른 위험을 무릅써야 한다는 점에서 중층적인 의미를 띤다. 더구나 세속적인 삶의 무게로부터 피해 도달한, 삶의 피난처이자 정신적인 안전지대인 절에서조차 보호받지 못할 뿐만 아니라 더욱 위험한 지경에 빠지게 되었다는 점에 주목할 필요가 있다. 그녀의 몸이, 여성이라는 신분이 표적이 되어 어디서든 진정한 구원을 받지 못하게 된 것이다. 이 순희의 동무들인 쌍네, 간난이, 복덕이들도 일찌감치 절 뒷방 생활을 청산하긴 하였지만 같은 문제로 전 시대의 '큰애기'도 되지 못하고 새 시대의 여학생도 되지 못한, 그래서 불안하고 위태로운 소녀이기는 마찬가지이다.

한편 〈순희의 죽음〉[45]에서 순희는 가난한 집 딸은 아니다. '고등여학교 출신'이라 했으니 앞의 순희들과 달리 새 시대 여학생의 신분이며 용모, 행동거지 등 전 시대 큰애기로서의 품위도 갖춰 주변으로부터 신망을 두텁게 받던 소녀이다. 이런 순희가 누군가로부터 '무서운 일' 즉, 겁탈을 당해 이틀간 울음을 그치지 않는 사건이 발생한다. 이러한, '하늘과 땅밖에 모르는' 서러운 사정에 대해 주변 누구도, 나아가 식구들로부터도 '동정'과 '이해'가 없었고 결국 순희는 가출을 하여 절에 들어가게 된다.

그리하여 깊은 산 조용한 절에 가서 머리 깎고 승녀 노릇한 지도 이미 5개 성상(星霜)이라는 짧지 않은 긴 세월을 지나왔다. 그리고 모든 원한과 비애와 죄악은 성결한 수양으로써 씻어버리고 말았다.

역시 여기 순희에게도 절이 피난처요 안식처의 역할을 하게 되는 것을 볼 수 있다. 여기 순희는 앞의 순희처럼 '반승반속'의 처지에서 뒷방 술심부름이나 하는, 위태롭고 불안한 삶에 빠지지도 않았다. 적어도 5년간 수도 생활에 전념해 이전의 '사건'으로 인한 원한, 비애, 죄악을 씻어내고 순결한 몸과 정신으로 회복해 있었다. 그런데 그녀는 또다시 겁탈을 당하고 만다. 물론 그 주체는 명기되지 않았지만 절에서, 수도중인 여승의 몸으로 겁탈을 당했다는 점에서 이 일은 그녀의 신상에 치명적인 사건이 되고 만다. "저 순결한 순희의 몸, 구조에 목말라 하는 순희의 몸, 박명한 순희의 몸"이라고 하듯이 여기서도 그녀의 몸이 표적이 된 것이고 그 때문에 그녀는 더이상 살아갈 기력을 잃고 자살에 이르게 된다.

요컨대 동기는 각각 다르지만 이들 순희가 삶의 막다른 골목에서 절에 몸을 의탁한다는 점에서 절은 세상에서 내몰린 사람들, 특히 여성들, 어린 소녀들에게는 삶의 피난처요 안식처 역할을 했음을 알 수 있다. 이는 고소설에서 여주인공이 신상에 위험한 일이 발생하면 구명 차 절에 몸을 의탁한 것에서 알 수 있듯이 오랜 문학적 전통이 있었던 것이다. 그런데 이들 순희는 이렇게 찾아든 절에서 이전보다 더 치명적인 문제에 직면하고 이로써 삶의 희망을 잃거나 아예 목숨을 끊게 된다는 점에 주의할 필요가 있다. 이는 절조차 여성에게는 안식처가 될 수 없다는 점, 세속보다 더 타락하여 여성의 몸에 치명적일 수 있다는 점에서 당시 성적으로 불안하고 위태한, 여성의 처지를 반영했다는 의미가 있다.

이들 순희는 당시 경제적 빈곤, 가정의 해체와 유리 등 보편적인 삶의 문제에 더해 성적으로 무방비 상태에 내몰린, 전통적인 소녀상을 반영한 것으로 보인다. 그리고 무엇보다 이들이 절에 몸을 의탁하면서 더 불행한 처지가 되었다는 점에서 새 시대 불교 부흥 운동의 사각지대에 방치되어 있는, 불안하고 위태로운 소녀들의 문제를 드러냈다고 할 수 있다. 이처럼 불교잡지에 이들이 등장하는 것은 당시의 삶의 문제가 반영된 것이겠지만 이들의 불행한 운명을 성과 관련시켰다는 점에서 불교 대중화의 일환인 불교잡지의 편집 의도, 즉, 대중적인 흥미에 호도했다는 측면을 간과할 수 없다고 본다.

IV. 불교잡지 여성 담론의 의의

지금까지 1910년대와 1920년대로 나누어 불교잡지에 실린 여성 담론의 양상과 배경을 검토해 보았다. 1910년대는 불교부흥 내지 근대화 운동의 이념적 모토로 등장한 불타의 평등관이 여성문제에 적용되어 평등주의적 여성관이 대두했다는 점이 특징적이다. 구체적으로는 수행과 불사에서 남녀평등을 강조하며 여성 불자들의 역할을 근대적으로 재편하는 것이 큰 과제였다. 물론 불타의 여성관이 여러 가지 한계로 온전히 실현되었다고 보기는 어렵다. 무엇보다 세간의 남녀평등 내지 현모양처 논의의 영향을 받아 여성의 역할이 가정의 어머니, 민족의 어머니, 일체 중생의 어머니 등 '자모'에 한정됨으로써 진정한 남녀평등권에서 멀어진 감이 있다.

1920년대는 불교잡지에 여성 담론이 급증하되 세간의 연애담론 등의 영향을 받아 다양한 양상을 띤다는 특징이 있다. 우선 불타의 여성관이 현실에 적용되면서 종래 '자모'의 역할이 '조선의 어머니'로 좀 더 구체화되었다. 이는 불타의 여성관이 3·1 운동의 좌절 후 절망적인 민족의 현실에 적용된 결과이다. 또한 주체적이고 적극적으로 주변의 문제를 해결하는, 불교 신여성의 역할이 강조된 것도 이때부터이다. 한편 전통적인 여성 불자의 신앙, 수행 방식 내지 여성을 주인공으로 하는 전래의 영험담이 많이 나타난다는 점, 정렬 등 여성의 전통적인 미덕을 불교 신여성과 긴밀히 관련시킨다는 점에서 20년대의 여성 담론은 세간의 여성 현실을 일정하게 반영했다는 의의도 있다. 무엇보다 여성의 몸을 터부시하는, 전래의, 유혹자로서의 여성에 대한 담론이 급증하는 것도 이 시대 불교잡지의 일반적인 현상이다. 불교잡지가 당시 여성의 몸, 연애에 주목하는, 사회·문화적인 풍조의 영향을 받았다고 할 수 있으며 이는 대중화를 위한 불교잡지의 편집 의도와 무관하지 않은 것으로 보인다. 전통적인, 가냘픈, 순희들의 불행한 삶을 특히, 성과 관련시킨 것도 같은 맥락으로 보인다. 이상과 같은 근대 전환기 불교잡지의 여성 담론은 많은 한계에도 불구하고 다음과 같은 의의를 지니고 있다.

첫째, 그 계기야 어떻든 결과적으로 불타의 평등관, 그것에 따른 불타의 평등주의적 여성관이 복원되고 강조되었다는 점이다. 본래 불타의 여성관은 궁극적으로 여성의 수행과 성불을 보장해 주는 것이었다. 그러던 것이 교단 성립 내지 경전 결집 과정에 개입한 남성 중심적 의식, 그리고 불교가 전파된 각 지역의 사회·문화적 환경에 의해 불타의 여성관이 왜곡되어 여성의 수행과 성불이 제한을 받기에 이른 것이다.

우리의 경우, 전통 사회에서 여성 불자의 위상이 그리 낮은 것은 아니었다. 교단에서 중요한 소임을 맡았다거나, 주도적인 역할을 한 것은 아니지만 여성들은 불사에 적극적으로 참여하였고 불교를 통해 고차원적인 정신 생활을 영위했던 것이다. 하지만 조선 시대 전 기간에 걸쳐 불교가 '멸종'의 위기를 맞으면서 여성의 신앙, 정신 생활도 큰 타격을 입게 되었으니 불교의 전락은 특히, 여성에게 치명적이었다고 할 수 있다.

이런 점에서 불교 부흥기에 '불타의 여성관'이 대두한 것이 여성 불자들의 신앙생활에 전기가 된 것은 분명하다. 게다가 때마침 사회 각 분야에서 일어난 근대화의 움직임에 따라 여성의 수행과 불사가 근대적으로 재편된 것은 여성 불자들의 입장에서도, 교단 자체에도 요긴한 것이었다. 무엇보다 불타의 평등주의적 여성관은 불교와 여성의 관계를 재정립하는 데서 나아가 불교를 통해 여성 문제를 해결하는 데 있어서 주요한 이념적 토대가 되었다고 할 수 있다. 불교에서 궁극적인 도달점은 성불이다. 거기에서 남녀가 평등하다고 한, 불타의 가르침은 당시 여성 문제의 인식에 중요한 지침이 되었을 것이라 본다.

둘째, 여성 담론이 불교잡지에 수록된 것에 주목할 필요가 있다. 근대 불교잡지는 불교부흥 내지 근대화 운동, 그것의 일환인 대중화를 목적으로 기획, 발행된 것이다. 따라서 교리, 불교계의 쟁점 내지 사업, 교단 소식 등 교계의 문제를 다루더라도 그것을 일반 신자·대중에게 전달, 설명, 계도하는 데 주목적이 있다. 특히, 적지 않은 비중을 차지하는 문예물의 경우 이러한 대중화를 위한 편집 의도에 적실한 것이다. 문예물 혹은, 다양한 논설의 형태를 빌린 여성 담론도 마찬가지다. 여성 담론의 의의가 불타의 평등관을 들어 여성 불자의 위상을 복원시키고 그들의 역할을 근대적으로 재편하는 데만 한정되지 않는 것은 이 때문이다. 당시 세간의 여성, 여성 문제에 대한 증폭된 관심 속에서 불타의 여성관은 주목을 받으며 일반 여성 독자의 주의를 환기하는 역할을 했을 것으로 보인다.

마지막으로, '여성' 혹은, '여성 문제'는 근대 전환기적 산물이다. 대략 1910년대로부터 시작된 전환기적 움직임 속에서 '여성', '여성 문제'가 새롭게, 그러나 폭발적으로 논의되기 때문이다. 《여자계》, 《부인》, 《신여성》 등 여성지뿐 아니라 일반 잡지를 비롯한 대중 매체에서 여성 문제는 특종을 이루었다고 할 만하다. 물론 이들 여성 담론의 경우 진정한 남녀평등권을 인식하고 주장하기에는 많은 한계가 있었을 것이다. 일제

치하의 특수한 현실 속에서 특히, 육아의 주체로서의 '현모'를 강조하는 이데올로기적 측면을 간과할 수 없기 때문이다. 주지하듯이 푸코는 근대적 인간의 탄생에 권력의 의도가 스며 있다고 한 바 있다. 의미상 전적으로 같진 않지만 근대적 인간인 여성의 탄생에도 이러한 사회·문화적, 정치적 의미가 개입해 있다고 할 수 있다. 불교잡지의 여성 담론은 이들 세간의, 다양한 여성 담론과 심적, 현실적으로 연계되어 당시 여성 문제를 각인시키고 그 해결점을 모색하는 데 일조를 했다는 의의가 있다.

여성문제는 현재에도 적절한 해결을 보지 못하고 있고, 21세기의 여러 시대적 상황에 따른 다양한 문제점과 결부되어 있다. 그리고 근대 초기부터 밀려들어온 서양의 페미니즘의 영향이 여성 문제를 인식하는 데 있어 지배적인 것이 사실이다. 이렇게 볼 때 여성 문제가 주목되기 시작한 근대 전환기에 불타의 여성관에 기초한 불교잡지의 여성 담론은 현재의 여성 문제를 해결하는 데도 시사점을 던져 주리라 본다. 미물을 비롯한 일체의 중생이 평등하다는 불타의 평등관은 여성 문제뿐 아니라 생명과 관련된 현재의 여러 문제에 근본적인 해결점을 시사해 줄 것이기 때문이다.

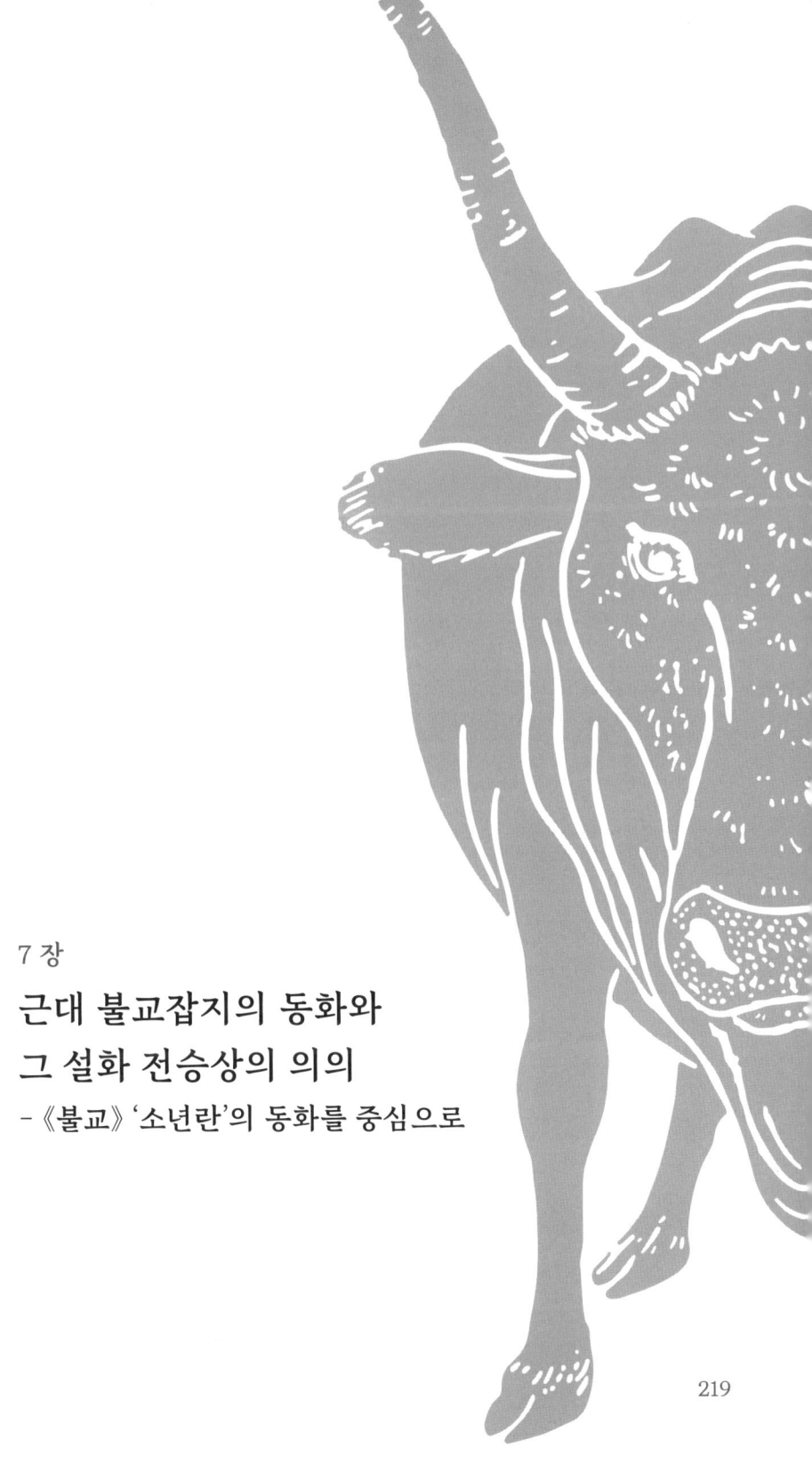

7장

근대 불교잡지의 동화와
그 설화 전승상의 의의
-《불교》'소년란'의 동화를 중심으로

Ⅰ. 들어가는 말

근대 불교잡지라 함은 《원종(圓宗)》, 《유심(惟心)》, 《불교(佛敎)》를 비롯해서 1910년대에서 1945년까지 불교 관련 단체에서 발행한 약 21종의 잡지를 총칭하는 말이다. 이들 잡지는 그 수만큼 발행 목적 내지 편집 의도가 다양하지만 당시 불교의 재흥 및 근대화와 관련된 문제, 이에 대한 사부대중의 고민이 들어 있다는 점에서 공통된다.[1]

승려의 도성 출입 금지 해제령(1895) 이후 불교계가 직면한 문제는 한둘이 아니다. 불교의 재흥과 근대화 방안, 그리고 왜색 불교 내지 일본 불교에 대처하는 태도, 궁극적으로 조선 불교의 온전한 개혁 등 여러 문제가 얽혀 있는 실정이었다. 무엇보다 사찰령 선포(1911)는 이러한 난맥상을 수습한다는 미명하에 일제에 의해 시행된 것으로[2] 이후 10여 년간 불교계는 자체적으로 많은 갈등을 겪게 된다. 사찰령 시행에 따른 본·말사 간의 갈등, 주지 선정을 둘러싼 문제, 통일체 구현 과정에서 벌어진 암투, 포교·교육·재정과 관련된 난제들이 그 예이다.

근대 불교잡지는 이러한 불교계의 암울한 현실 속에서 출현한 것으로 당시로서는 이상의 문제들이 공론화되는 유용한 매체이며 현재로서는 당시 불교계의 실정을 상세히 전거하는 사료로서 가치가 있다. 물론 불교를 중심으로 한 당시 사회·문화적 상황을 가늠하는 데도 불교잡지는 긴요한 자료이다. 이중 본고에서 주로 다룰,《불교》는 다음과 같은 특징이 있다

첫째, 이 잡지는 1926년에 결성된 '재단법인조선불교중앙교무원(財團

法人朝鮮佛敎中央敎務院)'(이하 교무원)의 기관지이다. 당시 대부분의 불교잡지가 그러했겠지만 특히, 교무원의 성립이 총독부의 원조와 배려에 따른 것이므로 이 잡지는 태생부터 친일적이라는 정치적 성향을 지니게 되었다. 이러한 한계에도 불구하고 이 잡지는 창간(1924.7) 이후 108호(1933)까지 이어간 불교계의 대표적인 잡지로 주목된다. 다른 잡지들이 대부분 수호를 넘기지 못하고 단명한 데 비하면 꽤 장수한 편에 속한다. 이는 교무원 산하 기관지라는 점에서 재정적, 정치적으로 탄탄한 기반을 가졌던 데 기인한 것으로 보인다.

둘째, 이 잡지에는 각종 종교 관련 비판 내지 전망을 담은 논설 등이 다수 수록되어 있다. 내부 각성의 의미가 강한 것이지만, 불교계의 현실을 질타하는 사부대중 특히, 해외 유학생, 선지식, 종교 학자들의 논고가 상당수 게재되어 있어 당시 종교계, 불교계의 고민 내지 전망 등을 가늠하기에 적절한 자료라 할 수 있다. 또한 이 잡지에는 당시 불교계의 긴급한 과제, 그중에서도 교육, 포교와 관련된 사정이 세세히 나타난다.

셋째, 이 잡지에는 불교계를 중심으로 한 여성 운동, 소년 운동 등 근대 사회·문화 운동에 대한 전말이 잘 드러난다. 무엇보다 여기에는 다양한 문학 작품이 수록되어 있다. 이들은 소설, 시, 극, 설화, 시조, 가사, 동화, 동시 등 다양한 문학 장르에 걸쳐 그 근대 전환기적 모습을 시사한다는 점에서 문학사적으로 주목할 만하다. 물론 이들은 정제되지 못한, 다소 생경한 양상을 띠고 있지만 그 역시 문학사의 전환기적 특성에 따른 것이기 때문에 당시 문학 현실을 일정하게 반영한 것으로 볼 필요가 있다.

이중 눈길을 끄는 것이 바로 동화이다. 그전에도 어린이를 위한 이야기 등은 여러 불교잡지에 게재되었겠지만 '동화'라는 이름으로 명실상부하게 등장하기는《불교》에서였다. 그리고 거기서만 보였다. 특히, 부록에 '소년란'이라는 고정란을 마련하고 일정 기간 매호마다 동화를 수록했다는 점에서《불교》의 동화에 대한 관심은 적지 않다고 할 수 있다.

본고에서는《불교》제28호(1926.8)부터 36호(1927.4)에 걸쳐 '소년란'에 수록된 동화의 문제를 집중적으로 검토하고자 한자. 물론 이들 동화는 아동 포교와 관련하여 근대 불교 아동문학으로 1차적인 의의가 있겠지만 관심의 방향을 돌려 이들을 1920년대 설화 전승의 한 양상으로 다루고자 한다. 이는 이들 대부분이 당시까지 구전되던 설화를 어린이의 눈높이, 관심, 현실에 맞춰 재화한 전래동화이기 때문이다. 따라서 이들을 구전설화의 근대적 변이형의 한 예로 보고 설화 전승과 관련된 그 역할에 대해 중점적으로 논할 것이다.

《불교》(제28호~36호)에는 불전 동화 2편을 비롯해서 총 9편의 동화가 실려 있는데 이들은 주로 당시 불교소년회 간사 한영석과 동경에 거주하는 박장순의 작품이다. 우선 이들 동화 중 그 소종래와 의도가 분명한 불전 동화 2편을 제외하고 나머지를 분석 대상으로 삼고자 한다. 그리고 작가에 따라 작품을 둘로 구분할 수 있지만 성격상 둘이 대차 없고 각각의 종수가 적기 때문에 이를 무시하고 전체를 다음과 같이 전래동화와 창작동화로 나누어 그 성격을 논하기로 한다.

전래동화 : 〈천대의 성공〉(30호, 1926.12.01, 한영석), 〈부모님의 말씀 아니 듣던 아이와 개구리〉(31호, 1927.01.01, 박장순), 〈배뚱뚱이의 모험〉(31-32호, 1927.01.01.-02.01, 한영석), 〈울기 잘하는 노파와 법

사의 설교〉(36호, 1927.06.01, 박장순)

창작동화 : 〈정직한 아이〉(29호, 1926.11,01, 한영석), 〈염불 잘하던 소년 체부遞夫〉(34호, 1927.2, 박장순), 〈쾌활 소년〉(35호, 1927.3, 한영석)

Ⅱ. 불교잡지 동화의 유형과 성격

1. 전래 동화

1) 〈천대의 성공〉

이 이야기는 같은 서당의 아이들로부터 갖은 천대를 받던 북어 장수 아들이 학문에 대한 열성과 인내의 덕으로 과거에 급제하여 성공했다는 것이다.

○ 북어 장수의 아들이 서당에서 공부하길 열망하여 입방함.
○ 천하다는 이유로 서당 아이들로부터 천대를 받으나 열심히 공부함.
○ 과거 길에서 시련을 겪으나 극복함.
○ 과거에 급제함.

천한 신분의 아이가 동료들의 온갖 천대를 물리치고 과거에 급제했다는, 이와 같은 이야기는 우리 민담에 여럿 있다. 이중 〈청지기와 과거한 아들〉(8-9)[3], 〈청개구리의 과거 길〉(7-8), 〈똘똘이의 과거길〉(7-14), 〈구름성의 과거길〉(7-14) 등이 대표적이다.

이들은 사정은 각기 다르지만 천대받는 아이가 과거 길에 올라 온갖 시련을 겪다가 급제했다는, 공통된 구조로 되어 있다.

● 천한 아이가 서당에서 뒷글을 배움.
● 아이가 공부를 잘하자 서당 아이들이 시기함.
● 아이가 과거 길에서의 시련을 극복함.
● 급제함.

이들 이야기의 주인공은 거지, 청지기, 산지기의 아들과 머슴[4]으로 대개는 스스로 서당에서 공부하기를 원하지만 처지가 그러한지라 뒷글을 배우게 된다. 그리고 뒷글을 배우는 주제에 공부를 잘해 다른 아이들로부터 시기와 미움을 받게 된다.[5] 따라서 시기의 근본적인 원인은 아이의 천부적인 재능이라고 할 수 있다. 〈청지기와 과거한 아들〉의 경우 재주가 뛰어난 청지기 아들 때문에 자기들이 급제를 못할 것 같아 서당 아이들이 그를 해코지하기로 작당한 것이다.[6] 즉, 천한 것은 둘째 치고 청지기 아들 때문에 자신들이 낙방할 것을 우려해 그 과거 길을 원천 봉쇄하고자 해코지를 도모했다고 볼 수 있다.

이러한 해코지는 길을 가다 생면부지의 목화 따는 처녀에게 입 맞추고 오라는 것과 남의 배나무에서 배를 따오라는, 모욕 혹은 봉변을 당하기 좋은 행동을 강제하는 것으로 나타난다. 그 명령을 어기면 곧 죽이겠다고 협박하는데다 그들은 귀한 집 자제일 뿐 아니라 다수의 무리를 이루고 있으며 이쪽은 천한 집 아이로 단신이라 그 명령을 따를 수밖에 없는 처지다. 따라서 서당 아이들의 시기가 과거 길에 이르러서는 아이에게는 견딜 수 없는 구체적인 시련으로 다가오게 된 것이다. 그런데 이들 시련은 순간적인 위기를 모면하려는 아이의 지혜(사정을 이야기하고 입 맞추는 포즈만 취하는 예), 무엇보다 배나무 주인 혹은, 목화 따는 처녀의 현몽(용

꿈)에 의해 해결되는가 하면 이것이 장원급제의 계기가 되기도 한다. 아이가 태어난 집의 굴뚝 연기에서 용이 올라가는 모습을 목격한 재상이 바로 배나무 주인이며(《구름성의 과거길》), "청룡 황룡이 득천(得天)"하는 꿈을 꾼 처녀가 "마지못해 짐승이라도 하내 있으면 데리고 올 작정"으로 목화밭에 간 것이며, 배나무 주인이자 시관이 "청룡이 득천을 해 올라" 가는 꿈을 꾸고 "저 배 나무에 가서 뭣이든지 있거든 곱게 모셔 오너라." 한 것이 그 실례다.(《청지기와 과거한 아들》) 혹은, 하늘에서 사람이 내려와 배나무에 걸린 꿈을 꾸고 배나무 주인이 모셔오라고 한 경우도 있다.(《똘똘이의 과거길》)

요컨대 아이가 과거 길의 시련을 이겨내고 급제에 이른 것은 목화 따는 처녀와 배나무 주인인 시관의 현몽에 의한 지인지감, 그로 인한 원조, 배려에 의한 것이니 여기에 천운이 크게 작용했다고 볼 수 있다. 그리고 급제의 경우 아이에게 본래 글재주가 있다고 하더라도 시관인 배나무 주인의 역할을 과소평가 할 수 없다. 〈청지기와 과거한 아들〉에서

그래 그 글로 떡 써서 보이고 한께. 자기가 무르팍 밑에 잡아 여어, 그 사램이. 잡아여 가지고, 그래 다른 사람이 다하고 나서 마지막에 이 사램이 참 과거 잘 했다고, 어사라고 도장 마쳤어.

하는, 배나무 주인이자 시관의 행위가 아이의 급제를 결정적으로 밀어주었다고 할 수 있다. 즉, 아이는 재주가 있는데도 과거길이 막혀 응시조차 못할 것을 천운에 의한 도움으로 그 길을 뚫어 나가고 마지막에는 역시 천운에 의한 지인지감으로 남의 손에 급제를 한 격이 된 것이다.

〈천대의 성공〉 역시 천한 신분의 아이가 온갖 천대를 이겨내고 급제한다는 점에서 위의 이야기들과 같은 유형이다. 하지만 천대의 원인, 그것을 이겨낸 원동력, 그리고 결정적으로 급제하게 된 원인의 측면에선 양자가 다소 차이가 나므로 이 점을 세심하게 살필 필요가 있다.

여기에서는 아이가 천하기 때문에 처음부터 시련을 겪는다. 즉, 아이의 입방을 고마워해서 그 아버지가 서당에 음식을 제공하자 "어떤 아이들은 먹지를 아니하고 도리어 그것을 먹는 아이의 옆구리를 지르며 북어 장수 아들의 음식을 먹느냐고 비웃으며 희롱" 했다고 한다. 그러니 아이가 똑똑해서, 과거급제를 빼앗길 것을 우려해 시기한 것이 아니라 단지 천하다는 이유로 미워했다고 볼 수 있다.

그리고 그것을 이겨낸 것은 아이 자신의 인내에 의한 것이다. 아이는 "그것을 조금도 티 내지 아니하고 온갖 학대와 설움을 받아 가며 공부에만 열성"을 다했다고 한다. 물론 과거 길에서 직면한 시련의 경우 천운의 보살핌을 받지 않은 것은 아니다. 서당 동무들이 수십 길 되는 웅덩이에 던졌으나 아이가 다시 살아난 것, 또한 배를 따다가 떨어져 죽게 되었다가 구조된 대목이 그 예이다. 전자는 아이가 "워낙 착한지라 생명을 보존"하게 되었다는 것이고 후자는 배나무 주인의 기이한 꿈 덕에 구원됐다는 것이니[7] 이 아이가 워낙 착한 심성을 지녀 하늘이 도왔다는 식의 운명론적 요소가 보이기 때문이다.

하지만 급제와 관련해서 과거의 시관이자 배나무 주인이 별도의 역할을 하지는 않았다. 과거를 앞둔 그 아이의 생명을 구한 것이 전부이다. "워낙 공부를 열심히 한지라 글제가 나자마자 명지를 써 드려서" 급제를 했다 했으니 이 아이가 급제한 것은 열심히 공부한 덕이라고 할 수 있다. 결국 아이가 천대를 이겨내고 성공에 이른 것은 그 천대에 대한 인내심과 배우고자 하는 열의 덕분이다. 여기에 어떤 초현실적 존재의 원조는 없다.

> 여러분 열성과 인내는 우리의 성공이오니 독자 제씨께서도 이 아이와 같이 열성과 인내를 다하여 우리 조선을 빛내도록 하고 불교를 빛내도록 힘써 보시기를 날로서는 비나이다.

하는 작가의 후기와 같이 이 이야기는 천운보다는 아이의 열성과 인내, 그리고 착한 심성을 부각하려 했다고 보는 것이 적절할 듯하다.

이렇게 볼 때 〈천대의 성공〉은 민담으로 전하는, 천한 아이가 온갖 천대를 이겨내고 급제한 이야기를 재화한 것임을 알 수 있다. 서사 구조와 관련 모티프가 거의 일치하기 때문이다. 다만 이들 민담의 경우는 타고난 재주 때문에 천대를 받고 천운에 의해 아이가 급제했다면 〈천대의 성공〉에서는 천하다는 이유 때문에 천대를 받고 열성과 인내로 그것을 이겨내고 급제했다고 하는 점에서 차이가 난다. 그렇다면 민담에서는 재주가 있으면 천하더라도 하늘이 도와 성공할 수 있다는 선천적인 혹은, 운명론적인 의미가 강하다면 〈천대의 성공〉에서는 천한 신분이라도 열심히 노력하고 인내로서 시련을 이겨내면 성공한다는, 후천적인 혹은, 의지적인 의미가 강하다고 할 수 있다.

요컨대 〈천대의 성공〉은 재주가 있으면 천하더라도 천운으로 성공한다는 민담을 기본 구조로 해서 어려운 처지에 있더라도 인내하고 열심히 노력하면 성공할 수 있다는 이야기를 제작해서 당시 어린이의 인내와 노력을 계발했다는 의의가 있다.

2) 〈부모님의 말씀 아니 듣던 아이와 개구리〉(이하 '아이와 개구리')

이 이야기는 민담으로 널리 전하는 청개구리 이야기를 불교적으로 윤색해 아이들의 효심을 일깨운 것이다. 그 구조는 다음과 같다.

○ 아이가 부모의 말을 거꾸로 들음.
○ 개울가에 묻어달라는 부모의 유언을 지킴.
○ 개구리로 세상에 나옴.
○ 비만 오면 울게 됨.(개구리 울음소리의 유래)

민담으로 널리 알려져 있는 청개구리 이야기는 〈청개구리〉(1-4), 〈청개구리의 불효〉(1-7), 〈말 안 듣는 청개구리〉(9-3), 〈청개구리 울음소리〉[8] 등과 같은 것으로 다음과 같은 공통 구조로 되어 있다.

● 청개구리가 어머니 말을 반대로만 행함.
● 개천가에 묻어달라는 어머니의 유언을 지킴.
● 비가 오면 울게 됨.

청개구리는 부모 말을 안 듣는 어린이의 대명사다. 문제는 왜 청개구리가 부모의 말을 안 듣게 되었는지, 부모는 어떤 요구를 하였는지, 어떠한 가치관을 갖고 있는지, 이들 이야기에서는 짐작할 수 없다는 것이다. 따라서 부모의 말을 안 듣는다는 것이 일반으로 어떠한 의미를 지니는지 알 수 없기 때문에 그 당사자인 아이에 대한 어떠한 평가도 불허한다. 단지 부모와 아이와의 관계만 문제시될 뿐이다. 부모의 말에 순종하는지, 거역하는지. 따라서 무슨 말이든 그 부모의 말을 따라야 하고, 그것이 올바른 삶이라는 어른의 가치관이 강하게 작용하는 이야기라고 할 수 있다.[9] 본고에서는 이 점 즉, 어른의 이야기라는 점을 염두에 두고 어른의 관점에서 이 이야기를 논하기로 한다.

청개구리는 평소에도 어머니 말을 거꾸로 행해 속을 썩이더니 본의는 아니지만 그 임종시에도 어머니의 의도를 저버리고 말았다. 특히, 두 번째의 행동은 개구리 당사자에게는 퍽 안타까운 일이 아닐 수 없다. 마지막 유언인 만큼 부모의 말을 제대로 듣자는 의미에서 한 일이 엄청난 불효의 사태를 초래한 것이기 때문이다. 부모의 임종 때조차 아들이 말을 안 들으리라고 미리 단정한 부모에게도 일말의 책임은 있지만[10] 그것은 그가 평소에 그만큼 부모의 말을 안 들었기 때문에 발생한 일이다. 따라서 개구리는 평소의 악행에다 부모의 마지막 유언조차 바로 받들지 않은 죄로 비만 오면 개굴개굴 우는 신세가 된 것이다.

이 이야기는 부모에게 불순한 경우 엄청난 불행이 초래된다는 것을 보여 부모에게 순종하는 미덕의 중요성을 역설한다. 물론 무서운 징치를 선체험 하도록 하여 그것을 면하기 위해서라도 부모에게 순종해야겠다는 마음을 먹도록 한다는 점에서 강력한 권선징악의 의도를 내포한 이야기라고 볼 수 있다. 그리고 대체로 이런 유형의 이야기는 개구리 울음의 유래를 설명하는 것이기에 개구리가 주인공으로 되어 있다. 개구리는 현재까지 비만 오면 개굴개굴 하며 울기 때문에 개구리가 우는 까닭, 개천가에 무덤을 쓴 것, 그렇게 한 이유 등 그 전말에 대한 이상의 이야기가 지속적으로 전승되고 있는 것이다. 따라서 개구리가 주인공일 경우, 개천가에 무덤을 쓰고, 그 때문에 개구리가 비만 오면 개굴개굴 운다는 화소는 필수적으로 붙기 마련이다. 그것이 이 이야기의 가장 핵심적인 요소이기 때문이다.

한편 〈이괄(李适)의 아버지 묘 전설〉(1-3)은 개구리 이야기가 아니라 말 안 듣는 아들에 대한 것이다.

- ● 이괄이 아버지의 말을 반대로 행함.
- ● 아버지의 유언을 지켜 무덤을 잘못 씀.
- ● 이괄이 난에 실패함.

청개구리가 아니라 역사적인 인물이면서 그 아버지에게는 청개구리 같은 아들인 이괄(1587~1624)이 등장하자 이야기의 후반부에 다소간 변이가 생겼다. 즉, 무덤을 잘못 쓴 결과 그 아버지가 용으로 환생하지 못해 이괄이 난에 실패했다는 것이다. 역사적으로 이괄의 난이 실패로 돌아간 것을 풍수지리의 문제로, 다시 아버지에 대한 불효로 돌린 이야기다. 이괄이 난을 일으킨 것은 여러 정치적인 문제가 있겠지만 직접적으로는 아들의 반역을 비호하기 위해 비롯된 것으로 알려져 있다. 역시 아들과 아버지의 문제가 중요한데 이것이 민간에선 이괄과 그 아버지의 문제로 각인되어 있어 이러한 이야기가 전승된 것으로 보인다.

또한 임권(任權, 1486~1557)의 《연행일기》에 요야사(拗爺寺)의 유래와 관련된, 중국 쪽 청개구리 이야기가 수록되어 있는데 여기서도 청개구리

같은 아들이 주인공이다.

> 요야산(拗爺山) 서쪽 기슭에 요야사라는 큰 절이 있다. 속전(俗傳)에 옛날 어떤 사람이 있었는데 그 아들이 불순해서 아비의 말을 일체 따르지 않았다. 아비가 동쪽 도랑으로 가라 하면 꼭 서쪽으로 가고 서쪽으로 가라 하면 꼭 동쪽으로 갔다. 아비가 병이 들었다. 일찍이 복지(卜地)로써 죽은 후의 계책을 삼았는데 임종 때에 아들이 따르지 않을까 두려워 아들에게 "내가 죽으면 반드시 산마루에 묻어야 한다."고 말하고 갑자기 죽었다. 그 아들이 깨달아 "내가 늘 아버지의 가르침을 따르지 않았으니 죄가 이미 많다. 임종시의 가르침을 고칠 수 없다."라고 말하고 마침내 산마루에 장사지냈다. 후에 이곳에 절을 지었으니 복처가 곧 이른바 요야사이다.[11]

'요야'는 아비의 말을 안 듣는다는 의미로 그렇게 아비의 말을 안 들은 대가로 놓친, 복처에 세워졌다 하여 절 이름을 요야사라고 했다는 이야기다. 이괄의 경우 시신을 어떻게 묻느냐 하는 것이 문제였는데 여기서는 시신을 어디에 묻을 것인가 하는 점에서, 사후 발복과 관련된 묘쓰기를 잘못했다고 할 수 있다. 그리고 아비의 말을 안 들은 대가가 자손이 발복할 수 있는 복처를 놓친 것으로 되어 있어 같은 청개구리같은 아들이라 하더라도 부모에게 불효한 대가는 그의 역사적 정체, 주변의 정황에 따라 제각각인 것을 알 수 있다.

하지만 청개구리같은 아들이 부모의 말을 안 들은 대가로 불행한 상황을 맞는다는 점에서는 공통된다. 이렇게 보면 청개구리는 청개구리대로, 청개구리같은 아들은 그들대로 부모의 말을 안 들은 대가로 불행한 정황을 맞는다는 점에서는 공통된다. 청개구리는 부모의 묘가 위태로운 지경에 처해 있어 그렇고, 청개구리같은 아들은 정치적 삶에 실패하고 멸족을 당한다든지, 복처를 놓쳐 더 나은 삶의 기회를 잃게 되었기 때문이다.

그런데 〈아이와 개구리〉는 청개구리같은 아이가 죽어 불효의 심판을 받은 후 개구리가 되어 다시 세상에 나온다는 점에서 특이하다. 위 두 유형이 모두 동원되되 아이의 이야기는 전생에, 개구리의 이야기는 현생에 배당된 것이다. 물론 여기 개구리에게도 부모의 묘가 떠내려가는 것이 그 '대가'이고 불행한 상황이다. 하지만 "불교 소년회원 되신 여러분은 아무쪼록 부모님 말씀을 잘 들읍시다. 까딱 잘못하다가 개구리가 되리다."와 같은 작가의 후기처럼 이 이야기에서는 특히, 인간이 개구리가 된 것 자체가 바로 그 '대가'에 해당하는 것이다. 어린이의 입장에서 사람이 개구리가 된다는 것은 너무도 끔찍하여 피하고 싶은, 악몽일 수 있다. 따라서 이야기의 초점 역시 기왕의 아이가 개구리가 되는 사연에 있다.

우선 이 이야기에서는 아이가 부모의 말을 안 듣는 것에 까닭이 있다. 늙어 기자치성으로 얻은 아이라 부모가 너무 귀엽게 키워서 버릇없는 아이가 되었다는 것이다.[12] 이렇게 늦게 낳았다 하여 자식을 지나치게 귀히 여긴 경우 극단적으로 자식이 부모에게 패륜을 저지른다는 이야기도 있다. 〈부모를 때리는 아이〉(4-6)와 〈버릇없이 자란 아들의 개과천선〉(8-4)이 그 예인데 특히, 전자를 보면, 아이를 못 낳다가 만년에 얻었다 하여 너무 귀여워서 다음과 같은 상황이 벌어진다.

"느 어머니 패라."

"느 아버지 패라."

그저 귀여워서, 그 아들 하나 뒀응깨. 귀여우닝께,

〈아이와 개구리〉에서는 이 정도의 악행으로 치닫지는 않지만 지나치게 귀여워해서 아이가 버릇없이 되었다는 점에서는 양자 공통된다. 따라서 다른 청개구리 이야기와 달리 아이가 부모의 말을 듣지 않게 된 계기가 서사되어 있으며 그 과정에서 이상의, 패륜아에 대한 민담의 영향을 받았다고 할 수 있다.

또한 부모의 유언이 다른 청개구리 이야기와 질적으로 다르다. 청개구리 이야기에서는 대개 개울가에 묻어달라고 해야 정상적으로 산에 묻을 것이라 예견해서 엉뚱한 유언을 한다. 여기에서 묫자리는 시신이 정상적으로 묻히는 정도의 의미밖에 없다. 즉, 정상적으로 편안히 묻히느냐, 아니면 사태 나고 물 나는 험한 곳에 묻히느냐 하는 물리적인 의미에 한정된 것이다. 그런데 〈아이와 개구리〉에서는 "죽어서는 아무쪼록 명당 터에 묻혀서 자식으로 하여금 잘되기를 생각"해서 묫자리를 선택하는 것이다. 이는 위의, 2편의, 청개구리같은 아들에 대한 이야기에서도 마찬가지이다. 따라서 죽어서까지 자식을 배려하는, 이러한 부모의 심정과 대비되어 청개구리의 악행은 더 강조되기 마련이다. 하지만 부모가 죽을 당시에도 그의 말을 듣지 않으리라 생각한 것은 부모의 오산이요, 단견이 아닐 수 없다. "살인 강도 절도 방화를 범한, 세상에 용납할 수 없는 죄인이라도 세상을 원망하고 감옥 속에 있다가 부모가 돌아갔다는 말을 들으면 방성통곡을 한다"는 것은 인지상정으로 세상이 다

아는 일인데 청개구리 부모는 몰랐으니 말이다.

역시 청개구리는 부모가 죽자 양심이 깨어나 통곡을 하게 된다. 본마음을 되찾아 잘못을 뉘우치는 것이다. 더 나아가서 여기서는 그 본마음이 바로 '불성(佛性)'이라 하여 아이가 잘못을 뉘우치는 과정에 불교적인 의미를 부여하였다. 인지상정이라 했던 것을 좀 더 불교적으로 명시했다는 의미가 있는 것이다. 인지상정 즉, 인성의 특성으로 보면 아이가 성장함에 따라 자연히 어른의 생각과 인격을 갖춘다는, 발전의 의미로 통상 '철이 든다'고 표현한다. 하지만 불성으로 보면 차원이 다르다. 불성은 누구나 본래 갖고 태어나는데 물욕에 찌들어 그것이 가려져 있기에 해탈이란 바로 그 때를 닦아내고 불성, 곧 본마음을 되찾는 것에 불과하기 때문이다. 이렇게 보면 해탈의 경우 어른보다 아이가 유리하다. 세파에 덜 찌들어 그만큼 상대적으로 청정한 마음의 상태를 유지하고 있을 것이기 때문이다. 불교에서는 유아를 "잡념이나 편견이 없는 순수하고 높은 수준의 마음 상태로서" 이렇게 되지 않고서는 해탈할 수 없다[13]고 함으로써 어릴수록 불성에 가까운 마음을 지니고 있다고 한다. 또한 아동은 타자에 의해서가 아니라 스스로, 그리고 시기에 관계 없이 언제든지 깨달음에 이를 수 있다고 한다.[14] 따라서 이 이야기에서 아이가 뉘우치는 과정을 불성으로 해석한 것은 아이들을 대상으로 한, 그러면서 불교적인 이치로 이들을 계도하기 위한 동화 제작 목적에 적절한 장치라 할 수 있다.

다음으로, 유언이 좀 이상하다는 생각은 들지만 청개구리는 부모님의 마지막 말씀이기 때문에 그대로 묘를 쓰기로 한다.

그러나 그 말을 생각하여 본즉 그와 같이 언짢은 땅에다가 장사를 지내서는 좋지 못할 것 같습니다. 누가 생각하더라도 그렇겠지요. 그렇지만 다시 한 번 생각하여 본즉 부모님이 그처럼 부탁한 것을 아니 들어서는 자식의 도리가 아닌 것 같이 생각됩니다. 꼭 지옥으로 갈 것 같습니다. 그래서 "오냐 부모님의 마지막 부탁이나 드려 드리자. 살아 계실 때에 그렇게도 말을 듣지 아니 했는데 돌아가실 적에 마지막으로 하신 말씀까지 아니 들어서야 인생이라고 할 수 있니" 하고 부모님의 말과 가치 산비탈 지고 물 흐르고 축축한 언짢은 곳을 가려서 부모님의 장사를 지내드리고 말았습니다.

청개구리로서는 처음으로 부모의 말을 들은 것이다. 그렇게 하기까지 갈등도 만만치 않았다. 청개구리 이야기에서 부모의 유언을 대하는 청개구리의 심정, 그 굴곡이 이렇게 세세하게 그려진 예는 없다. 그런데 처음이자 마지막으로 부모의 말씀을 들은 탓으로 부모의 묘가 비만 오면 시시각각으로 떠내려가게 되는 상황이 발생한다. 이는 부모의 말을 들었기 때문이라기보다는 궁극적으로는 평소에 부모의 말을 듣지 않았기 때문에 초래된 것이다. 따라서 이것이 이 아이에게는 말 안 들은 첫 번째 대가에 해당한다. 그런데 그 결과를 수습하기 위해 개구리로 다시 태어나야 하는 두 번째 대가야말로 아이에게는 가장 치명적이며 중요한 사건이라고 할 수 있다.

아이는 죽어 염라대왕 앞으로 끌려가 무간지옥으로 보내질 운명에 처해 있었다. 부모의 말을 듣지 않았기 때문이란다. 하지만 아이는 마지막 부모의 말은 들었다 하며 정상 참작을 구한다. 무엇보다 아이에게는 인간 세상에 나가 부모의 시신이 떠내려가는 것을 막는 일이 시급한 것이다. 이에 정상이 참작되어 아이는 개구리로 태어나게 된다.

청개구리가 이러한 전생의 연 때문에 현재도 개울가에서 운다는 것은 불교의 윤회설에 따라 충분히 설명될 수 있는 문제이다. 이러한 윤회설은 아이를 주인공으로 한 본 이야기에서 그를 청개구리로 만드는 데 필수적인 계기요, 불교의 이치에도 부합된다. 또한 저승의 무시무시한 정황[15]은 불효의 죄가 얼마나 큰지, 그 심판의 정경이 얼마나 공포스러운지 감득케 함으로써 권선징악적 의도를 관철하게 되는 것이다.

앞에서 중국 쪽의 청개구리 이야기를 검토하였다. 서양 쪽의 사정은 모르겠지만 일단 이 이야기가 우리 국경을 넘어 다른 데서도 전승되고 있음은 분명하다.[16] 그렇다면 이 이야기의 출처는 어디일까?

《본생경》에 나오는 밋다빈다카의 이야기[17]는 청개구리 이야기 유형이다. 여기서 밋다빈다카는 부모의 명마다 어기는, '고집쟁이'요, '불효자'라고 하였다. 아이의 말 안 듣는 태도에 대해 '고집쟁이' 내지 '불효자'라 분명하게 낙인찍는 것이 본 동화와 다소 다르다고 할 수 있다. 그리고 그 부모의 '말'이 잔심부름 정도가 가니라 '계율과 행실'에 대한 것으로 종교적이고 좀 더 그 규범적이라는 점이 본 동화와 다르다. 물론 유언 지키기와 대가 등 세세한 면에서도 같지 않다. 하지만 그들이 불효한 행실 때문에 결국 벌을 받는다는 점에서는 같다. 따라서 딱 들어맞지는 않지만, 이러한 류의 이야기가 불경에 있다는 것은 불교잡지에 수록된 본 동화와 관련해서는 주목할 필요가 있다.

불전에 이미 어린이를 대상으로 효를 계도하기에 적절한 동화가 있고 그것이 청개구리류라는 점에서 본 동화가 불전에서 힌트를 얻었을 것은 자명하다. 특히, 본 동화에 나오는 심판의 화소는 그 정도와 서사상의 위치는 다소 다르지만 불전 동화에서 유래한 것으로 볼 수 있다. 하지만 서사의 기본구조는 우리 민담의 청개구리이야기에서 유래한 것으로 보인다. 이는 청개구리 이야기가 우리 정서에 들어맞고 당시 아이들에게도 더 친숙한 소재였을 것이기 때문이다.[18] 또한 불전상의 동화는 부모의 말씀이 계율 지키기 등 종교적인 차원에 한정되어 있고 그 대가도 해당 아이 개인에 대한 종교적인 심판에 한정되어 있기 때문이다. 무엇보다 이러한 심판의 화소는 강도 높은 권선징악의 효과를 낼 수 있다는 이점이 있지만 스스로 문제를 해결할 권리를 빼앗는 식이 되므로 아이들의 자연스러운 효심을 계발하는 데 한계가 있을 것으로 본다.

요컨대 이 이야기는 우리 민담에서 청개구리 이야기를 가져와 아이가 불효한 죄로 심판을 받고 개구리가 되어 울고 있다고 함으로써 아이들의 효심을 효과적으로 계발했다는 의미가 있다.

3) 〈배뚱뚱이의 모험〉

이 이야기는 힘이 장사인 '배뚱뚱'이가 모험 길에 나서, 역시 각종 재주와 힘을 겸비한, '독기팔', '오줌통', '바람', '배사궁', '요리사' 등을 차례로 만나 의형제를 맺고 산중의 교만한 6장사와 대결하여 승리하고는 12형제를 맺었다는 이야기다. 여기에는 어떠한 불교적 의미도 없고, 6형제가 그 기이한 형상과 재주로 신기한 모험을 하는 정경, 그리고 그들이 악독하고 교만한 적당과 싸워 이기는 데 대한 흥미만이 담겨 있다.

이 유형의 이야기는 《한국구비문학대계》에는 한편도 들어 있지 않고 임석재가 채록한 설화집에 여러 편이 전한다. 〈특재 있는 팔형제〉 등 '특재 있는 형제 이야기'와 〈결의 사형제〉 등 '결의형제' 이야기로 7편 정도가 들어 있는데 대개는 해방 전(1922-1943)에 채록된 것들이다.[19] 그런데 이들 이야기는 대부분 특이한 재주나 결의형제 화소는 있으나 산적과의 대결 구도가 없기 때문에 본 동화와 직접적으로 대비하기에는 한계가 있다. 이중《임석재 전집》1권에 수록되어 있는 〈결의 오형제(結義 五兄弟)〉는 예외로 본 동화와 같은 서사 구조로 되어 있다. 같은 예로 《어린이》(2권 5호/1924년)에 실려 있는 〈네장-사(四壯士) 이약이〉가 더 있다. 이는 잡지사에서 현상 모집한 결과 장대승(張大勝, 안악군 서하면 상촌리)이란 필명의 어린이가 보내온 것을 수록한 것이다. 이렇게 보면 이 유형의 이야기는 당시 어린이들 사이에서 흔히 전하던 이야기일 가능성이 높다. 따라서 어른 중심의 채록, 수집 결과물인《한국구비문학대계》에는 누락된 것으로 보인다. 이 글에서는 여러 각편 중 어린이가 직접 제공한 〈네장사이야기; 이하 '네'〉와 비교해 보면서 〈배뚱뚱이의 모험; 이하 '배'〉의 특징을 검토해 보기로 한다.

〈네〉에선 돌 구두(를 신은 천하장사), 무쇠 구두(를 신은 천하장사), 콧바람, 오줌이 등이 의형제를 맺고 산중의 식인귀 4장사와 대결해 승리한다. 애초에 이들이 의형제를 맺게 된 것은 처음에 등장하는 돌 구두의, 힘에 대한 지나친 자부심 때문이다. 그는 만나는 장사마다 힘내기를 요청하는데 그 의도는 힘자랑을 하기 위해서인 것이다. 그런데 아이로니컬하게도 그는 후발자인 무쇠 구두에게 지고 무쇠 구두는 다음의 장사에게 지는 등, 선발자가 후발자에게 패배함으로써 마지막에 등장하는 오줌이가 맏형이 된다. 마지막으로 산중 도적과의 결투는 이쪽이 아니라 식인의 목적으로 저쪽의 의향에서 비롯된 것이다. 즉, 힘자랑의 대상이 의형제 4인을 넘어서지 않아 그 범위가 다소 협소하다고 할 수 있다.

〈배〉의 경우는 배뚱뚱이가 세상에 대한 호기심으로 돌아다니다 차례로 다른 장사를 만난 것이고 만날 때마다 씨름을 하여 순위를 정한 것은 상대방의 힘이 얼마나 센가 알아보고 동시에 형제간의 순위를 매기기 위한 것이다. 물론 〈네〉와 달리 처음 제안한 '배'가 결국 맏형이 됨으로써 선발자가 후발자보다도 우월한 것이 입증되었다. 그리고 이러한 힘과 재주 자랑을 위한 내기는 산중의 6장사를 만나서도 어김없이 이루어졌다. 도전과 모험이 '배' 쪽에서 비롯된 것이다. 겉보기엔 호랑이를 맘껏 때려잡는 이들 6장사가 15살의, 생김새와 재주가 기이한 이들 잡동사니 6형제를 이길 것 같이 보인다. 따라서 이러한 대결은 '배'쪽의 무모한 도전이자 모험의 성격이 짙다.

이렇게 볼 때 세상에 대한 도전과 모험의 요소가 〈배〉에 와서 강화되었다고 할 수 있다. 또한 악당들의 성격과 관련해서 〈네〉에서는 산중 네 장사와 노파가 식인족으로 보인다.

> 그런데 그것보다도 놀라운 일은 노파가 저녁밥을 들여 왔는데 모두 사람의 뼈와 살로 국을 끓이고 무쇠 조각으로 밥을 지었습니다. (중략) 한참 후에 노파가 들어 와서 "어찌하여 젊은이들이 밥을 그대로 다 남겼소?" 하고 자기가 모두 먹어 버리고 밖으로 나가더니 돌문을 덜컥 잠갔습니다. (중략) "그놈들도 만만치 않은 모양이니 조급히 굴지 말고 그놈들의 동정을 보아 차차 잡아먹자."

그리고 그쪽에서 먼저 '네' 쪽을 해코지하여 죽일 작정으로 내기를 건다. 반면 〈배〉의 경우 산중 6장사와 노파는 교만한 점은 있지만 극악무도한 인사들로 보이지는 않는다.

> 뚱뚱: 다른 별말은 없으나 우리도 6형제인데 힘과 재주도 많아서 당신들과 무슨 내기를 해보려고 왔는데 우리 6형제와 당신 6형제가 어떤 편이 재주와 힘이 많은가 내기를 해봅시다.
> 장사: 이런 되지 못한 놈들, 조그만 놈들이 내기가 다 무엇이냐?
> 이 장사들은 교만하기 짝이 없고 약한 사람은 막 때려 주기만 하는 나쁜 놈들입니다.
> 뚱뚱: 별말 할 것 없이 한번 해보자. 첫 때에 우리 씨름을 해보자.
> 그래서 씨름을 해본 결과 뚱뚱이편이 이겼습니다. 그러니까 그때야 장사 네편이 분이 나서
> 장사: 우리 다른 것을 해보자고 하였습니다.

이들은 '배' 쪽의 도전을 받아 힘내기에 빠져든 것일 뿐이다. 악당의 성격이 이러하니 〈네〉에서는 서로 절멸시켜야 할 존재로 사생결단을 낼 수밖에 없게 된 것이지만 〈배〉에서는 쌍방이 화해로 끝나게 되는 것이다. 즉, 악당의 성격이 서사구조를 규정한 것이다. 마지막 장면을 보면 이러한 점이 자명해진다.

〈네〉에서는 오줌과 얼음의 형벌 속에서 "나쁜 노파와 네 아들은 어름 속에서 없어졌는지 어떻게 되었는지 다시는 나타나지 아니 하였습니다."와 같이 사라진 것으로 되어 있다. 반면 〈배〉의 경우는 마지막 장면에서 6장사들이 "선생님들 살려 주세요 다시는 악한 마음 먹지 않고 좋

은 일만 하겠습니다." 하고 항복하니 '배' 등이 항복을 받고 살려준 뒤 서로 의형제를 맺어 12형제가 되어 잘 살았다는 것으로 화해의 의미가 크다. 6장사들이 비록 교만한 점은 있지만 근본적으로 남을 해칠 만한 존재가 아니기에 가능한 것이다. 이러한 결말은 같은 장사 대결 이야기이면서도 〈네〉는 힘자랑과 악과의 대결 구도에, 〈배〉는 그 재주와 힘의 기묘함, 도전과 모험, 그리고 화해에 각각 초점을 둔 것임을 알게 해 준다.

이상 이들 특이한 의형제 이야기는 〈배〉에 와서 모험과 도전의 요소는 강화되고 '식인'과 끔찍한 악의 요소는 약화 내지 순화되었다고 할 수 있다. 특히, 악당 역시 도전의 대상으로 설정하고 공정한 대결 끝에 12형제를 맺게 한 것은 움츠러들기 쉬운 처지에 있던 당시 어린이들에게 모험심과 도전 의식을 추동하는 역할을 했을 것이다. 또한 산중 6장사가 악한 마음을 버리고 좋은 일만 하겠다고 회개한 것은 힘과 재주가 있다 하더라도 마음이 악하면 쓸데없다는, 따라서 착한 마음을 지녀야 한다는 교훈으로서의 의미가 있다고 하겠다.

4) 〈울기 잘하는 노파와 법사의 설교〉(이하 '울기 잘하는 노파')

이 이야기는 유명한 〈우산장수와 짚신 장수〉 유형으로 스님이 제시한, 우는 것이나 웃는 것이나 모두 마음먹기에 달렸다는 묘법으로 인해 비가 오나 가무나 노파가 늘 웃게 되었다는 내용이다.

보통 이 유형의 이야기에 등장하는 노인에겐 우산 장사를 하는 아들과 짚신 장사[20]를 하는 아들이 있다고 한다. 따라서 이는 열 손가락 깨물어서 안 아픈 손가락 있겠느냐는 식의, 부모는 모든 자식을 똑같이 걱정하고 사랑한다는 의미에서 모성 내지 자애를 강조하는 이야기로 통한다. 하지만 본 동화에서는 그 자식이 가난뱅이로 우산 장사를 하는 아들과 가난뱅이 마른 신 장사한테로 시집간 딸로 되어 있다. 따라서 노파는 아들과 딸의 엇갈린 운명, 그에 대한 근심으로 늘 슬픔에 잠겨 지내는 것이다. 이는 〈오뉘 힘내기〉와 같은 이야기에서 아들을 살릴 생각에 딸을 죽이는, 비정의 어머니와 크게 다른 형상이다. 이에 아들과 딸의 부탁을 받은 법사 역시 "부모 된 마음에 아들이나 딸이나 자식은 일반이니 어찌 그렇지 않겠소."하며 이 사태를 이해한다.

또한 다른 데서는 그 해결책을 제시해 주는 이가 서당의 훈장이거나 마을의 유지이다. 그런데 여기에서는 산사의 스님이요 그 해결책도 불교적 의미로 각색되어 있다는 특징이 있다. 즉, 모든 일은 마음먹기에 달렸다는, 유심론의 이치로 노파의 근심을 풀어 준 것이다.

여보시오 할머님 묘법(妙法)이 다른 것이 아니라 이것이 곧 묘법이구려. 우는 것이나 웃는 것이나 모두 마음 한 가지 쓰기에 달린 것이니 아예 울지 마시고 비오는 때는 우산 장사의 아들을 생각하고 해 돋는 날에는 마른 신 장사의 따님을 생각하고 기뻐하시오. 그리하여 항상 기뻐하고 웃을 것 같으면 양쪽이 다 번창하게 잘 될 터이니 그리 아시오.

이후 노파는 "영영 울지를 아니하고 기쁨과 웃음으로써 여생"을 마쳤다 하며 그렇게 된 것은 "그 법사 스님의 설교" 덕이라 한다. 따라서 이 이야기에서는 다른 데서처럼 두 자식에 대한 부모의 자애에 초점이 있기보다 그 해결책을 스님이 제시했다는 점이 중시된다. 제목도 〈울기 잘하는 노파와 법사의 설교〉인 것처럼, 사물을 뒤집어서 생각할 줄 모르고 보이는 현상에 고착되어 있는 어리석은 중생을 자연스럽게 일깨운 법사야말로 이 이야기의 진정한 주인공인 것이다. 따라서 〈우산장수와 짚신 장수〉의 자애로운 어머니상이 여기서는 어리석은 중생으로 전이되고 인생의 난사를 말끔히 해결해 주는 법사의 법력이 부각된 것이다. 법사는 자식들도 해결하지 못하는 인생의 문제를 해결해 주었는데 이는 바로 중생의 삶을 이해하고 각각의 근기에 맞게 묘법을 제공할 줄 아는 그 법력에서 유래했다고 할 수 있다.

〈우산장수와 짚신 장수〉는 현재도 여러 시사와 일상생활에 널리 적용되고 기독교에서도 설교에 많이 활용하고 있는 실정이다. 하지만 마음먹기에 달렸다는 것은 불교의 교리에 가장 적실한 말이다. 다만 이 이야기의 출처가 많은 사람들이 알고 있듯이 '우리의 옛이야기'인지 하는 것이다. 중학교 국어 교과서에 이 이야기가 우리의 전래 설화로 소개되어 있어서 그런지 많은 사람들이 그렇게 알고 일상생활에서 활용하고 있는 듯하다. 하지만 과문한 탓인지 모르나 《한국구비문학대계》와 다른 설화 자료집에서 이 유형의 이야기를 찾을 수 없어 우리의 설화라고 하기에 많은 의구심이 든다. 신중한 문제이긴 하지만 〈울기 잘하는 노파〉의 작자가 당시 동경에 있던 박장순인 것으로 보아 혹 일본 전래의 설화를 불교적으로 윤색한 것이 아닌가 한다. 물론 불전 소재 이야기일 가능성도 있어 탐색하고 있지만 아직까진 큰 성과가 없으니 이에 대해서는 더 많은 조사와 검토가 필요할 듯하다. 다만 지금까지 확인된 바로는 현재 일상생활 내지 대중 매체에서, 그리고 교육 내지 아동 문학과 관련하여 많이 활용되고 있는 〈우산장수와 짚신장수〉가 최초로 우리 쪽 매체에 실리기는 《불교》에 게재된 본 동화임을 밝혀 둔다.

2. 창작 동화

1) 〈정직한 아이〉

어떤 촌에 두 형제가 살았습니다. 이 두 형제는 일찍이 부모를 영원의 길로 이별하고 적박한 생활을 하게 되었습니다.
팔자 험악한 이 두 형제는 집까지 가난하여 살아 가기에 무한한 고통을 받으며 죽지 못하여 살았습니다.

이렇게 시작되는 이 이야기는 형제가 미국으로 건너가 갖은 고생을 하다가 다시 고국으로 돌아와 살게 된 전말에 대한 것이다. 특히, 동생은 근면, 성실하게 일하고 또한 정직한 성품으로 갖은 시련을 이겨내어 성공한 반면에 형은 악습에 젖은 생활을 하다 불운하게 세상을 떠났다는 이야기다.

○ 조실부모한 형제가 미국으로 건너가 엇갈린 삶을 삶.
○ 동생이 귀국 도중 산적이 된 형의 해를 입으나 정직한 행동으로 형을 감화시킴.
○ 귀국 후 동생은 성공적인 삶을 살다 열반하고 형은 실패한 삶을

살다 죽음.

이 이야기는 권선징악의 의도가 뚜렷한 가운데 특히, 형제의 엇갈린 운명의 원인을 '마음'의 상태에 둔 것이 특징이다. 동생은 미국에서 적으나마 삶의 기반이 마련되자 형을 찾아가야겠다고 미국인인 상점 주인에게 허락을 구한다. 이에 주인은 "너는 참으로 마음이 착한 아이라고 칭찬하고" 얼마의 돈을 준다. 그리고 아이가 이를 사양하자 주인은 "참으로 조선 사람은 정직한 사람이라고" 칭찬하며 타고 갈 것을 주선해 주기에 이른다. 하지만 아이가 이도 거절하며 형과 빨리 상봉하기만을 바란다고 하자 양인은 다시 한 번 "너희의 나라는 참으로 인의예지(仁義禮智)의 나라"라며 칭찬한다.

이후 산속에서 도적을 상대하면서 큰 화를 면한 것도 아이의 지혜와 정직 때문이었다. 아이를 죽일 목적으로 도적이 내어준 등불이 갑자기 꺼진 것도 물론 이 아이가 "워낙 착하고 정직"했기 때문이다. 무엇보다 도적이 단장을 뺏고는 대신 던져준 식칼이 거액에 팔리자 그 돈에서 자기의 원래 빼앗긴 돈과, 단장의 값만큼 빼고 나머지 돈을 도적에게 돌려줄 만큼 이 아이는 '정직'한 아이다. 이렇게 되자 도적 또한 "워낙 마음이 악했으나 그도 사람인지라" 바로 전날의 일을 회개하고서는

'자기는 그같이 남의 돈을 탈취하는데 그는 어찌하여 어린이의 마음으로써 그같이 나머지의 돈을 가지고와서 주나' 하고 생각하여 자기도 그 길로부터 아이와 같은 착한 사람이 되어 보기를 부처님께 맹세

하였다는 것이다. 즉, 사건의 전개에서 큰 역할을 하는 것은 정직한 마음이다. 이 마음 때문에 동생은 갖은 고생과 시련을 이겨내어 성공한 것이고 형은 이 마음이 없어 산적으로 살다 끝내 값없이 인생을 마친 것이다.

여러분 정직은 우리의 성공이오니 독자 제씨도 이 아이와 같이 정직하여 우리 조선을 빛내도록 힘써 보시기를 나로서는 비나이다.

제목도 그러려니와 이야기의 말미에 별첨되어 있는 작자의 후기도 '어린이의 정직한 심성'을 계발하는 데 초점이 있는 것이다.

이 이야기는 전래 설화를 재화하지 않은, 창작동화이자 조실부모한, 기구하고 가난한 어린이의 삶을 제시했다는 점에서 20년대의, 일종의 생활 동화[21]로서의 의미가 있다. 즉, 당시 전 민족의 현실로서 빈한한 삶, 편모나 편부 슬하의 아이들, 혹은 고아들, 그리고 이에 따른 유이민의 실태, 피폐한 생활상을 핍진하게 담았다는 것이다. 그런데 다른 생활동화의 경우 주인공이 위기에서 구원을 받는 것은 대부분 초현실적 존재의 도움에 의한 것이고 이러한 환상성은 동화의 주요한 특징이기도 하다.

이에 반해 이 이야기에서의 구원은 아이의 정직한 심성에 따른, 주위의 감화에 의한 것으로 좀 더 리얼리티에 접근해 있다고 할 수 있다. 다만 산적이 아이를 해칠 목적으로 내준 등불이 갑자기 꺼진 것을 두고 아이가 "워낙 착하고 정직"해서라고 한 것은 현실의 논리를 벗어난, 그런 점에서 적지 않은 흠이라고 할 수 있다. 무엇보다 이야기 중 산중 도적의 존재는 〈엄지동자〉 등 각국 민담에 보편적으로 나오는 장면과 유사하여 그 영향 관계를 검토할 필요가 있다.

며칠을 지나다가 하로는 맹수가 끓는 깊은 산중을 통하여 가게 되었습니다. 날은 차차로 저물어 가고 집은 보이지 아니 하였습니다. 얼마를 가노라니 멀리서 한 등불이 반짝이기를 시작하여 반갑게 불만 보고 찾아가 주인을 부르니 그 집에서 한 여자가 나와 얼굴을 마주치게 되었을 때 하루 밤만 자고 가게 하여 달라고 애걸복걸하니 여자는 말하기를 "우리의 남편은 당신 같은 이만 보면 좋아합니다. 그 이유는 우리 남편의 직업은 남의 돈을 뺏어 먹고 살기 때문입니다."고 말하고 돌아가기를 지성껏 권고하였습니다.(《정직한 아이》)

숲의 골짜기를 지날 때마다 불빛이 눈앞에서 사라지곤 했기 때문에 아이들은 겁이 났지만, 마침내 그 불빛이 있는 집에 당도했다. 아이들은 문을 두드렸다. 마음씨 좋아 보이는 여자가 문을 열어주었다. 그녀는 아이들에게 무슨 일이냐고 물었다.
엄지 동자는 자신들이 숲에서 길을 잃었다고 말하고, 불쌍히 여기고 재워 달라고 부탁했다. 귀엽게 생긴 아이들이 울음을 터뜨리는 것을 보자 여자는 아이들에게 말했다.
"어쩌나! 가여운 아이들아, 어디서들 왔니? 이 집은 아이들을 잡아먹는 식인귀의 집이라는 것을 알고 있니?" (《엄지동자》)[22]

〈엄지동자〉에서는 산적이 식인귀이며 그와의 사생결단이 주인공의 성공으로 귀결된다. 하지만 〈정직한 아이〉에서는 산적이 곧 주인공의 형으로, 그도 결국 동생의 착한 행동에 감화를 받아 둘이 화해하는 것으로 귀결되는 것이 다르다. 이러한 산적의 존재는 앞서 서술한, 〈배뚱뚱이의 모험〉과 그 이본인 〈네장사이야기〉에도 나오는데 이 경우에도 전자는 교만하기는 하지만 주인공과 힘내기를 해볼 만한 천하장사로 나오는 데 비해 후자의 경우 식인귀의 형상을 갖고 있어 사생결단의 상대자로 나온 것과 유사하다.

요컨대 〈정직한 아이〉는 당시의 고달픈 인생, 그중 어린이들의 고통스러운 현실의 일면을 제시한다는 점에서 생활 동화의 일면이 있지만, 이를 극복하려는 아이의 모험과 도전, 그리고 그를 통한 성공을 그렸다는 점에서 동화 일반의 성격이 짙다고 본다. 더욱이 산중 도적의 모티프는 각국 민담의 영향을 받은 것으로 보여 부분적이나마 전래 동화적 성격을 띤 것으로 보인다.

2) 〈염불 잘하던 소년 체부〉(이하 '소년 체부')

이 이야기는 산골 마을을 배경으로 조실부모하고 외할머니와 어려운 삶을 살던 리춘길이라는 소년이 할머니마저 돌아가시자 염불을 통해 죽음의 공포 내지 외로움을 극복한다는 내용으로 되어 있다.

○ 리춘길이 외할머니 손에서 자람.
○ 17세에 체부가 됨.

○ 늘 염불을 외워 '염불체부'라는 별명을 얻음.
○ 할머니가 돌아가시자 염불만 함.

면소, 우편소, 주재소가 있다고 했으니 일제 치하 산골 마을, 거기서 보통학교를 간신히 졸업하고 서울로의 중학 진학을 간절히 바라나 형편상 그 꿈을 접어야 하는 15세 소년의 애달픈 삶. 이는 20년대 《어린이》 등에 빈번히 소개되어 있는 '애화(哀話)', '사진(寫眞)소설' 등의 이름으로 수록된 생활 동화의 주요 화제이다.

생활 동화는 그 시절 어디서나 흔하게 빚어졌던, 가난, 부모와의 사별, 고학 등의 생활상을 반영하되 특히, 그 속에서 어린이가 겪는 외로움, 고달픔 등을 핍진하게 그려냈다는 특징이 있다. 따라서 이런 유의 이야기는 철저히 현실 논리에 따라 진행되며 현실이 그러한지라 대개는 비극적인 결구를 맺기 마련이다. 20년대의 활발한 동화의 제작과 보급은 대체로 전래동화를 대상으로 한 것이지만 창작동화를 통하여 당시 어린이와 관련된 현실 문제를 포착하기도 했던 것이다. 이렇게 볼 때 〈소년 체부〉 역시 이러한 생활 동화의 일종으로 볼 수 있되 그 비극이 불교적 의미로 승화되었다는 특징이 있다.

소년이 처음 염불을 외우게 된 것은 우편물을 배달하느라 무인지경의 산길을 다니며 겪게 되는 무서움 때문이었다.

그러나 산골 길에 태산준령을 넘어 다니면서 십 리만큼씩 한 집 두 집씩 있는 곳으로 다니게 되는지라 무서울 때가 많았습니다. 어쩌다가 날이나 저물게 되면 간장이 녹는 듯 떨리고 무서웠습니다. 홈통이 진 모롱이 모롱이마다 도적놈이 숨어 있고 호랑이가 목을 지키고 있는 것 같습니다.

누구라도 이러한 지경에 처하면 무서움을 느끼겠지만 체부이기 때문에 늘 몸소 겪어야 한다는 것이 문제였다. 하물며 17살의 소년으로서는 그 무서움이 더 했을 것이다. 그래서 춘길이는 집에 오면 할머니께 '무섭다는 이야기를 노래 삼아' 한 것이다. 이에 할머니는 "관세음보살과 나무아미타불을 부르고 다니면 아무 일이 없다"고 춘길에게 요긴한 방편을 마련해 준다. 이후 춘길이는 배달 다닐 때 늘 염불을 외웠으며 그에 따라 무서움을 느끼지 않게 되었다 한다.

춘길이가 얼마나 열심히 염불을 외우고 다녔는가 하는 것은 그의 별명이 '염불 체부'가 된 것에서도 알 수 있다.

그 후부터 춘길이는 다닐 때마다 지성으로 관세음보살을 부르고 나무아미타불을 불렀습니다. 개가 짖어도 나무아미타불, 낯선 사람을 만나도 나무아미타불, 어린애들이 돌팔매질을 하여도 나무아미타불, 관세음보살 하고 부르짖었습니다. 그리한즉 춘길이는 무서운 것이 없어지고 우 밤중이라도 다니게 되었습니다. 그리고 춘길이가 다니는 곳마다 염불 체부라고 귀애해 주며 사랑하여 줍니다.

염불 체부라고 "귀애해 주며 사랑"해 준다고 했으니 염불 체부는 춘길의 애칭이라 할 수 있다. 이는 어려운 가정 형편 때문에 어린 나이에 체부가 되었고 그러기에 남다른 어려움이 있었던 것인데 이를 염불로 이겨냈을 뿐만 아니라 염불 체부로서 새 삶을 살게 되었음을 의미한다. 춘길이에겐 염불이 바로 생명의 줄이라 할 수 있다. 그런데 또 하나 그에게 삶의 귀중한, 유일한 의지처가 있으니 바로 그의 할머니다. 춘길이는 동무의 편지를 받고 서울에서의 중학 진학을 위해 무작정 가출을 시도하다가도 할머니 생각에 발길을 돌리기도 했던 터이다.

그러나 나올 때는 정신 없이 빠저 나왔으나 정신을 진정하고 생각한즉 할머님이 어디서 보시고 손짓을 하며 내 말 한 마듸만 듣고 가라 하며 따라오는 듯 하였습니다. 그리하여 발뒤꿈치를 잡아당기는 듯하여 걸음이 걸어지지를 않습니다. 만일 억지로 달아날 것 같으면 천벌이 내릴 것 같습니다.

물론 평상시에도 조실부모하고 형제도 없는 춘길의 외로운 마음을 따뜻이 위로해 주고 보듬어 준 것도 이 할머니다. 염불도 할머니가 마련해 준 방편이다. 그런데 이 하나뿐인 할머니마저 숨을 거두게 된다. 이는 배달 다닐 때 느끼는 무서움보다 더한 것이다. 집도 '아무도 없는 외딴집'이거니와 할머니마저 없이 세상에 단 홀로 남게 되었기 때문이다. 그보다도 죽음의 장면을 난생 처음으로, 몸소 목격한 심정이 어떠했겠는가. 이제 춘길이는 새로운 삶의 국면을 맞아 다른 차원에서 염불을 외우게 된다. "춘길아 나는 아주 간다. 남무아미타불! 아무쪼록 불전에 신심을 버리지 말고 착한 사람이 되어라!"라고 한 할머니의 염불, 유언은 분명 홀로 남겨진 춘길이의 삶을 위한 것이다. 반면 춘길이는 오직 할머니의 영혼을 위로하기 위하여 염불을 하기 시작한다.

오직 슬픈 생각으로 눈물을 흘리면서 통곡하다가 진정하고 꿇어앉아서 합장하고 오직 할머님의 영혼을 위로하여 남무아마타불! 남무아미타불! 염불만 하고 앉았을 뿐이었습니다.

물론 염불을 통해 춘길이는 삶과 죽음의 공포까지 극복하였다. 이 때문에 춘길이는 "참 기특한 소년"이라는 평을 받게 된다. 깊은 산중 마을에서 할머니마저 죽고 천애고아가 되었지만 할머니가 가르쳐준 염불과 신심을 지키라는 유언으로 소년은 씩씩하게 새 삶을 살아갈 것이라 기대되기 때문이다.

염불의 효력 화소와 관련해서 이 이야기는 다섯 살 된 동자가 천애고아의 처지로 깊은 산중의 절에 홀로 있으면서 오로지 관세음보살을 부르며 생명을 유지했다는 〈오세암 전설〉과 상통한다. 삼촌(스님)이 월동 식량을 마련하기 위해 마을로 내려가면서 혼자 있게 된 조카에게 "'관세음 보살 관세음 보살' 하고 앉았거라. 심심한데."라고 하였지만 기실 아이가 무서워할 것을 염려해서이다. 어린 아이일 경우 보살피던 사람이 너무 오래 안 보이고, 게다가 산중 외딴 절에 혼자 있을 경우 '심심'하기 보다 무서워할 것이 분명하기 때문이다. 따라서 여기서의 염불도 삶의 외로움, 무서움을 극복하기 위한 방편이다. 그리고 서사상 이러한 염불의 효력은 사실로 입증되었다. 예정대로 3, 4일 정도가 아니라 한 겨울 내내 즉, 석 달 정도 방치되어 있었는데도 이 아이가 예상을 뛰어 넘어 살아 있었던 것이다. 따라서 염불은 아이에게 생명의 줄로서의 의미가 있다. 이를 붙잡고 아이가 사지에서 살아남았기 때문이다.

　이는 홀로 산중을 다닐 때 혹은, 외딴 집에서 할머니마저 죽고 혼자 남아 삶과 죽음의 모든 공포심을 염불로 이겨낸 소년 체부와 다를 게 없다. 이로써 아이는 생명을 유지했으며 소년은 그에 더해 죽음의 공포까지 이겨냈기 때문이다. 따라서 소년 체부는 오세 동자의 다른 이름이다.

　이 이야기는 비극적인 당시 생활 주변의 이야기를 소재로 하되 염불 신앙 내지 그 효력과 관련해서는 민담에 전하는 〈오세암 전설〉의 모티프를 차용했다는 의의가 있다.

3) 〈쾌활 소년〉

이는 부처께 시주한 보답으로 태어나 평화롭고 단란한 가정에서 온갖 귀여움을 받던 아기가 뜻밖의 고통을 겪게 된다는 이야기다.

　○ 가정에 자식이 없어 불행함.
　○ 불사에 시주한 후 만득자를 얻어 행복한 가정이 됨.
　○ 가족이 이산함으로써 어린 아기의 불행한 삶이 시작됨.

'쾌활 소년'이라 함은 어린 아이가 가정에 행복과 평화를 가져왔다는 의미에서 붙여진 듯하다. 이 아이는 부처님의 공덕으로 태어나 자손이 없어 '평화롭지 못한 공기'가 돌던 가정의 분위기를 활기차게 만들고 자신 역시 귀여움을 독차지했던 것이다.

　그리하여 이 아이는 이 집에서 금이냐 옥이냐 네가 하늘에서 떨어졌느냐 땅에서 솟았느냐 하며 불면 날릴까 집으면 깨질까 하고 이 세상에는 이보다 더할 것 없는 것처럼 귀엽게 여기고 이름하기를 수용水龍이라 지었습니다.

그뿐만 아니라 이렇게 불공의 효험이 '입증'되자 자식 없는 사람들이 '자손 발원하기 위하여' 절로 몰려가는 바람에 절에는 "끊일 새가 없이" 늘 사람들이 왕래하게 되었다고 하였다. 즉, 주변 사람들에게까지 기대와 희망을 안겨주는 복된 아이였던 것이다. 그리고 이렇게 불사 시주를 도모하여 가정을 불행으로부터 구한 이는 바로 '염불 잘하는 할머니'라는, 아이의 할머니다. 아이가 태어난 후 이 할머니는 그 보답으로 절에 더 많은 시주를 한 터였다.

염불 잘하는 할머님은 이 아이를 낳은 뒤 곧 여주 벽절로 쫓아 올라가 이 아이의 명 길기를 위하여 이곳에다가 명을 걸어 주고 이 아이를 점지하여 주시어 감사하다는 뜻으로 부처님께 불공을 올린다 기도를 드린다 하며 참으로 말할 수 없이 정성을 다하고 (중략) 조석으로 예배하며 염불하기에 고심하였습니다.

이리하여 이 집은 동네 사람들로부터 '절'이라는 별명을 얻게 되었다고 한다. 이야기의 3분의 2까지 이러한, 아이와 할머니를 중심으로 한, 유쾌한 삶의 분위기로 감싸여 있다.

이러한 중반까지의 이야기에 비하면 후반, 아이의 고통은 너무 뜻밖이고 급작스럽다. 이 부분의 소제목도 '생각 없는 고통'이라 되어 있거니와 앞의 '소년의 출생', '염불의 진성'에 이어 너무 돌발적이라 아니할 수 없다.

유복하지만 자식이 없어 불행하던 터에 아이가 생겨 완전한 행복 속에 잠겨 있던 가정이었다. 그런데 이 가정이 서울로 이사 가서 약 1년 후 아이 아버지가 청국으로 가면서 가족이 이산, 해체되었다는 것이다. 아이는 겨우 돌을 지났으며 집에는 오직 이 아기와 바로 그 '염불 할머니'만 남게 되었다 한다.

아무리 아이의 할머니가 잘 가꾸어 준다 한들 어머니의 따뜻한 품 속만 하겠습니까? 그러고 젖인들 얼마나 먹고 싶어 하겠습니까? 물론 이것을 보는 할머닌들 얼마나 속을 썩일 것이며 이것을 당하는 어린 아인들 비록 말은 못하나 무한의 고통을 느끼며 날마다 설움의 눈물을 흘릴 것 아닙니까?

긴 행복의 시간에 비하면 너무나 돌발적인 사태라 아니할 수 없다. 게다가 행복과 평화를 가져온 당사자인, 할머니와 아이만 남아 온갖 불행한 삶을 겪어야 한다고 했으니, 아이로니컬한 사태라 아니할 수 없다. 왜 아이의 아버지가 청국으로 갔는지, 그리고 왜 그 때문에 가족이 이산하게 되었는지, 그리고 아이가 엄마의 품속을 떠나게 되었는지 이야기에는 전혀 나타나 있지 않다. 행복과 불행의 급격한 변화만 보이고, 그 속에 어린 아기의 비극이 잉태되어 있을 뿐이다.

그런데 이야기의 말미에 보이는, 다음과 같은 작가의 말을 보면 이는 인생의 무궁한 변천, 인간의 이성으로는 도저히 이해할 수 없는 무상감을 보여주기 위한 서사적 전략으로 보인다.

그같이 모든 행복을 받으며 웃음 가운데에서 자라오던 이 아이가 하루아침에 이같이 될 줄이야 누가 추상인들 하였겠습니까? 하므로 우리의 변천은 무궁무진하여 귀신이라도 알지 못할 것입니다.

즉, 불공 덕에 자식을 낳아 행복을 누린다는, 민간 신앙적 모티프를 빌리되 그것마저 뒤집어 그 역시 인생의 헛된 변천임을 역설한, 그런 의미에서 진정한 불교적 이치를 탐색한 이야기라 할 수 있다.

물론 여기에도 기자치성으로 만득자를 얻는다는 모티프, 이무기가 '용봐라' 하는 어린 아이의 소리를 듣고 용이 되어 승천한다는 〈유금이들〉 관련 모티프가 있어 부분적으로 민담의 모티프를 차용한 일면이 있다. 하지만 근본적으로는 아기의 삶에 중대한 전환기가 된 서울에서의 생활, 부모와의 이별 등 가족 유산의 모티프는 당대 시정인들의 삶을 잘 반영하고, 이러한 고달픈 인생에 놓인 어린이의 삶에 무게가 실려 있다는 점에서 생활 동화의 면모가 강하다고 하겠다.

따라서 이 이야기는 민담의 모티프를 일부 차용하여 당시 시정인들의 애환, 그 속에서 비극적인 인생을 맞게 된 어린 아기의, 장차의 삶을 문제시하면서 그 애환을 불교적인 무상감으로 해석했다는 의미가 있다.

III. 불교잡지 동화의 의의

1. 어린이문화 운동으로서의 의의

불교에서 어린이에 대해 특별한 관심을 갖기는 원시 불교 시대부터이다. 여러 경전에 신앙과 관련하여 어린이의 종교 심리적 특징, 구도의 가능성에 대해 언급되어 있는 것이다. 이는 인간은 자신의 업(業)에 따라 윤회하기 때문에 태내에 들어서는 순간에 이미 이전 생의 정신적 요소를 지니고 있다고 하여 태아의 존재를 인격적으로 존중하는 것에서도 알 수 있다.[23] 또한 불교에서는 평등주의 사상에 입각해 모든 사람을 성불할 수 있는 존재로 보기 때문에 이 점에 있어서 어린이와 성인에 근본적인 차이가 없다고 한다.[24] 즉, 불교의 궁극적인 목표인 깨달음에 도달하는 데는 나이의 고하가 문제 되지 않는다는 것이다.[25] 오히려 성인들은 외계의 현상 및 자아를 실재하는 것으로 착각하고 고집하기 때문에 깨달음에 이르기 어렵다고 하며, 심지어 유아의 마음 상태를 지니지 않고서는 해탈할 수 없다고까지 하는 것이다.[26] 구도와 관련하여 모든 사람은 평등하기 때문에 어린이와 성인에 차이가 없다고 한 데서 나아가 구도와 관련해서는 오히려 어린이가 성인보다 유리하다고 한 것이다. 따라서 불교에서 어린이는 일반 아동 심리학에서 성인을 기준으로 정의하는, 미성숙한 존재가 아니라 독자적인 인격체로 일찍감치 주목되어 온 것이다. 이렇게 볼 때 불교에서 어린이는 특별한 대우를 받아왔다고 할 수 있다.

하지만 이러한, 불교의 아동관이 역사적으로 실현되었는가는 미지수다. 부파불교 시대의 교단에서 원시 불교의 여러 경전이 첨삭된 것은 주지의 사실이거니와 그와 동시에 석존의 근본 사상이 적지 않게 왜곡되었기 때문이다. 어린이의 경우를 차치하고서도 불교의 평등사상이 각 지역의, 모든 사람들에게 올곧게 적용된 것으로는 보이지 않기 때문이다.

우리의 경우, 이러한 불교의 아동관이 구체화된 것은 근대 불교의 시대에 와서이다. 그 간의 멸종 위기를 극복하는 동시에 새 시대의 동향에 민감하게 대처하면서 불교가 내건 모토가 바로 불타의 평등관이요 이에 따라 어린이가 관심의 대상으로 떠오른 것으로 보인다. 그리고 현실적으로는 불교 부흥 내지 근대화 운동의 일환으로 포교 및 교육 사업이 활성화되면서 그 대상인 어린이가 주목 받기 시작했다고 할 수 있다. 1920년대 일제하의 사회·문화적 현실에서 불교부흥 운동이 제기되었을 때 불교 내적으로는 포교 사업이, 사회적으로는 교육 운동이 급선무였기 때문이다.[27] 포교원 및 불교 전문학교, 불교계 일반 학교 등이 창설되었으며 이에 대한 운영 방식, 지원 방침, 교육 내용 등이 큰 논란거리가 된 것도 이 시기를 전후해서이다.[28] 특히, 아동과 관련하여 일요학교를 비롯하여 각 사찰 중심의 고아원, 보육원, 유아원, 유치원 등이 개설되었다.[29] 그리고 이들을 위한 특별한 교육 방식, 내용에 대해서도 적지 않은 주의를 기울인 터이다. 불교부흥 운동이 일어난 당시에 미래 불교를 이끌어갈 인적 자원인 어린이는 가장 중요한 포교 대상으로 떠오른 것이다. 무엇보다 중생 구제의 차원에서, 이 시대 다른 누구보다 고통을 받는 어린이의 현실, 즉, '어린이 문제'에 불교도 전향적인 관심을 보였다고 할 수 있다. 따라서 어린이가 근대에 와서 독립적인 존재로 고려된 것과 같은 의미는 아니지만 이상과 같은 이념, 현실적 요인에 의해 불교에서도 어린이는 근대에 와서 별도의 주목을 받았다고 할 수 있다.

한편 근대 불교에서 어린이라는 존재는 개별적으로 신앙생활을 하는, 그리고 수동적인 포교, 교육의 대상에 한정되지 않았다. 이제 어린이는 집단으로 모여 자신만의 문제를 해결할 뿐만 아니라 불교와 사회, 민족을 위해 힘을 보탤 방안을 마련하기 시작한 것이다. 즉, 이때 와서 집단적으로, 그리고 주체적으로 행동하고 사고하는 불교의 '어린이'가 탄생한 것이니 그 구체적 성과가 바로 불교소년회 운동이다.

1920년대에 들어 각 사찰 중심으로 군소의 불교소년 단체가 창립되면서 아동 중심의 사회·문화운동이 활발하게 전개된다. 교무원 산하의 '조선불교소년회(朝鮮佛敎少年會)'(1926.6 창립)가 그 대표적인 단체이지만 그 이전에 이미 '제주불교소녀회'[30], '마산불교소년회'[31], '불교능인소년회'[32], '공주불교소녀회'[33] 등 지역 단위의 불교소년회가 창설되어 활동 중에 있었다. 포교가 어린이를 객체화시켜 미래 불교계의 인적 구성원으로 동원하는 데 중점을 둔 것이라면 불교소년운동은 어린이가 주체가 되어 당시 민족과 불교의 현실에서 어린이가 할 일, 어린이의 중요성 등을 자각하고 그것을 실천했다는 의미가 있는 것이다. 다음은 조선불교소년회의 '취지서' 중 일부이다.

가없는 고해는 우리의 앞길을 막고 한없는 업장은 우리의 환경을 싸도다. 삶음 바다에 새싹으로서 가장 순결하고 아직 연약한 우리 소년의 전정도 또한 위태하도다. 우리는 지금 자칫하면 그만 원(遠)

이 위태한 난파에 허위고 암흑한 마굴에 빠지기 쉬운 우리이다.

(중략)

'천조자조자天助自助者'라 한 고인의 금언과 같이 우리는 우리의 일을 우리의 힘으로 하지 않아서는 안 될 것이다.

아! 이러하다. 아무리 연약한 힘이나마 우리끼리 모여 우리의 업장을 우리의 힘으로 해탈하여 볼까 함이 우리 조선불교소년회의 모듬의 근본 정신이다.[34]

즉, 어린 불교인으로서 자신들의 과업을 스스로 해내려고 '모듬'을 결성했음을 알 수 있다. 물론 그 창립 멤버가 어린이는 아니다. 《불교》 동화의 주 작가이기도 하며 창립 멤버로서 사교부 서무부 간사(社交部庶務部幹事)를 맡아 왕성한 활동을 벌인 한영석이 당시 21세[35]의 청년임을 감안하면, 그리고 명예회원 중에 오이산(吳梨山), 퇴경 권상로 등 불교 지도자들이 포함되어 있는 것을 보면 청년을 중심으로 당시 불교계의 주요 인사들이 즉, 어른들이 본 소년회를 설립하고 주도해 왔음을 알 수 있다. 하지만 어른들이 어린이의 눈높이에서 어린이의 주체적 활동을 선도했다는 점에 주목할 필요가 있다. 그런데 그들의 주 활동이 불교를 잘 이해하고 그것을 실천, 선전하는 불교인으로서의 역할에 한정되지 않았다. 전국의 어린이를 대상으로 동화 대회, 웅변 대회를 개최했으며 빈민 구제 사업[36]을 대대적으로 벌이기도 했다. 즉, 불교에 한정되지 않고 어린이 중심의, 문화 사업, 사회 사업에 많은 힘을 기울였다는 것이다.

이렇게 볼 때 불교소년회 운동은 일종의 근대 어린이 운동이라고 할 만하다. 당시 방정환을 중심으로 20년대에 활발히 일어난 어린이 문화

운동이 천도교 등 종교계에서 비롯되었지만 특정 종교에 한정하지 않고 광범위하게 어린이 문화 운동을 벌인 것과 같은 맥락이다.[37] 여기에는 천도교 쪽뿐 아니라 기독교 계통의 '주일학교 소년단' 등도 있었는데 어린이 중심 문화 활동을 통하여 '지육(智育)'을 도야한다는 공통점이 있다.[38] 이는 조선불교소년회 창립총회에서 결의한 활동 사항 중 "매일 요일마다 소년에게 지육을 보급시킬 일"[39]과 상통한다. 더욱이 불교소년회 운동과 당시의 어린이 운동이 별개의 즉, 서로 무관하게 성립되어 활동한 것으로 보이지 않는다.

소파에 의하면 당시 언양에는 언양소년단과 불교소년단이 있었다고 하며 특히, 그들이 연합해서 하는 조기회에 대해 상세히 소개한 바 있다.

> 언양에는 언양소년단과 불교소년단의 두 소년단이 있는데 두 소년단에서 모두 다른 곳 소년회와 같이 공일날마다 모여서 토론도 하고 동화회도 하는 외에 새벽마다 다섯 시에는 일제히 일어나서 한 곳에 모여서 행렬을 지어 동리 바깥까지 구보로 다녀와서 식전 운동을 하고 헤어진다 합니다. 겨울에나 여름에나……(중략)
> 언양의 새벽은 두 소년단의 나팔 소리에 밝아 가는 것 같았습니다. 집집의 들창과 문이 열리고 날이 투철히 밝았을 때 두 곳 소년단원은 소년회관 마당으로 한데 모였습니다. 날마다 따로 따로 모이는 것인데 내가 온 것을 기회 삼아 두 소년단이 오늘 처음 한 마당에 모였다 합니다.
>
> (중략)

그리고 끝으로 이후부터 어느 때든지 두 단체가 연합하여 한데 모여서 하는 것이 좋을 뜻을 말씀하였습니다.[40]

물론 그들의 조기회 연합 활동은 소파의 관여를 통해 일시 성립된 것이지만 그들의 평상시 활동 내용이 유사하고 더욱이 같은 지역에서 조기회를 주도해 왔다는 점에서 소년 운동의 차원에서 상호 영향 관계가 있었음을 짐작할 수 있다. 다만 일반 소년 운동은 조선의 특수한 현실에 대한 이해를 바탕으로 어린이의 문제를 조명하는 것이 주목적이라면[41] 다음과 같이 불교 소년 운동은 여기에 낙후된 불교의 처지에 대한 이해가 포함되어 있다는 것이 차이다.

회는 이상적으로 현대 소년 남녀의 개성을 발휘시키는 동시에 소년 남녀에게 불교 정신을 일반적으로 보급시키겠다는 것이 우리 불교소년회의 주장되는 목적입니다.[42]

요컨대 불교 소년 운동은 20년대 도처에서 발흥했던 소년 운동의 일환으로 형성된 것으로 보인다. 그 창립 목적 및 문화 중심의 활동 내용이 유사할 뿐만 아니라 상호 영향 관계의 일면마저 엿보이기 때문이다.

각 소년단의 중심 활동에는 동화 관련 활동이 빠질 수 없다. 지육(智育) 중 지(智)의 계발을 위해 동화가 주요하게 활용되었던 것이다. 동화는 물론 어린이가 주체가 되는 동화구연 및 창작 대회도 있었지만 주로 소파를 중심으로 어른들이 구술로 혹은 지면으로 제공한 것이다. 이를 소년단에서 일정한 시기와 장소에 모여서 그것을 서로 낭독하거나 개개의 어린이가 개인적으로 구독을 한 것이다.

이렇게 볼 때 불교잡지의 동화 역시 1920년대, 어린이 문화 운동의 일환으로 형성된 것으로 볼 여지가 많다. 그 모태가 되는 불교 소년 운동 자체가 당시의 일반 소년 운동의 여파로 일어난 것, 그리고 그 일반 소년 운동에서 동화 관련 활동이 크게 중시되었기 때문이다.

(전략)

8월 11일 발행《조선불교》제28호에는〈조선 불교 소년 뉴-스〉를 부록으로 발행하엿는데 독물(讀物)이 없어서 적막하고 방향을 얻지 못하던 조선 불교 소년계에는 고상한 지도자를 친근하게 되었더라.[43)]

물론 불교잡지 동화의 독자 내지 문제 의식은 불교에 한정되지 않는다. 크게는 불교계 어린이 혹은, 일반 어린이를 대상으로 당시 민족의 현실에서 어린이의 현실 문제를 제기하고, 그들의 인성을 바른 데로 계도하고, 그 꿈을 키워주기 위해 형성된 것이다. 따라서 불교잡지의 동화는 당시 어린이의 눈물, 꿈, 모험 등을 다루었다는 점에서 어린이 중심의 문화 운동으로서 의의가 있다고 본다. 무엇보다 불교잡지의 동화가 전래 설화를 재창조하는 과정에는 일제 치하, 그리고 불교 부흥기라는 특수한 시대적 현실과 관련된, 어린이의 문제가 적절히 고려된 것으로 보인다. 이러한 점에서 불교잡지 동화는 불교아동 문학의 전사일 뿐만 아니라 당시 소년 운동의 일환인, 어린이 문학 운동으로서의 의의가 있다고 할 수 있다.

2. 설화 전승과 관련하여

현전하는 이야기 유형 중 일부는 오랜 세월에 걸쳐 전승되어 왔을 것이다. 그중에는 무속, 건국 신화에까지 맥이 닿아 있는 것도 있고, 고대 이후의 각 역사적 단계에서 형성된 것도 있을 것이다. 그 구연 현장이 포착되지 않을 뿐이지 이야기 전통은 면면이 이어 내려와 근대를 거쳐 1980년대 이후 우리의 손까지 전해진 것이다. 그런데 근대 이후만 놓고 보면 현전하는 설화 자료집 중 오랜 것은 1930년도에 발간된 손진태의 자료집이 유일한 것으로 알려져 있다.[44] 게다가 그것마저 구연 현장을 정확히 보존하고 있지 않아[45], 당시 전승되던 설화의 형태를 잘 알 수 없다. 시대를 더 내려가 근대 전환기 내지 초기라 할 수 있는 1920년대의 경우 이러한 사정은 더 심각하다.

1920년대 우리 설화의 구연 상황 특히, 그 이야기 유형 내지 모티프는 어떠하였을까? 현대 구연 현장에서 듣게 되는 이야기가 그때에도 있었을까? 그 당시에는 지금과 다른 별난 이야기들이 구전되었을까? 설화 전승과 관련해서 1920년대는 많은 의문점을 남긴다. 그런데 이때에 들어서 활발히 제작, 보급되던 동화의 존재는 이러한 문제를 해결하는 데 많은 시사점을 던져 줄 것으로 본다. 1923년도에 《어린이》가 창간되면서 '새동화' 등의 이름으로 창작동화가 한두 편씩 소개되지만 더 많은 부분은 전래동화[46]로서 어린이 독자층을 위해 설화를 재화한 것이다. 따라서 어린이를 위해 재화한다는 그 제작 의도를 걷어내고 보면 여기에서 당시 전승되던 설화의 모습을 짐작할 수 있을 것이기 때문이다.

불교잡지의 동화 역시 대부분이 설화를 재화한 전래동화이거나 그렇지 않으면 설화의 모티프를 차용한 창작동화이기에 당시 설화의 전승 상황을 가늠하게 해준다는 의의가 있다. 10편도 채 안 되는 적은 편수이지만 이를 통해 당시에 구전되던 이야기 유형, 모티프 등을 엿볼 수 있다는 점에서 20년대의 설화 전승 상황을 탐구하는 데 소중한 자료라 할 수 있다.

한편 현대의 사회·문화적 상황에서 조부모-손주 간의, 자연스러운 이야기 소통 현장은 찾아보기 힘든 것이 사실이다. 하지만 그러한 전통이 끊겨 그 실상이 제대로 포착되지 않을 뿐이지 전통적으로는 조부모가 손주에게 옛날 얘기를 일상으로 들려준 것으로 보인다.

오이할머니: 응. 요즘 요즘에는 아주 그 옛날 옛날에는 할머니 얘기해줘요. 이르지만은 요새 아들은 그거 신식 뭐 노래같은 것 이런 것 자꾸 치우치고 컴퓨터 누르고 이런 것 치우치제. 뭐 '할머니 옛날 애기 해줘요.' '심심해요.' 이런 소리 하는 손자가 없어. 즈 놀이개가 많으니께네.[47]

오이할머니: 옛날엔 할매
딱따구리할머니: 옛날에
오이할머니: 할매 할매 이야기 해줘. 할매 옛날 이야기 해줘 이래…….
딱따구리할머니: 응 애기들 애기들이 그라지.[48]

혹은 어린이는 집안의 조부모뿐 아니라 각기 사정에 따라 여러 부류의 사람들로부터 이야기를 들을 기회가 많았을 것이다. 아래의 예는 임석재가 어린 시절에 참여한 구연 현장에 대한 것이다.

> 편자는…가친의 가업 변동에 따라 정읍·순창·고창·전주 등지로 전전 전거(轉居)하면서 유소년기를 보내고 이런 각지에서 서당의 글동무, 학교의 학우, 인근의 교우에게서 많은 이야기를 들었다. 그리고 부모·자매·가제(家弟)에게서도, 고용녀·머슴·임시로 들인 놉에게서도, 부모를 찾아온 성년 남녀·과객·방물장수·일용잡화상인들에서도 많은 이야기를 들었다.[49]

하지만 임석재의 경우만 해도 자신이 어른이 되어서 어른들로부터 들은 경우가 더 많다. 교직에 있을 때 학생들로부터 제보 받은 경우가 있긴 하지만 그 역시 과제물이라는 부자연스러운 구연 현장에서 산출된 것이며, 무엇보다 어른(임석재)의 정제를 거친 것이라 거기서 어린이를 대상으로 한 이야기의 모습을 짐작하기 힘들다. 따라서 그의 자료집에 수록된 많은 이야기는 어른인 조사자와 소통이 가능한 어른들의 이야기라 할 수 있다. 1980년 이후 《한국구비문학대계》를 비롯한 각종 설화 자료집에서도 사정은 마찬가지다. 어른-어른의 구연 현장만 포착된다는 것이다. 부모-손주 간, 어른-어린이 간의 이야기 소통 현장 내지 어린이를 위한 이야기 목록이 확인되지 않는다.

물론 불교잡지의 동화는 전통적인 어른-어린이 간의 구연상황과는 성격이 다소 다를 수 있다. 특히, 여기에서 사용된 존칭형 서술 어미는 동화에 특유한 것이다.[50] 전통적인 어른-어린이 구연 상황이라면 대개는 일상적으로 어린이를 대하는 말투를 사용했을 것이다. 또한 불교잡지의 동화는 한영석, 박장순 등 20대의 청년들이 제작한 것이다. 따라서 어린이 독자(청중)와의 관계에서, 조부모, 이웃 어른 등 전통적인 화자와는 그 성격이 많이 다를 것이다. 더욱이 어린이 문제를 선구적으로 자각한 지식인들이 어린이를 대상으로 동화를 제작한다는 것 자체는 일반 동화 운동의 영향을 받은 것이다. 하지만 어린이를 대상으로, 어린이의 주의를 끄는 방식으로 이야기를 베풀었다는, 그 제작의 계기 내지 의도의 면에서, 그리고 어린이에 대한 그 영향력에서 둘은 공통된다고 본다. 즉, 어른-어린이 간 구연 상황은 딱히 동화가 아니라도 어린이를 대상으로 한, 전통적인 구연 상황에 이미 있었다는 것이다.

요컨대 불교잡지 동화는 20년대에 전승되던 설화를 당시 어린이의 현실에 맞게 재창조하거나 그들에게 적합한 이야기 유형을 골라 재화했다는 의의가 있다. 그러면서 당시까지의, 조부모-손주 혹은, 어른-어린이 간의, 이야기를 매개로 하는 의사소통 현장의 맥을 이었다는 의의가 있다고 본다. 물론 자연스러운 구연 현장이 아닌데다 불교잡지라는 특수성에 따라 많은 제한을 받았겠지만, 여기에는 이야기 유형의 선택 및 재화 방식 등 어른-어린이 간 구연 현장의 중요한 요소가 내재되어 있기 때문이다.

마지막으로 전승은 지속과 변화를 뜻한다. 어떤 이야기 유형이 특수한 구연 상황에 따라 부분적인, 지엽적인 변화를 동반하지만 이야기의 기본적인 구조는 변하지 않기 때문이다. 이런 의미에서의 변화는 설화 전승을 가능하게 하고 이야기의 의미를 풍부하게 하는 것이다. 불교잡지의 동화는 근대라는 시기에 직면해 경제·문화의 사각지대에 놓여 있는 어린이의 현실, 문제에 맞게 설화가 윤색된 것이다. 따라서 이들 동화는 설화 전승에 있어 근대적 변이의 한 양상으로서 의미가 있다.

물론 전승 설화가 동화로 정착되면서 설화 본래의 문제의식의 날이 무뎌진다든지, 의미상 왜곡을 겪을 수 있다는 우려가 예상된다.[51] 불교잡지 동화의 경우, 불교적인 취의에 따른 권선징악적 의도가 비정상적으로 강화되는 것이 문제일 터이다.[52] 더욱이 불교잡지라는 매체의 특수성에 의해, 근본적으로는 불교의 부흥을 이루어야 하는 근대 불교계의 특수한 현실에 의해 설화가 불교적으로 윤색되기도 했다. 다만 이 글은 그러한 문제를 다루기 위한 사전 작업으로서, 근대의 불교잡지 동화에서 당시 전승되던 설화 유형과 모티프를 확인하는 한편 그것들이 불교 동화의 성립에 동원된 양상을 살피는 데 일차적 목적이 있었다. 즉, 불교잡지의 동화가 당시 전승되던 설화 유형과 모티프를 활용함으로써 설화 전승의 맥을 이었다는 점에 초점을 맞춘 것이다. 따라서 설화의 왜곡 문제는 그 자체로 크고 복잡한 문제를 안고 있는 만큼 별도의 논의가 필요하리라 본다.

Ⅳ. 어린이의 현실과 문학

　근대 불교잡지의 동화는 대부분 전승 설화를 가져다 당시 민족 내지 불교계, 그리고 그 속에서 가장 곤란한 처지에 빠진 어린이의 현실과 꿈에 맞게 재화한 전래 동화이다. 혹은 당시의 현실을 반영하여 새로 제작하면서 전래의 설화 모티프를 부분적으로 차용한 창작동화이다. 물론 이들 동화의 제작 의도는 궁극적으로 불교적 취의를 제시하면서 불교의 어린이에게 필요한 덕목을 계발하기 위한 것이지만 여기에서 불거져 나온 문제의식은 불교적 의미에만 한정되지 않는다. 당시 민족의 현실, 불교계 어린이, 널리는 일반 어린이의 문제가 복잡하게 얽혀 있는 것이다.
　이때 민족 내지 불교계, 어린이의 현실이 동화상에 구체적으로 제시되었다고는 할 수 없다. 이는 동화는 차치하고라도 설화의 제작 원리와도 맞지 않는다. 다만 이들 동화에는 대체로 갖가지 어려운 처지에 빠진 어린이가 주인공으로 등장한다. 가난해서 천대를 받는 북어 장수의 아들, 가난·조실부모·가족의 이산과 유리 등의 문제에 직면한 정직한 아이 형제와 소년 체부, 그리고 쾌활 소년 등이 그 실례다. 타고난, 기이한 재주밖에 가진 것이 없는 배뚱뚱이 형제들이나, 가난한 자식을 둔 덕분에 늘 울어야 하는 '울기 잘하는 노파'도 크게 보면 위의 어린이들의 처지와 대차 없다. 이렇게 제시된, 주인공들의 곤란한 처지는 당시의 민족, 불교계, 어린이의 암울한 현실을 반영한 것으로 볼 수 있다. 그리고 이러한 처지에 빠진 주인공들이 그 어려움을 다른, 초현실적인 존재의 도움보다는 정직, 인내, 열성, 기지, 재주 등 스스로의 덕성과 능력으로 이겨냈다는 점에서 이들 동화는 심성과 기상 계발을 통해서 당시 어린이의 문제를 해결하려 했다고 볼 수 있다. 즉, 이들 동화는 당시 민족 내지 불교계의 암울한 처지, 그 속에서 더욱 곤란한 처지에 처한 어린이의 현실을 고려하여 그에 맞는 설화 내지 모티프를 차용하되 궁극적으로는 어린이가 스스로 자신들의 문제를 해결하도록 그들을 이끌었다는 의의가 있는 것이다. 또한 어린이를 독립적인 인격체 혹은 독자로 상정하지 않는 당시 현실에서 어린이들에게 읽을거리를 제공했다는 점에서도 이들 동화는 어린이의 현실을 고려한 것으로 볼 수 있다.

구전설화의 전승 양상에 관심이 많은 필자로서는 이상의, 근대 불교 잡지 동화의 실상은 의외의 소득이다. 불교 동화라 하면 단순히 불교의 아동관이 적용된 이야기라고 치부하던 터에 이들 동화에서 근대, 불교, 어린이, 설화의 제 요소가 긴밀하게 관련되어 있는 모습을 발견한 것이다. 이들 제 요소를 균등하게 다루는 것이 작품 이해의 관건이겠지만 전공 분야의 특성상 이들 동화에서 1920년대에 전승되던 설화의 모습을 확인하는 것이 큰 관심거리였음은 물론이다.

여러 가지 크고 작은 문제들이 해결되지 못한 채 남아 있으며, 이로 인해 논의가 산만하고 난삽하게 된 것을 인정한다. 불교와 아동문학의 세계에 대한 이해가 충분치 못한 탓이라 여긴다. 본고는 시론으로서 의미가 있다고 할 만하며 앞으로 관련 학계에서 더 깊이 있는 후속 연구가 나오기를 기대한다.

8장

근대 불교잡지의 영이담
-《불교》'부사의(不思議)'란
 소재 이야기를 중심으로

Ⅰ. 들어가는 말

영이담(靈異談)은 신불의 감응으로 발생한 영이로운 사적을 다룬 이야기를 말한다. 애초 십이분교(十二分教)의 일종으로서 영이담은 불가사의(不可思議)한 일을 통해 이상스럽게 느끼게 함으로써 대중을 귀의하게 하는 교화의 방편이었다. 그러다가 오랜 전승 과정을 통해 영이담은 독특한 설화 양식으로 자리 잡은 것으로 보인다. 물론 설화의 일종으로서 영이담은 갖가지 신이한 내용으로 청자에게 깊은 종교적 감동을 준다는 점이 특징이다.[1] 그리고 이 점에서 영이담은 불교설화의 본령을 차지하며 문학적으로도 큰 성과를 이루었다고 할 수 있다.

영이담은 '공덕-영이 사적-(귀의)'의 구조로 되어 있으며 큰 변화 없이 근대까지 전승되어 온 것으로 보인다. 《삼국유사》, 《법화영험전》, 조선시대 문헌, 심지어 근대 문헌에 전승된 영이담이 세부적인 내용 외에 큰 차이가 없기 때문이다. 하지만 각 시대 불교에서 영이담이 맡은 역할이나, 영이담을 통해 대중에게 호소한 지점은 다르다고 본다. 특히, 근대에 들어 과학 문명과 기독교가 위세를 떨치던 상황에서 영이담의 전승 배경과 의의는 전통시대의 그것과 크게 다를 것이다.

이 글은 이러한 측면에서 근대 불교잡지에 수록된 영이담의 구조적 특징과 의의를 살피려고 한다. 특히, 이 글에서는 의학을 비롯한 근대 과학이 영향력을 행사하고, 유물론, 무신론 등 불교에 배타적인 종교·철학적 담론이 성행하던 상황에서, 그리고 현실적으로는 미신이라는 불명예를 안고 불교가 기독교와 각축을 벌이던 근대 종교 지형 안에서 영이담이 전승된 맥락을 검토하려고 한다.

이를 위해 먼저 전통시대 영이담의 구조와 의미를 획정하고 그 구조적 의미를 살피려 한다. 여기서 구조적 의미는 이야기 자체의 구조와 의미가 각 시대에서 갖게 되는 궁극적 의의를 말한다. 이런 점에서 동일한 유형과 구조의 영이담이라도 각 시대의 대중에게 끼치는 영향력은 다소 차이가 날 것이라 본다. 물론 이러한 검토는 전통시대 영이담과 대별되는 근대 영이담의 특징적인 면모를 좀 더 뚜렷이 파악하기 위한 선결 작업이다. 다음으로 근대 불교잡지의 일종인 《불교》 '부사의(不思議)' 란에 수록된 영이담을 유형별로 정리하고, 그 중 불상출현담, 관음치병담을 집중적으로 고찰하여 근대 영이담으로서 그 구조와 의미를 살피려 한다. 마지막으로 이들 영이담을 불교잡지에 기획적으로 게재한 의도를 확인하여 이를 근대 영이담의 존재 방식 내지 의의로 삼고자 한다. 이는 거꾸로 전통적 영이담의 출현 배경과 의의를 확인하는 데도 도움을 줄 것이다.

지금까지 근대 불교잡지 소재 문학 작품에 대한 연구가 없었던 것은 아니다. 최근 들어 근대불교사에 대한 관심과 학적 성취에 힘입어 불교잡지 소재 가사, 찬불가 등의 시가[2], 그리고 소설, 동화[3] 등의 산문에 대한 연구 실적이 있었던 것이다. 다만 영이담을 비롯하여 불교설화에 대한 본격적인 연구는 없었다. 또한 불교잡지가 아니라도 근대 불교설화에 대한 본격적인 연구는 전무했다고 할 수 있다. 따라서 이 글은 비록 교단의 기관지에 속하는 특정 불교잡지에 수록된 자료라는 점에서 많은 한계가 있지만, 불교설화의 근대적 전승 양상의 일면을 확인한다는 점에서도 의의가 있다고 본다.

Ⅱ. 전대 영이담의 양상과 의미

1. 고대 이래의 영이담

모든 불교설화에는 영이적 요소가 있지만, 그것이 핵심적인 요소로 간주되는 경우 특별히 영이담이라고 한다. 그리고 그 구조는 대체로 '공덕-영이한 사적-(귀의)'로 되어 있다. 이중 귀의는 영이 사적을 체험하거나 목격하고 당사자나 주위 사람들의 신앙심이 더 공고해졌다거나 새로이 불교에 귀의하게 된다는, 영이 사적의 결과에 해당되는 것이다. 물론 이는 이야기 표면에 나타날 수도 있고, 서술자에 의해 후일담으로 처리되기도 하며 생략되기도 한다. 따라서 괄호로 표시하였다.

이러한 영이담은 고대 이래로 전승되어 왔을 것인데, 동일한 유형의 영이담이라도 세부적인 내용은 차치하고 시대적 의의는 동일하지 않다. 즉, 영이 사적을 통해 신앙심을 촉발하거나 강화하여 귀의에 이르게 하는 것이 결국 어떤 의미가 있는지 하는 점에서 영이담의 의의는 시대마다 다르다는 것이다.

먼저 고대 불교 전래와 관련하여 주목할 만한 영이담은 이차돈의 순교이야기이다.[4] 여기에서의 영이 사적은 순교 당시 이차돈의 목에서 흰 젖이 나온 일이다. 해당 기록에 인용된 향전(鄕傳)에 따르면 이차돈이 맹세하기를, "대성법왕(大聖法王)께서 불교를 일으키려 하시므로 내가 신명(身命)을 돌아보지 않고 세상 인연을 버리니 하늘에서는 상서를 내리어 두루 백성들에게 보여주십시오."라고 하였는데 영이사적은 바로 이 상서를 가리킨다. 따라서 이러한 영이 사적에는 공덕이 있기 마련인데 그 것은 바로 이차돈이 불교를 배척하는 귀족들에 맞서 흥법을 위해 순교를 감행한 행위를 말한다. 이러한 이차돈의 행위가 신불에게 통하여 홍법에 대한 맹세에 감응한 것이라 할 수 있다. 그리고 그 귀결점은 불교를 배척하던 귀족뿐만 아니라 온 백성이 부처를 받들고 불도를 행한 것이다. 즉, 온 신민의 거국적인 귀의다. 따라서 이 영이담의 배경은 불교를 배척하는 토착 세력들의 강력한 배불 여론이라 할 수 있다. 이차돈 순교 이야기는 이러한 배경에서 형성된 동시에 배불 여론을 관통하여 불교가 순조롭게 정착하도록 만드는 역할을 하였다고 본다.

다음으로 다수의 불상출현담[5]이 있다. 불상은 부처 사후 민중들이 진신을 대신하여 숭배하는 성물이다. 즉, 부처의 진신과 같은 것이다. 이야기에서 이러한 불상은 바다를 통해 이국에서 오기도 하고, 하늘에서 내려오기도 하며, 땅 속에서 갑자기 솟아나기도 한다.[6] 이는 불상이 이 땅에서 인간의 힘에 의해 만들어진 것이 아니라 이미 존재하던 것이 돌연 나타남을 의미하는 것이다.[7] 그리고 그 궁극적 의의는 원래 이 땅이 불국토였음을 알려 불교 전래 및 정착의 필연성을 대중에게 확신시키는 것이다. 따라서 이 또한 배불 여론을 불식하며 불법 수호 및 확충의 필연성을 역설하는 역할을 했다고 할 수 있다.

마지막으로 들 것은 관음영험담이다. 관음보살은 신불 중에서도 민중의 병을 치료해 주고, 갖가지 고달픔을 어루만져 주는 존재이다. 따라서 관음보살의 치병 내지 가호와 관련된 많은 영험담이 전한다. 그 핵심 내용은 질병이나 여러 가지 절박한 상황에서 관음의 명호를 외거나 부르기만 해도 즉각적으로 병이 치료되거나 소원이 성취된다는 것이다. 따라서 이러한 관음영험담은 민중의 신앙심을 촉발하는 데 긴요했다고 할 수 있다. 민중의 경우 어려운 교리보다 영험담에 나타나는 보살의 신력에 감화되어 귀의할 가능성이 높기 때문이다. 이러한 점은 불신자들에게도 해당된다. 그들의 경우 추상적인 불교 교리보다 즉각적이고 가시적인 관음의 영험 사적을 통해 불교의 이치를 깨닫고 귀의할 가능성이 크기 때문이다. 요컨대 관음영험담은 신앙심을 감발시킴으로써 가장 효과적으로 대중을 불교로 끌어들여 불교 세력의 확충을 꾀하는 역할을 했다고 할 수 있다.

이상 고대 이래의 전통 영이담은 불교의 전래와 정착 과정에서 직면한 배불 담론에 대항해 불교의 국교화 및 불세의 확충을 기하는 데 기여했다고 할 수 있다.

2. 조선 시대의 영이담

초기에 왕실 및 민간을 통해 불교 신앙의 흐름이 지속되었다 해도 조선 시대에 들어 불교의 위상은 크게 격하되었다고 할 수 있다. 곧 전 시대 불교의 정착을 둘러싸고 형성된 배불 여론과 달리 정치적이며 체계적인 불교 배척의 논리가 위세를 떨쳤던 것이다. 따라서 영이담이 이러한 국면을 돌파하여 불교의 입지를 공고히 하기에는 불교의 세가 극히 약화되어 있다고 보는 것이 실상에 맞을 것이다. 이렇게 보면 조선 시대 영이담은 당시의 대중에게 어떤 영향력을 끼치기보다 그러한 불교 전락의 국면을 반영하며 전승되었다는 점이 특징이라고 할 수 있다.

당시 민간의 영이담 전승 상황은 잘 알 수 없고 문헌설화로 전승되는 영이담을 들어 보면 다음과 같다. ㉠<회암사 중을 인도한 신불>, ㉡<괴팍한 중으로 나타나 산사태로부터 선비들의 목숨을 구한 신불>, ㉢<선비에게 과거시험 문제를 알려 준 신불>, ㉣<객승으로 현신해 장난을 일삼는 신불>, ㉤<나옹에게 탁발승으로 현신해 절의 위기를 구한 신불>, ㉥<존현방 부부의 장애를 고쳐준 부처>, ㉦<지옥을 다녀온 연안거사>, ㉧<지옥과 천당을 경험한 홍내범>[8]. 이상 조선 시대 문헌 전승의 영이담 8편은 여러 야담집에서 찾아낸 것으로, 조선 시대 전체로 보면 많다고 할 수 없다. 조선 시대에는 불교설화 전승 자체가 위축되었을 것인데 영이담 전승이 소략한 것도 이와 무관하지 않을 것이다.

이들 영이담은 대중의 신앙심 촉발과 귀의를 목적으로 한다는 점에서 전통 영이담의 의의를 계승하고 있지만, 여기에는 당시 불교의 위상 및 속화, 불교 배척론이 반영되었다는 특징이 있다. 예컨대 ㉠에는 당시 승려의 열악한 처지가, ㉡과 ㉢에는 독서방으로 전락한 사찰의 면모가 반영되어 있다. ㉣은 양반들의 행차를 영접해야 했던 승려들의 처지와 관련된 것이다. 더욱이 ㉥은 찬자가 '부처를 헐뜯는 자'도 감동할 것이라고 했듯이 당시 불교 배척론을 염두에 둔 이야기이다. ㉧의 경우 지옥에서의 형벌 장면이 유교적으로 윤색되어 있고 역시 불교 배척론을 배경으로 하고 있다. 이러한 점에서 이들 영이담은 당시 불교사적 정황 즉, 배불과 척불, 그리고 사대부 문인의 관심사가 반영되었다는 점에서 다분히 조선 시대의 산물이라고 할 수 있다.[9]

이상 각 시대의 영이담은 불교사의 특수성에 의해 그 구조적 의미가 다름을 알 수 있다. 그렇다면 근대 영이담의 경우는 어떠할까? 이에 대해서는 구체적인 작품 분석을 통해 접근해 보기로 한다.

III. 근대 불교잡지 영이담의 두 가지 유형

근대는 무엇보다 신학문으로서 과학 담론이 등장한 시기이다. 근대의 영이담은 이러한 점에서 주목할 만하다. 이 시대 새로 등장한 과학 담론은 경험적 영역에서 검증 가능한 사실을 수집하여 결론을 내린다는 점에서, 영이 사적과는 대척점에 있다고 할 수 있다. 또한 근대 과학의 한 분과인 의학에서 보았을 때 신불의 가피로 병이 나았다는, 치병영험담은 허황된 것이다. 이러한 점에서 근대의 영이담은 시대착오적인 현상이다. 근대와 영이 사적이 상충되기 때문이다. 이러함에도 근대의 영이담이 일관된 기획 하에 지속적으로 문헌에 게재된 경우가 있어 주목된다. 바로 근대 불교잡지를 통해서이다.

근대 불교잡지는 1910년대를 기점으로 1945년까지 불교 교단 내지 민간의 불교 관련 인사들에 의해 발간된 잡지를 말한다. 불교는 이 시대에 들어 전대 500년에 걸친 멸불의 아픔을 딛고 새로운 도약을 시도하였다. 그 방향은 불교의 부흥과 근대 문명의 발흥에 따른 불교의 근대화이다. 그리고 그 구체적인 방안은 대중 포교와 의식(儀式), 이론의 근대적 재정비이다. 이것이 근대 불교의 핵심적인 과제이다. 불교잡지는 이러한 불교의 부흥과 근대화 기획에 있어 중추적 역할을 했다고 할 수 있다. 불교잡지는 잡지라는 매체의 성격에 의해, 이상의 기획을 대중 속에 구현하는 데 있어 적절한 도구였기 때문이다. 바로 이러한 불교잡지에 영이담이 게재되었다. 더욱이 현상 모집된 영이담이 고정란을 통해 지속적으로 수록되었다. 따라서 불교 부흥 내지 불교의 근대화 기획과 당시 영이담의 관계를 검토할 필요가 있다.

《불교》창간호부터 83호에 걸쳐 '부사의'란에 게재된 영이담은 총 23편이다. 물론 25호에 와서야 부사의란이 신설되고 26호부터 영이담이 실리지만, 사고(社告)에서 창간호와 25호에 실린 영이담도 부사의에 해당된다고 하였으므로 영이담이 수록된 시점은 창간호부터라 할 수 있다. 이를 모두 표로 소개하면 다음과 같다.

[표1] 《불교》 부사의란 소재 영이담

번호	제목	유형	주인공	투고자(서술자)/정보제공자	게재란	호수(연도/사건 연도)	특징
1	신심과 효성 지극한 김순득이 명로에서 다시 인간	관음영험(치병)	김순득(17세, 여, 신녀·효녀)	(기자)/주인공의 모친(신녀)	부사의	1호(1924.7.15/1924.4.8)	구연체
2	아리다라회의 두 가지 기적 1 - 조보배 양의 거병	관음영험(치병)	조보배(22, 여, 신녀)	(기자)	부사의	25호(1926.7.1)	기사형
3	아리다라회의 두 가지 기적 2 - 이수복의 소생	관음영험(치병)	이수복(신자)	(기자)	부사의	25호(1926.7.1)	기사형
4	신앙의 힘은 위대하다	관음영험(치병)	오관수(동경 거주, 노동자, 관세음 신앙자)	오관수	부사의	25호(1926.7.1/2953(1926).5.25)	일기체
5	대망의 후신인 김총각	업보윤회	김총각(20여세)	이고경 담	부사의	26호(1926.8.1)	구연체
6	고기먹은 벌을 관세음보살이 풀어	관음영험(치병)	이만월(65세, 독실하지 않은 신녀)	아리다회	부사의	27호(1926.9.1/2952(1925).11.15)	구연체

7	사람으로 남은 원을 개가 되어서	업보 윤회	김재선	이고경	부사의	28호 (1926.10.1/ 1919)	구연체
8	모다라니로 대종을 의치	관음영험 (치병)	오명순 (여, 14세, 보통학교 학생)	최종산	부사의	29호 (1926.11.1/ 을축(1925).2월)	구연체
9	대명장로와 금강경	금강경 지송 영이	대명장로 (일과: 금강경 수만독)	연방두타 최취허	부사의	30호 (1926.12.1/ 40년전(1886))	
10	황지곤 월산거사의 장말사리	상서 (사리 출현)	황지곤 (관리, 독신한 거사)	연방두타 최취허	부사의란	36호 (1927.6.1)	
11	신과 접어한 이야기	신통	변설호	이고경	부사의란	38호 (1927.8.10/ 대정6년(1917))	구연체
12	대망의 수상과 현몽	업보 윤회	백운화상 (고덕, 율행 엄수)	이고경	부사의란	40호 (1927.10.1/ 명치9년(1876))	구연체
13	가사불사한 공덕으로 지옥에 간 자식 구제	공덕 영험 (가사 불사)	이응연 (71, 신자 집안, 아내 독실한 신자, 다복한 집안)	김교상 (기자)	부사의란	41호 (1927.11.1)	소설체
14	화엄경 강설 중에 발제가 돈채	화엄경 지송 영험 (치병)	김경봉 (강사)	김낙환	부사의란	44호 (1928.2.1/ 2951(1924))	구연체
15	김정현사의 사이불사	상서 (열반)	김정현 (입산 수업, 세간과학 섭렵, 신문기자, 포교사-입산입적)	안석연	부사의	53호 (1928.10.1/ 본년)	
16	신앙의 위력	지장 영험 (치병)	동씨 (지용희씨의 처, 신도)	광명산인 삼천생	부사의	58호 (1929.4.1/ 2956(1929))	
17	가화주 백창옥과 고왕경	고왕경 지송 영험	객승 (40여세, 이방집 자손)	문용한	부사의	62호 (1929.8.1/ 24년 전 일 (1905))	

18	기우감천	기우 감응 영험	김자응	김자응 화상	부 사 의	63호 (1929.9.1/ 금년)	
19	구자득자	관음 영험 [기자]	김관음상 (41, 독신자, 관음보살 수기 받아 불명 받음)	김취담	부 사 의	73호 (1930.7.1)	구 연 체
20	몽중에 부처님의 지시를 받고 지중에서 고불상을 발굴	상서 (불상 출현)	김병길	성도암 차승호(신자, 신앙 돈독, 기 자치성)	부 사 의	78호 (1930.12.1)	
21	방광 후 명종	상서 (열반)	김일월화 (74, 신녀)	박춘고	부 사 의	78호 (1930.12.1)	
22	죽은 딸이 현몽하야 남의 빚을 갚아달라고	현몽 감응	강옥섭 (청신녀, 여성 선지식)	김원석 (포교사)	부 사 의	82호 (1931.4.1)	
23	삼일을 방광하였다	상서 (열반)	고씨 승덕월(84세)	법륜생	부 사 의	83호 (1931.5.1)	

이중 이 글에서는 불상출현담과 관음치병담의 구조와 의미를 집중적으로 논의하여 근대 영이담의 특징적 면모와 의의를 검토하려고 한다.

1. 불상출현담

1) 발굴과 출현의 문제

불상출현담은 예기치 않은 상황에서 불상을 발견하여 안치한다는 이야기이다. 이것이 고대에는 하늘에서 혹은, 물이나 땅에서 불상이 느닷

없이 출현하여 불연(佛緣)에 따른 사탑의 조성 사업으로 귀결되는 것으로 나타난다. 이는 '출현'에 초점을 맞추어 인간의 의지나 행위보다 불상을 통해 전달된 신불 쪽의 일방적인 계시 내지 의지를 강조한 것이라 할 수 있다. 물론 이때의 불상은 단순한 물건이 아니라 시공을 뛰어넘어 만인에게 현현하는, 신불과 같은 존재이다.

반면 근대의 불상 출현은 엄밀히 말하면 '출현'보다 '발굴'이라 해야 할 것이다. 땅속에 매몰되어 있던 물건을 인간이 발굴해 낸 것이기 때문이다. 이런 점에서 근대의 불상 출현은 신불의 현현보다 갖가지 자연재해나 인재로 인해 방치되어 있던, 귀중한 문화유산을 보존한다는 데 의의가 있다.

근대 불교잡지에 수록된 불상출현담도 이러한 발굴에 대한 것이다. 즉, 현재 진행되는 유물 발굴과 같이 땅속에 매몰되어 있는 물건으로서의 불상을 발굴하여 안치했다는 이야기이다. 물론 발굴자가 독실한 신자였으며 그에게 발굴과 관련하여 특별한 감응이 있었다는 점에서 불상출현담은 영이담으로서의 성격을 지닌다. 그런데 신불의 계시라는 측면에서 이러한 '감응'은 '출현'보다 강한 의미를 띠지 않는다. 특히, 불상 출현의 필연성이라는 측면에서 그렇다. '출현'이 필연성에 가깝다면 감응은 인간과 신불 간의 관계 특히, 인간의 신심이 강조되기 때문이다. 요컨대 근대의 불상출현담은 신불의 의지와 인간의 신심을 감응을 통해 보여준 것으로, 특히 신앙심을 강조하는 구조라고 할 수 있다.

다만 이상의 서술은 근대 불상출현담의 표면적인 의미에 지나지 않는다. 즉, 불상 발굴을 소재로 이야기했다는 점에 초점을 맞춘 것이다. 이와 달리 불교잡지에 수록된 불상출현담을 유심히 살펴보면, 발굴에 대한 이야기가 '출현'에 대한 이야기로 읽힐 소지가 다분히 있다. 이 글에서 불상 발굴 이야기를 불상출현담이라고 한 것도 이 때문이다. 특히, 모든 불상출현담이 천년 이상 매몰된 불상을 발굴했다는 것으로 되어 있는데, 이러한 천년 매몰설과 관련하여 발굴이 출현으로 전이되는 조짐에 주목할 필요가 있다.

이 글에서는 불교잡지에 수록된 불상출현담을 대상으로 발굴 사적을 출현 사적으로 전이시킨 문제를 특히, 천년 매몰설과 관련하여 논의하고자 한다. 구체적으로는 잡지라는 매체의 속성에 기인한, 표제어 설정과 서술의 문제, 감응 사적에 나타난 신불의 현현 문제, 마지막으로는 근대불교사와 관련하여 '출현' 전이의 궁극적인 의의를 짚어보고자 한다.

2) 근대 불상출현담의 특징과 의의

① 불상 출현 기사

부사의란에 게재된 불상출현담은 한 편뿐이다. 하지만 25호에 부사의란이 마련되기 전 즉, 4호, 11호 등의 '불교 소식'에 이미 세 편의 불상 출현 기사가 등장한다. 물론 이 또한 수적으로 많지 않고 교단 관계 소식을 전하는 짤막한 기사로 되어 있지만, 몇 가지 점에서 불상출현담으로서의 성격을 지니고 있어 우선 이들의 문제를 논의하기로 한다. 해당 불상 출현 기사에 대한 정보를 표로 나타내면 다음과 같다.

[《불교》불교소식란 소재 불상 출현 기사]

번호	제목	유형	주인공	서술자	게재란	호수 (연도/ 사건 연도)	특징
1	경성부 효자동에 순금 불상 출현- 크기는(1촌 5분) 나이는(1천여 세)	상서 (불상 출현)	이병기 (은행 대리)	기자	불교소식 (4호 불교월단에 소개)	4호 (1924.10.15)	기사형
2	포천에서도 금불 발굴- 꿈에 부처님의 감응을 받고 우연히 밭에 갔다가 발굴해	상서 (불상 출현)	윤만명 (신자, 소작인)	기자	불교소식 (4호 불교월단에 소개)	4호 (1924.10.15)	기사형
3	영전동 고불 출현	상서 (불상 출현)		기자	불교소식	11호 (1925.5.1/ 전년.3.16)	기사형

첫번째 기사에서 취재 사실은 한성은행 지점지배인 대리 이병기씨의 집에서 집수리 도중 금불상을 발견했는데 그 크기가 작다는 것과 연대는 천여 전의 것으로 추정된다는 점이다. 이러한 발굴 사실을 전하면서 이 기사는 발굴 지역 및 장소, 발굴 당사자에 대한 구체적인 정보를 제공한다. 장소의 경우 해당 동과 번지수, 발굴자의 경우 직업과 직위, 이름까지 정확히 기재하고 있는 것이다. 물론 불상의 크기도 수치를 들어 구체적으로 제시하고 있다. 이러한 점은 잡지 기사의 성격상 정확한 정보 전달의 효과를 위한 것이다. 그런데 오랜 전통의 상징인 천여년 전의 불상이 경성부 효자동에 소재한 '한성은행 지점지배인 대리'의 집이라는 근대적인 뉘앙스를 띤 장소에서 발굴되었다는 점에서, 그 구체성과 사실성뿐 아니라 전통이 근대의 시공간에 재생했다는 의미를 확보했다고 할 수 있다. 따라서 이상의 정확한 정보 제공, 그리고 근대적 시공간은 단순하게 불상 출현 사실을 전달하는 동시에 그러한 사실을 인상적

으로 받아들이게 하는 역할을 한다고 할 수 있다. 이는 사실 자체를 있는 그대로 전달하기보다 뚜렷하게 각인시키고 여기에 어떤 의미를 부여하려 한다는 점에서 잡지 기사의 일반적인 특징과도 무관하지 않을 것이다.

이러한 점은 이 기사의 제목에도 나타난다. 이 기사의 제목은 '경성부 효자동에 순금 불상 출현 - 크기는(1촌 5분) 나이는(1천여 세)'인데, 여기에서 주목할 것은 '출현'과 '나이'라는 말이다. 이 두 단어로 인해 불상이 부처의 의미를 지니게 되었기 때문이다. 이러한 점은 기사 본문에도 나타난다. "집을 수선하는 중에 별안간 땅속에서 순금으로 만든 금부처 한 분이 나타났는데 그 부처님은 키가 한 치 오 분밖에 안 되는 아주 짤막하고 어여쁘게 생긴 부처님"이라는 구절이 그것이다. 즉 여기서 불상은 바로 부처님이고 크기는 부처님의 키인 것이다. 따라서 이 기사가 아무리 불상 발굴에 대한 기사라 하더라도 이를 대한 독자는 서울 한복판에 느닷없이 부처님이 출현한 것처럼 느낄 여지가 있다. 따라서 이 기사는 근대적 시공간에 대한 구체적인 정보 제공을 통해, 불상 출현의 사실성을 강화하고, 더 나아가서 부처님이 서울 한복판에 나타난 것처럼 서술했다는 점에서 발굴이 출현으로 전이되는 양상과 그 방식을 잘 보여준 사례라고 할 수 있다.

또한 불상이 천 년 동안 매몰되어 있었다는 점에 주목할 필요가 있다. 이러한 점은 후술할 나머지 두 편의 기사와 영이담으로서의 불상출현담에도 해당된다. 물론 한국 불교사로 보아 불교가 전성한 시대는 신라 시대이고 그 후로 특히, 불교가 극도로 억압되었던 조선조 500년간에는 많은 불상이 파손되거나 매몰되었기 때문에 근대에 발굴된 것은 대개

신라 시대의 유물일 가능성이 높다. 하지만 실제적인 유물의 나이와 별개로, 이러한 천 년 매몰설은 불교 전성기로부터 당시에 이르기까지, 불상이 땅에 매몰된 것처럼 불교가 한동안 멸절의 시대를 겪었음을 암시한다. 이러한 점이 손상된 불상, 혹은 '풍우(風雨)'에 방치된 불상으로 나타난 것이다. 따라서 이러한 불상이 발굴된 것은 우연한 사건이 아니다. 이는 신불의 요청에 의해 일어난 것이며, 불교 재생의 때가 임박했음을 암시하는 것이다. 즉, 지난 500년에 걸친 멸절의 위기가 끝나고 다시 불교의 전성시대가 도래할 것임을 암시하는 것이다. 요컨대 천 년 동안 매몰되어 있던 불상이 발굴되었다는 것은 불교가 지난 시절의 멸종 위기를 벗어나 새로운 역사를 마련할 시기라는 점을 부각시키는 역할을 한다고 할 수 있다.

두 번째 기사에서 취재 사실은 포천에서 금불이 발굴되었는데 이 발굴은 우연히 이루어진 것이 아니라 부처의 감응에 의한 것이라는 점이다. 우선 그 제목과 부제를 보면 이 기사는 앞의 기사에 이어 서울 한복판뿐 아니라 다른 지역에서도 불상이 발굴되었다는 점, 불상 발굴이 우연한 사건이 아니라 부처의 감응에 의한 것임을 강조한 점이 특징적이다. 즉, 발굴과 감응을 긴밀하게 관련시킴으로써 불상 출현의 사실성과 신비감을 아울러 확보한 것이다. 이를 좀 더 자세히 살펴보기 위해 이 기사 전문의 서술 구조를 제시하면 다음과 같다.

 가. 취재 사실
  ㉠ 불상 2구 발굴 - 불상의 형태 소개
  ㉡ 발굴터와 발굴 내지 안치 전말

ⓒ 불상의 역사와 가치

　나. 불상출현담
　　㉠ 발굴자의 청후한 성품과 독실한 신앙
　　ⓒ 현몽한 불상으로부터 발굴 부탁
　　ⓒ 소매를 잡아끄는 감응
　　㉣ 발굴
　　*기이담 소개(불상이 현몽하여 발굴 부탁 - 반신반의 - 감응 - 발견)

　이상 이 기사는 '취재 사실'과 '불상출현담'으로 구성되어 있다. 전자는 제목에 나타나 있고 후자는 부제에 나타나 있다. 취재 사실은 앞의 기사처럼 발굴 장소 및 발굴자, 불상의 크기와 형태에 대한 구체적인 정보를 전달하는 부분이다. 특히, 고찰 흥룡사(興龍寺) 소유의 밭에 "윤만명이라는 소작인이 무를 심으려고 갔더니 우연히 발굴하여 가옥(假屋)을 짓고 그곳에 안치하였다더라."처럼, 이 부분은 발굴의 전말을 사실 그대로 전달하는 형태로 되어 있다. 이는 잡지 기사로서 정확한 정보 전달을 통해 기사의 사실성을 확보하기 위한 것이다. 또한 이 부분에서는 발굴터가 고찰터라는 점과 관련지어 불상의 역사와 가치를 자세히 소개한다. 이는 "그 연기(緣起)도 신(信)할 만하고 또 발굴된 불상도 따라서 가치 있는 줄로 인증"한다고 하듯이 발굴터인 고찰터의 사적이 믿을 만하므로 불상도 유래가 깊고 가치 있다고 한 것이다. 따라서 이는 취재 사실의 신빙성과 가치를 입증하는 한 방식이라고 할 수 있으며, 이를 통해 불상 출현의 신빙성과 가치를 부각시켰다고 할 수 있다.

다음으로 이 기사에서 주목할 것은 두 번째 부분인 '불상출현담'이다. 즉, 부제인, '꿈에 부처님의 감응을 받고 우연히 밭에 갔다가 발굴'한 전말을 서사화한 것이다. 이러한 영이담은 취재 사실에 나타나는 발굴의 우연성('우연히 발굴')을 필연성으로 전이시키고, 무엇보다 발굴 사실을 신비화하는 역할을 한다고 할 수 있다. 이러한 점은 발굴을 출현으로 전이시키는 방식에서도 나타나는데 그 방식은 불상을 부처로 대치시키는 것이다. 물론 불상 자체는 무불(無佛) 시대에 부처를 대신한 성물이므로 부처와 같은 존재라 할 수 있다. 하지만 불상이 온전히 부처를 대신할 수는 없다. 어디까지나 부처를 상징하는 성물이기 때문이다. 그런데 이 기사에서는 제목에서부터 '금불'이라 하여 불상을 부처라고 하였다. 더욱이 영이담 본문에서는 현몽한 불상이 "나는 천 년 이래 흙 속에 매몰되어 있지만 지금은 인연이 도래하였은즉 네가 나를 땅속에서 굴출"하라고 말함으로써 부처로서 행세한다. 따라서 이러한 불상의 부처로의 전이 또한 발굴의 우연성을 불식시키고 그 필연성을 강조하는 역할을 하며, 더 나아가서 인간의 발굴에 의해서가 아니라 부처 스스로 출현했음을 역설하는 의의가 있다.

마지막으로 영이담으로서 이 이야기를 보면 ㉠은 '공덕'에 해당된다. 즉, 발굴자가 꿈에서 불상을 친견하고 발굴의 기회를 얻게 된 것은 그가 평소 성품이 청후하고 불교를 독실이 믿었기 때문이다. 따라서 이러한 발굴의 완성은 신불의 의지뿐만 아니라 인연 있는 신자에 의한 것이라 할 수 있다. 이러한 인물을 신불은 천년 간 기다렸던 것이다. 이러한 인물이 있어야 천년 매몰 사건을 매듭짓고 새로운 불교의 시대가 열리기 때문이다. 즉, 새로운 불교사는 신불의 요청에 의해서만 성취되지 않는다. 신불의 간곡한 요청을 들어줄 수 있는, 귀 있는 자의 신심이 필요하다.[10] 이상은 전체 서사 속에서 '공덕'이 차지하는 의미를 분석하여 이 기사가 말하고자 하는 바를 추론한 것이다. 이러한 추론이 설득력이 있다면 이 불상출현 기사는 새 시대 불교 재흥의 필연성을 확인하고 신심을 고취하는 의의가 있다고 할 수 있다. ⓒ, ⓓ은 '영이로운 사적'에 해당된다. 즉, 불상이 현몽한 것과, 반신반의하던 차에 "무형(無形)의 무엇이 자기의 소매를 끊는 것같이 감응"되어 발굴하게 된 것이 모두 영이로운 사적인 것이다. 물론 발굴된 불상이 꿈에서 보던 불상이라고 한 데서 이상의 영이로움이 배가된다. 이러한 영이담의 구조는 발굴 사건이 우연이나 신불 쪽의 일방적인 의지에 의해서가 아니라 인간의 신심에 신불이 감응한 결과로 이루어졌다는 점에서, 신앙심을 고취하는 구조라 할 수 있다.

세 번째 기사는 취재 사실을 다루면서 발굴과 그 이후 불교계 인사들의 동향을 소개한 점이 특징적이다. 역시 제목뿐 아니라 취재 사실을 다루는 내용에서도 "석관음(石觀音) 1구가 현상(現像)하심으로"라고 하듯 발굴을 출현으로 전이시킴을 알 수 있다. 따라서 이 기사 역시 단문으로 발굴 사실을 다루면서 물리적 차원에서의 발굴을 필연적 계기에 의해 부처로서의 불상이 출현한 것으로 전이시켰다고 할 수 있다. 그 의의는 신불이 어떤 필연적 계기에 의해 이 땅에 현현한 것으로 보이게 하는 것이다. 다만 이 기사에서 특징적인 것은 이러한 발굴을 계기로 주변 불교계 인사들과 신자들이 '고불고적보존회(古佛古蹟保存會)'를 조직하여 대대적으로 불교를 발전시키기 위해 운동 중이라는 점이다. 이는 불상 출현이 불교 발전의 계기가 되었다는 점을 시사하는 것으로, 불상을 단순한 성물로 본 것이 아니라 침체되어 있는 불교를 재흥시키고자 하는 신불의 의지가 담긴 것으로 보았다는 의의가 있다.

이상 불상 출현 기사는 한 편을 제외하고 영이담과는 거리가 멀고 단지 불상 발굴에 대한 사실을 전하고 있다. 하지만 발굴에 대한 구체적인 정보를 통해 그 사실성을 강화하고, 여러 가지 방식에 의해 발굴을 출현으로 전이시켜 이를 신비화했다는 점에서 주목할 만하다. 더욱이 세 편 모두 천 년 매몰설이 나타나는데, 이는 불교 멸절 기간인 지난 500년의 세월을 넘어 새로운 시대인 근대에 천 년 전 불교 전성시대의 맥을 잇는 새로운 기운이 싹트고 있음을 암시했다고 할 수 있다. 무엇보다 이들 기사가 불교잡지 발행 초기에 불교소식란을 인상 깊게 장식하여 영이담의 대중적 영향력을 선취했다는 점에서 의의가 있다고 하겠다. 즉, 불상 발굴 사실을 기사화하는 데 이용된 여러 방식을 통해 독자 대중에게 영이사적의 신비로움을 각인시켜 그들의 신앙심을 고취했다는 것이다.

② **불상출현담**

본격적인 불상출현담으로는 78호에 실린 '몽중에 부처님의 지시를 받고 지중에서 고불상을 발굴'이라는 제목의 이야기를 들 수 있다. 앞서 '부사의란 소재 영이담' 표에서 20번 이야기이다. 이는 현상 공모를 통해 부사의란에 기재된 것으로 앞의 불상 출현 기사와 달리 불상 발굴 사건을 소재로 한 본격적인 영이담이다. 제목에서부터 신불의 감응에 의해 불상이 발굴되었음을 밝힌다는 점에서 발굴의 사실성을 강화하는 기사와 구분되기 때문이다. 그러면서 불상 출현 기사의 성격과 의의를 종합적으로 보여준 것이라고 할 수 있다. 이를 단락별로 요약하면 다음과 같다.

가. 도입부 - 발굴자의 독실한 신앙 소개

나. 본 이야기

　㉠ 부처가 승려로 현몽하여 불상 발굴을 권한 사연

　㉡ 불상을 발굴하여 봉안한 전말

다. 후기

이 불상출현담은 성도암(成道庵) 주지 차승호(車昇昊)가 자신의 절 신자인 김병길(金秉吉)에 대해 소개하는 도입부와, 김병길로부터 들은 불상출현담인 본 이야기, 그리고 이에 대한 서술자의 논평이 담긴 후기로 구성되어 있다. 따라서 이 이야기는 서술자가 전해 들은 불상 체험담이 주요 내용이지만, 도입부와 후기를 첨부하여 일관되게 자신의 관점을 투영한 것이기 때문에, 이상의 삼단 구조를 고려하여 이야기의 의미를 추출해야 할 것이다.

우선 도입부에서는 발굴자가 독실한 신자임을 밝히는데, 이는 영이담의 구조로 치면 '공덕'에 해당된다. 특이한 사항은 이 이야기에서의 발굴자는 독실한 신자인데 40이 넘도록 일점혈육이 없다는 점이다. 이러한 점은 그의 신앙을 더욱 독실하게 하는 한 계기이자, 차후 불상 발굴에 대한 보상을 기대하게 하는 요소라고 할 수 있다. 또한 발굴자가 투고자가 주지로 있는 절의 신자라는 점은 전해 들은 불상체험담의 개연성을 지지하는 역할을 한다고 할 수 있다.

다음으로 본 이야기에서 특징적인 것은 앞의 불상 출현 기사와 달리 불상이 승려로 화하여 현몽하고, 그 승려가 바로 부처라는 점이 대화를 통해 드러난다는 점이다. 즉, 승려를 매개체로 '불상=부처'의 관계가 성립한다는 것이다. 이는 앞서의 불상 출현 기사가 인상적인 표제어를 통해 불상 발굴을 부처의 출현으로 전이시킨 방식보다, 승려라는 인물을 통해 서사 내에서 불상을 부처로 전이시켰다는 점에서 주목된다고 할 수 있다. 또한 여기에서도 불상이 땅속에 있었다고 하였다. 그런데 이러한 불상이 발굴을 부탁하는 장면이 보다 상세하게 제시된다. 즉, "나는 이 뒤 곰골 큰 바위 아래 흙 속에 묻혀 있는데 여태껏 나와 인연 깊은 사람이 없어 나의 부탁을 의뢰하지 못하였더니 금(今)에 너를 보니 불전에 신심이 지극하여 말세에 희유(稀有)한 중생"이므로 부탁한다 하고, "나를 흙 속에서 파내어 풍우를 면케" 해 달라고 한 것이다. 이렇게 보면 오랫동안 인연 깊은 사람 즉, 신심 깊은 자가 없었다는 것인데, 이는 오랜 세월 불교가 억압을 받았으며 당시에도 그러하였음을 의미한다. 이 때문에 발굴자처럼 신심이 지극한 것은 그 자체로 희유한 사건이 된다. 따라서 이 대목은 오랜 세월 매몰되어 있던 불상이 인세에 출현하는 것은 신불의 의지뿐만 아니라 인간의 신심에 의한 것이라는 점을 강조한다고 할 수 있다. 즉, 침체된 불교를 일으켜 세우는 데는 신불의 의지로만 부족하고, 거기에 부응하는 신심이 필요하다는 것이다. 요컨대 이 이야기는 발굴을 부탁하는 측면에서는 신불의 의지가 강조되지만, 그 부탁을 아무에게나 하지 않고 신심이 깊은 자에게 한다는 점에서 신앙심을 강조한다고 할 수 있다.

마지막으로 후기에서는 불상의 크기를 소개하고 그 제작 연대를 '불교 전성'기인 신라 시대로 추정하여 불상이 매몰된 기간을 천여 년이라 하였다. 그러면서 천여 년 동안 매몰되어 있었으면서 불상에 손상된 흔적이 없는 점이 신기하다고 하였고, 이러한 불상 발굴의 감응과 불상의 온전한 상태는 김씨의 지극한 신심에 불보살이 감응한 것이라 하였다. 또한 이러한 영이한 사적을 보고 일반인들은 김씨가 득남의 소원을 이룰 것이라 하며 본 사적을 확인하기 위해 줄을 이어 방문한다고 하였다. 즉, 이러한 사적이 일반인들의 신앙심을 고취하였다고 한 것이다. 마지막으로 부처의 감응과 신력을 찬탄하며 말세에 불보살이 현현한 일은 경복할 만한 일이기에 널리 알린다고 하였다.

이렇게 보면 이 불상출현담은 발굴자의 신심을 강조한 도입부에서부터, 불상 발굴의 감응이 신심에 의한 것이라는 본 이야기, 그리고 지극한 신심에 부처가 감응한 것이라는 후기까지 일관되게 신앙심을 역설하는 구조로 되어 있다. 또한 불상을 부처로 전이시키고 천여 년 동안 매몰되어 있던 불상을 신불의 요청에 의해 발굴하게 되었다는 본 이야기를 통해 오랜 세월 억눌려 멸종의 위기에 처해 있던 불교가 새 시대를 맞이하여 재흥하게 되었음을 역설하고 있다. 즉, 새 시대에 부처가 출현하듯 불교가 다시 일어서야 함을 말하는 것이다.

2. 관음치병담

치병담은 모두 8편으로 불교잡지 영이담 23편 중 많은 비중을 차지한다. 이중 관음치병담이 6편으로 다수를 차지하므로 이를 중심으로 논의하고자 한다. 앞서 '부사의란 소재 영이담' 표에서 1, 2, 3, 4, 6, 8번의 이야기이다.

관음치병담은 갑작스럽게 병에 걸린 주인공이 온갖 약을 써보나 실패하고 관음 기도나 염불로써 치료에 성공한다는 이야기이다. 이것이

불교잡지에서는 이상의 치병담에 해당하는 본 이야기와 후기, 그리고 이에 대한 편집실의 논평으로 되어 있다. 이러한 점은 불교잡지 소재 관음치병담 6편에 공통적으로 나타나는 구조인 바 이를 간략히 제시하면 다음과 같다.

  가. 본 이야기
     ㉠ 발병
     ㉡ 불치
     ㉢ 선업(관음신앙)
     ㉣ 영이(관음치병)
  나. 후기
  다. 편집실 논평

우선 불교잡지 관음치병담에서 특징적인 점은 주인공이 갑작스러운 병에 걸렸고, 온갖 처방을 써보아도 이를 고칠 수 없다는 것이다. 이 처방에는 민간 처방과 한방 등 전통적인 의술을 비롯하여 양약 등 근대적인 의술도 포함된다. 따라서 한의사를 비롯해서 제중원 등 근대적 의료기관의 양의사도 동원된다. 또한 매독제의 일종인 606호(4번 이야기) 등 근대적인 주사약도 등장한다. 이렇게 근대적인 의약으로써도 치료할 수 없는 병을 관음보살이 고쳐 주었다는 것이 이러한 이야기의 주 내용이다. 따라서 이는 관음의 신력이 뛰어남을 강조하는 구조라 할 수 있다. 하지만 근대 불교잡지에 수록된 관음치병담의 의미가 이런 데만 있는 것이 아니다. 관음치병담은 동원된 의술에 의한 치료 실패담, 관음의 치료 성공담을 통해 근대적인 의학 체계의 무효함을 암시하고, 불교를 그러한 의학 체계로부터 방어하는 의미도 지니는 것이다. 즉, 이는 당시 담론 세계에서 위세를 떨치는 의학을 비롯한 근대 과학으로부터 미신이라고 비판받는 불교의 영험력을 옹호하는 데 의의가 있다고 할 수 있다. 따라서 치료법으로써 근대적인 의약 기술이 많이 등장할수록, 그리고 그것으로써도 병이 치료되지 못했다는 곡절이 상세할수록 관음의 신력뿐 아니라, 근대 과학에 대한 불교의 우위를 부각할 수 있었다고 본다.

다음으로 치병담에서 공덕 즉 신앙 행위는 불상출현담에서와 다르다. 후자에서는 평소의 신앙 즉, 선업으로 인해 느닷없이 불상 출현이라는 영이 사적이 발생한다. 이와 달리 치병담에서는 신앙이 없는 사람이라도 질병으로 인한 절박한 상황에서 주위의 권유에 의해 관음 기도나 염불을 수행하면 즉각적으로 병이 치료되는 영이 사적이 발생한다. 물론 첫 번째 이야기에서는 평소에 독실한 신앙자일 뿐 치병 전에 특별한 신앙 행위를 하지 않은 것으로 나타난다. 대신 여기에서는 효심이라는 윤리적 덕목으로 인해 치병의 효과를 얻는 것으로 되어 있다. 이러한 점은 절박한 상황에서 누구라도 관음 기도를 올리거나 염불을 행하면 즉각적으로 병이 낫는다는, 관음의 구제력 내지 신통력을 강조하는 역할을 한다고 할 수 있다.

마지막으로 치병담에서 중요한 것은 관음이 현현하여 병든 주인공을 치료하는 대목이다. 관음보살은 신불 중에서도 필요를 요청하면 어느 때나 누구에게나 나타나는 존재이다. 그리고 그의 처지와 수준에 적절한 모습으로 나타나 그의 요청을 들어준다고 한다. 이렇게 볼 때 갑작스러운 병에 걸려 절망에 빠진 자에게 필요한 것은 위로와 안심, 그리고 직접적인 의약 투여이다. 따라서 대부분의 치병담에서 관음은 미부인이나 간호사, 여의사로 현현한다. 그리고 그의 아픔을 위로하고 희망을 주며 아픈 데나 온몸을 어루만질 뿐만 아니라, 직접 약을 투여하거나 침을 놓는다. 이러한 점은 중생이 필요로 하는 바로 그곳에 나타나, 그가 필요로 하는 바를 이루어준다는 관음의 신력을 강조하는 동시에, 근대적인 의약 기술에 못지 않은 불교의 영이력을 부각하는 역할을 한다고 할 수 있다.

불교잡지 영이담에는 대체로 본 이야기 후에 후기가 있다. 그런데 이 후기에는 두 가지가 있다. 투고자가 쓴 것이 있고, 해당 잡지의 편집실에서 쓴 것이 있다. 후자는 투고자의 글이 끝난 다음에 작은 포인트의 글씨로 되어 있어 쉽게 구분된다. 후자를 편의상 '편집실 논평'이라고 하겠는데, 후기 중에서는 이 편집실 논평을 집중적으로 다룰 필요가 있다. 편집실 논평은 해당 잡지사에서 영이담을 현상 모집하여 게재하는 의도를 공식적으로 밝히는 부분이기 때문이다. 물론 그 의도는 직접적으로 드러나지 않는다. 해당 영이담과 관련된 고사나 전승 영이담을 소개함으로써, 그리고 이 영이담의 현재적 의미를 제시함으로써 게재 의도를 드러내는 것이다. 그러므로 편집실 논평에는 해당 잡지사에서 규명한 영이담의 궁극적 의미는 물론, 그것이 당시 사회·문화적으로 차지하는 의미, 궁극적으로는 근대 불교를 구획하는 데 있어 영이담의 의의가 올곧게 담겨 있다고 할 수 있다. 다만 이 글에서 논의하는 관음영험담 중 편집실 논평이 붙어 있는 영이담은 27, 29호 소재 두 편뿐이고 1, 25호 소재 영이담에는 본 이야기 중에 편집실 논평이 붙어 있다. 따라서 1, 25호의 경우 투고자 후기에서 편집실 논평에 해당하는 부분을 떼어내

다루기로 한다.

　관음치병담에서 편집실 논평은 우선 신심과 영이의 관련성을 강조하여 신앙심을 대중에게 고취한다는 의의가 있다. 이와 별도로 편집실 논평에서 특징적인 점은 취재 사실이 실제로 있었던 일임을 여러 가지 증거로써 확인하여 영이의 사실성을 확보한다는 것이다. 이러한 점은 첫 번째 이야기에 잘 나타난다. 즉, 관음기도로 급성뇌막염이 치료된 것에 대해 일반 의료계에서는 자연치료법일 가능성도 있다고 한 바 있지만 불교계 의원에 의하면 자연치료법은 만성질환일 때나 가능하므로 급성질환인 이 경우는 관음영험에 의해 치료된 것이 맞다고 한 것이다. 이는 관음치병을 두고 의료계나 일반 불신자 사회에서 있을 수 있는 의혹을 사전에 불식하기 위한 의도로 보이며, 이러한 의혹을 돌파하여 대중에게 관음치병 영험담을 확신시키기 위한 의도로 보인다.

　두번째, 편집실 논평에서 특징적인 점은 이상의 영이담이 해당 지역 불교 세력 확장에 큰 영향을 끼쳤음을 강조하는 것이다. 두 번째와 세 번째 이야기의 경우가 이에 해당된다. 즉, 해당 지역은 불교 세력이 탄탄했는데 기독교의 발흥으로 그 세가 약화되어 있었다고 하였다. 그런데 이상의 두 가지 영이 사적으로 인해 기독교의 위세를 누르고 다시 불교의 세가 발흥하였다고 하였다. 이를 위해 해당 불교 인사들은 이들 영험담의 주인공을 초청하여 대강연회를 개최하였다고도 하였다. 자신이 실제로 겪은 영험담을 체험담식으로 공개한다는 것은 불교의 영이를 각인시키기에 가장 적절한 형식일 터이다. 따라서 영험담을 구연하거나 게재하는 것은 궁극적으로 불교의 영이를 체득시켜 신앙심을 고취시키는 데 궁극적 목적이 있겠지만 현실적으로는 당시 근대 종교 지형[11] 안에서 불교의 위상을 재정립하는 데 큰 목적이 있다고 할 수 있다. 이는 새로운 근대 과학 문명과 함께 서양에서 들어온 기독교라는 외래 종교에 맞서 전통문화로서의 불교의 위상을 끌어올리되, 특히 이를 대중 계몽을 통해 성취하려는 일단으로 보인다. 잡지는 대중에 대한 파급력이 크기 때문에, 그리고 영이 사적은 일반 민중의 신앙심과 직결되기 때문이다. 따라서 편집실 논평에서 나타나는 관음치병담 게재의 궁극적 의도는 일반에게 신앙심을 고취하는 한편 이를 통해 당시 근대 종교로서의 기독교로부터 불교를 방어하려는 것이라 할 수 있다.

이상은 투고자 후기 중 편집실 논평이라고 할 수 있는 부분을 가려내 논의한 것이다. 마지막으로 치병담 게재의 의도가 가장 집약적이고도 강하게 나타나는 것은 '편집실 부지(付識)'라고 명명한, 본격적인 편집실 논평이다. 여기에서는 해당 영이담의 신빙성을 관련 고사나 전승 영이담을 통해 인증하는 것이 특징이다. 예컨대 다섯 번째 이야기에서는 우육공덕(牛肉功德)에 장애가 있었던 사례를 제시였는데, 특히 우육을 먹지 않겠다는 타인의 맹서만으로도 당사자가 죄를 면했다는 이야기를 함으로써 우육 먹는 죄의 무거움과 신불의 즉각적인 감응을 강조하고 있다. 이를 통해 해당 이야기에서의 발병과 치료가 허황되지 않고 실제로 일어날 수 있는 일임을 강조하는 것이다. 여섯 번째 이야기에서는 관음영험 사례가 너무 많기 때문에 가장 최근의 사례를 든다 하고서 게재를 기준으로 전년도 중국에서 있었던 사례를 제시하였다. 관음영험은 오래전부터 불교 국가에서 폭넓게 전승되어 왔다. 따라서 오히려 식상할 수도 있다. 이에 가장 최근의 사례를 제시함으로써 관음영험 사적이 근대에 들어서조차 폭넓게 일어나고 있으니, 해당 영험담이 실제로 있을 수 있는 일임을 말하고자 한 것이다.

요컨대 관음영험담은 본 이야기를 통해 근대적 의료 기술로도 고칠 수 없는 병을 관음이 치료해 주었다는 점에서 관음의 신력을 강조하여 대중의 신심을 촉발하고, 더 나아가서 근대 과학에 대한 불교의 우위를 부각한다는 의의가 있다. 또한 편집자 논평을 통해서는 관음치병의 사실성을 강조하고, 당시 관음영험 사적을 대중에게 널리 알려 근대 종교 지형 안에서 불교의 위상을 재정립하고, 여러 가지 관련 고사로 인증하여 해당 영이담의 신빙성을 강조한다고 하겠다.

IV. 근대 영이담의 의의

주지하는바 영이담은 그 신비한 양상으로 인해 종교로서 불교의 본질을 가장 극명하게 함축하고 있는 이야기 형태이다. 더욱이 이는 불교 교리에 대한 접근성이 떨어지는 일반 대중에게 있어 신앙심을 고취하기에 적절한 수단이다. 따라서 영이담은 예로부터 꾸준히 전승되어 왔으며 그 전반적인 구조가 크게 바뀌지 않았다. 다만 영이담의 구조는 시대마다 다르게 읽혔을 가능성이 있다. 특히, 각 시대의 불교사적 특수성에 따라 영이담의 의의는 달라졌다고 본다. 이런 점에서 볼 때 근대의 영이담에 대해 별도로 주목할 필요가 있는 것이다.

우선 불상출현담의 경우, 발굴자가 독실한 신자였다는 점에 초점을 두어 일반 대중의 신앙심을 고취하는 역할을 한 것으로 보인다. 물론 당시 불교 부흥 운동과 관련하여 시급히 필요한 것은 불교 대중의 결집이다. 그리고 이것의 1차적 조건은 신앙심이다. 따라서 신앙심을 고취하는 근대 영이담의 구조는 그 나름대로 영이담의 근대 불교적 의의에 부합되는 것이라 할 수 있다. 하지만 무엇보다 근대 불교사와 관련하여 영이담으로서의 특징은 부처가 지난 500년 동안의 불교 멸절 시대를 뛰어넘어 다시 출현했다고 하는 데 있다. 이는 이 땅에서 불교가 재흥할 시기가 도래했다 함을 암시하는 것이며 그 필연성을 강조한 것이라 할 수 있다. 따라서 근대 불상출현담은 근대 불교사의 시공간에서 불교의 재흥이라는 시대적 과제 내지 그 필연성을 확인하고 공표하는 의의가 있다고 하겠다.

다음으로 관음치병담의 의미는 신앙심 고취와 관음의 신력 강조이다. 관음은 신불 중에서도 아픈 중생을 어루만져 치료해 주는 존재라고 할 때, 대중에게 가장 친밀하며 필요한 존재이다. 그리고 당시 불교는 이러한 대중을 불교 영역에 끌어들이려 많은 노력을 기울였다. 따라서 관음치병담은 당시 불교계에서 대중을 대상으로 포교하기에 가장 적절한 형식이다. 절박한 상황에서 관음을 부르거나 그에게 기도만 하여도 즉각적으로 효험이 나타나기 때문이다. 이러한 점에서 관음치병담은 대중 포교의 일환으로 큰 역할을 했다고 할 수 있다.

이상은 불교 부흥이라는 근대 영이담의 불교사적 의의이다. 하지만 근대 영이담의 의의는 불교 대중을 결집하여 불교 부흥을 이루는 데 한정되지 않는다. 더욱이 이러한 불교사적 과제를 이루는 데 영이담이 적절한 지도 의문이다. 따라서 근대와 영이담의 관계를 근대 과학 문명이 위세를 떨치기 시작한 당시 사회·문화적 배경과 관련하여 별도로 고찰할 필요가 있다.

근대의 영이담은 당시 불교의 입장에서는 약도 되고 독도 되는 양면성을 지녔다고 할 수 있다. 과학 문명의 세례를 받기 시작하여 사실을 근거로 진리에 접근해 가던 당시에, 인간의 경험과 이성의 힘으로는 이해할 수 없는 영이 사적은 불교를 미신과 허황된 설로 매도하는 데 있어 긴요한 증거 자료이기 때문이다. 이는 지난 세월의 염불 신앙과 각종 허례적인 불교 의식을 지양하고 근대 불교를 이룩하려던 당시 불교계의 근대화 기획과도 맞지 않는 것이다. 하지만 당시 불교계에서는 이상의 위험을 무릅쓰고 영이담을 공공연히 대중 포교에 활용하였다. 이는 영이담이야말로 종교로서 불교의 본질을 가장 극명하게 드러낼 수 있기 때문이라고 본다. 또한 모든 종교에 있기 마련인 신비한 사적이야말로 대중에게 호소하여 신심을 촉발하기에 가장 적절한 도구이기 때문이 아닌가 한다. 따라서 불교계에서는 이러한 영이담을 오히려 적극적으로 활용하여 대중의 신앙심을 고취함으로써 불교의 세를 확장하려고 했다고 볼 수 있다. 더 나아가서 당시 미신적 신앙 형태라고 지목하며 불교를 배척하는 세력으로부터 불교를 보호하여 당시 종교 지형 안에서 불교의 위상을 재정립하려고 한 것으로 보인다. 이러한 점은 영이담에 대한 편집실 논평에서도 확인된다. 즉 편집실 논평은 영이담인 본 이야기의 사실성을 강화할 뿐만 아니라, 당시 담론 지형에서 불교의 영이성을 공격하는 자들의 논리적 빈틈과 억지 논리를 격파하려고 많은 노력을 기울였던 것이다. 따라서 당시 불교계에서 영이담은 불교대중을 결집하여 불교 부흥을 이루는 한편, 과학적 논설을 들어 불교를 배척하는 자들에 대항하는 강력한 도구로 쓰였다고 할 수 있다.

이 글은 불교잡지 외 근대의 여러 문헌에 산재해 있을 불교설화를 확인하지 못한 상태이며, 또한 불교잡지만 하더라도 특정 잡지 하나에서 일부 설화를 대상으로 논의를 전개한 것이다. 또한 근대 종교 지형 안에서 벌어진 과학, 의학, 철학 관련 논쟁에 대한 연구사도 일천하고 일부 나와 있는 성과를 소화하기에는 이 방면에 대한 필자의 능력이 부족한 실정이다. 따라서 이 글은 자료와 논리 전개 있어 많은 한계가 있다고 본다. 다만 이 글을 시작으로 차후 근대 불교설화 전반을 대상으로 그 양상과 의미를 포괄적이고 정치하게 논의하는 연구가 이어졌으면 한다.

미주

1장 미주

1) 천정환,《근대의 책 읽기-독자의 탄생과 한국 근대문학》, 푸른역사, 2003.
2) 이후의 잡지들에 대해서는 다음 논문을 참고할 수 있다.
   고영섭, 〈불교출판의 어제와 오늘-1980~2000년대 불서들의 분석과 모색-〉,《대각사상》 9, 대각사상연구원, 2006, pp.150~153.
3) 이경순, 〈일제시대 불교 유학생의 동향-일본 유학생을 중심으로〉,《승가교육》 2, 대한불교조계종 교육원, 1998 참고.
4) 김상일, 〈근대 불교지성과 불교잡지-석전 박한영과 만해 한용운을 중심으로-〉,《한국어문학연구》 52, 한국어문학연구학회, 2009, 8쪽.
5) 고재석, 〈1910년대의 불교근대화운동과 그 문학사적 의의-《유심》지의 분석을 중심으로-〉,《한국문학연구》 10, 1987 참고.
6) 신은연, 〈1930년대 불교 희곡 연구-김소하 희곡을 중심으로-〉, 동국대 석사학위논문, 2006.
7) 김기종, 〈근대 불교잡지의 간행과 불교대중화〉,《한민족문화연구》 26, 한민족문화학회, 2008을 참고.
8) 조명제, 〈근대불교의 지향과 굴절-범어사의 경우를 중심으로-〉,《불교학연구》 13, 불교학연구회, 2006.
9) 김성연, 〈1930년대 한용운의 불교 개혁론과 민족의식 고취〉,《불교문예연구》 3, 불교문예연구소, 2014.

2장 미주

1) 일제 강점기에 발간된 불교계 잡지의 전반적인 현황에 대한 연구는 다음과 같은 글들이 있다.
   白淳在, 〈韓國佛教雜誌史〉 1~4,《범성》 1~5호, 1973년 1월~6월.
   白淳在, 〈韓國佛教雜誌 書誌考〉,《법륜》 100~105호, 1977년 6월~11월.
   崔承洵, 〈韓国仏教雜誌の考察〉,《朝鮮學報》 86, 1978.
   Henrik H. Sorensen, "Korean Buddhist Journals during Early Japanese Colonial Rule",

Korea Journal, Vol. 30, No. 1, January 1990.

김기종, 〈근대 불교잡지의 간행과 불교대중화〉, 《한민족문화연구》 26, 한민족문화학회, 2008.

김종진, 《근대 불교잡지의 문화사》, 소명출판, 2022.

2) 여기서 '기관지'는 당시 불교계의 대표기관에서 발행한 잡지라는 의미로서 사용한 것이다. 당시 편집 겸 발행인이었던 권상로와 한용운 뿐 아니라 여러 필자들도 《불교》를 기관지라고 표현하였다.

3) 흔히 속간된 《불교》를 편의상 《신불교》라고 지칭하기도 한다. 그러나 잡지의 명칭은 분명 《불교》였다. 다만 당시에는 호수를 나타낼 때 '신○집'이라고 표시하여 구분하였다. 본 논문에서는 원래의 제호(題號)를 그대로 살리고 앞에 '전간(前刊)'과 '속간(續刊)'을 명시하여 구분하려고 한다. '속간'은 1937년에 《불교》가 다시 발행될 때 사람들이 사용한 용어였기 때문에 여기에서도 그대로 사용하였다. 그런데 '전간'은 속간과 반대되는 개념도 아닐 뿐만 아니라 이제까지 사용된 예도 없다. 그러나 본문에서는 1924년부터 1944까지의 전체 《불교》와 구분할 필요성이 있기에 부득이 '전간'이라는 용어를 만들어 사용했음을 밝힌다. 각주에서는 각각 '《불교》 ○호'와 '《불교》 신○집'이라고 표시하여 서로 구분하였다.

4) 불교청년회는 전면에 나서서 실천적인 행동을 할 행동대원의 필요성에 의해 불교유신회를 조직하였다. 불교유신회는 1921년 1월에 30본산 주지총회가 개최될 때 조직되었지만, 이때까지는 임시조직에 불과했다. 이후 1921년 12월 13일 김법광(金法光) 외 4명의 발기로 지방에 있는 각 사찰 청년에게 불교유신회 가입을 권유하였고, 12월 20일에 발기인 총회, 21일에 창립총회를 열고 정식 출범하였다(대한불교조계종 교육원 편, 《조계종사 근현대편》, 조계종출판사, 2001, 87면).

5) 〈住持의 反省을 促하는 朝鮮佛敎革新會〉, 《매일신보》, 1920년 12월 21일자.

6) 〈朝鮮佛敎大革新〉, 《매일신보》, 1921년 1월 10일자.

7) 김광식, 〈교단 개혁운동의 명암〉, 《근현대 불교의 재조명》, 민족사, 2000, 342-344면 참고.

8) 〈統一機關이 又問題 삼십본산련합제를 업시면 장래의 통일은 엇더케할가〉, 《동아일보》, 1922년 1월 10일자.

9) 〈空氣險惡한 會議場〉, 《매일신보》, 1922년 1월 9일자.

10) 〈佛敎紛爭解決乎〉, 《동아일보》, 1922년 5월 25일자.

11) 〈사무실 문제로 불교계 또 분쟁〉,《동아일보》, 1923년 2월 20일자;〈사무실 쟁탈로 격투〉,《동아일보》, 1923년 2월 25일자;〈폭력화한 佛敎戰〉,《동아일보》, 1923년 2월 26일;〈폭력에서 법정으로 쌍방이 서로 대항 불교계의 대분쟁〉,《동아일보》, 1923년 3월 1일자;〈스님 上座의 亂鬪〉,《동아일보》, 1923년 5월 29일자 등.
12) 〈創刊辭〉,《불교》1호, 1924년 7월호.
13) 〈표 1〉은 제2회 평의원 총회 회록(1924)부터 제14회 회록(1936)까지의 내용을 바탕으로 정리한 것이다. 회록은《한국근현대불교자료전집》66권(민족사, 1996)에 수록되어 있다.
14) 〈표 2〉는 조선불교 선교양종 종회 회록 제4회와 제5회의 내용을 바탕으로 정리하였다. 회록은《한국근현대불교자료전집》67권에 수록되어 있다.
15) 〈재단법인 조선불교 중앙교무원 제9회 평의원 총회 회록〉,《한국근현대불교자료전집》66, 20면.
16) 불교계는 1929년 1월에 조선불교 선교양종 승려대회를 개최하여 종헌을 제정하고 통일·입법기관으로서의 종회를 설립하였다. 이 중앙교무원은 조선불교 선교양종의 교무와 제반 사업을 통괄하는 집행 기관이었다(김광식,〈일제하 불교계의 총본산 건설운동과 조계종〉,《한국민족운동사연구》10, 1994, 292면). 조선불교 선교양종 승려대회에 관해서는《불교》56호에 있는〈조선불교 선교양종 승려대회 회록〉과 김광식,〈조선불교 선교양종 승려대회의 개최와 성격〉,《한국근현대사연구》3, 1995를 참조.
17) 이 수치는 교무원의 전체 예산(세출)에서 위〈표 1〉에서 보이는 잡지 발행에 대한 예산액이 차지하는 비율로 산출한 것이다(잡지 발행 예산액 / 전체 세출 예산액 × 100). 각 연도별 전체 세출 예산비는 1924년 40,990원 30전, 1928년 80,181원 16전, 1929년 80,331원, 1930년 94,206원, 1931년 88,473원 70전이다.
18) 당시 교육비는 보성고보와 불교전문학교, 유아원에 지원하는 비용이었다.
19) 전문학교의 승격운동에 대해서는 황인규,〈중앙불교전문학교의 개교와 학풍〉,《불교 근대화의 전개와 성격》, 조계종 출판사, 2006에서 2장 전문학교의 승격운동과 개교(202-216면)가 참고됨.
20) 이혼성(李混惺)은 1929년 3월 28일 제7회 평의원 총회에서 전수학교를 전문학교로 승격시키기 위해 토지 20만원, 산림 20만원의 총 40만원을 증자하자고 제안하였다. 이 증자안은 가(可) 29표, 부(否) 5표로 가결되었다(〈재단법인 조선불교 중앙교무원

제7회 평의원 총회 회록〉, 10-11면).
21) 당시 불교계의 학교 경영으로 인한 재정 문제는 김광식, 〈일제하 불교계의 보성고보 경영〉, 《한국민족운동사연구》 19, 1998을 참고.
22) 매월 1,000명×30전=300원, 300원×12개월=3,600원, 3,600원+광고료 300원 =3,900원
23) 매월 1,200명×20전=240원, 240원×12개월=2,880원, 지사(支社) 2할 감면 혜택으로 2,304원, 2,304원+광고료 200원=2,504원
24) 천정환, 《근대의 책 읽기 -독자의 탄생과 한국 근대문학》, 푸른역사, 2003, 31면. 또 이 책 자료실의 〈표1, 1910~1935년 신문·잡지 독자의 규모〉 참고.
25) 〈조선불교 선교양종 제5회 종회 회록〉(1933.3, 22면), 《한국근현대불교자료전집》 67, 103면.
26) 이 자료 외에 〈재단법인 조선불교 중앙교무원 제8회 평의원 총회 회록〉(1930, 11-12면)에서 〈1930년도 매월 잡지 소비량 예정표〉를 확인할 수 있다. 두 자료의 수치는 대체로 10부 내외로 비슷한 가운데 몇몇 사찰에서 큰 차이를 보이고 있다. 예를 들어 건봉사는 1930년도에 비해 20부 이상 증가하였고, 범어사의 경우 1930년도에는 예정 소비량이 70부나 되었지만 위 표에서는 월 평균 43권에 그치고 있어 가장 많이 감소하였다.
27) 〈제7회 평의원 총회 회록〉, 1929, 16-17면; 〈제8회 평의원 총회 회록〉, 1930, 10~12면.
28) 교무원은 예산안에 과년도 미수입금에 대해서도 1930년부터 1932년까지 매년 1,000원씩의 견적을 뽑고 있으나, 수납된 돈은 100원 이하에 그치고 있다.
29) 1933년 10월 15일에 열린 임시 평의원 회의의 서무부 경과보고에서도 불교사에 법인 보조로 500원이 지불되었지만, 지대가 전혀 수입되지 않아서 부득이하게 8월호부터 발행을 중지했다고 보고하고 있다(〈재단법인 조선불교 중앙교무원 임시 평의원회 회록〉, 1933, 11면).
30) 최범술, 〈佛敎界에 일대 분규 주위 권유 收拾나서〉, 《국제신보》, 1975년 3월 26일자 5면.
31) 〈경남삼본산 종무협회 제5회 정기총회 회록〉, 《불교》 신17집, 1938년 11월호, 29면. 삼본산의 사업비 2,000원은 통도사와 범어사의 본말사가 각각 850원, 해인사 본말사가 300원을 배당한 금액이다.

32) 《조선불교 조계종보》 제12호, 1943년 1월.
33) 예를 들어 일본 유학생 수를 살펴보면, 1910년대 전반에 14명, 후반에 5~12명이었던 것이, 1920년대 전반에 62명(이상), 후반에 64명(이상)으로 급격하게 증가하였다(이경순, 〈일제시대 불교 유학생의 동향 -일본 유학생을 중심으로〉, 《승가교육》 2, 1998, 261면 〈표 1〉 참고).
34) 〈표 5〉과 〈표 6〉에서 보이는 필자들의 이름은 대표할 수 있는 이름으로 표기하였다. 본명이 아닌 필명은 되도록 피하려고 했지만, 본명을 알 수 없는 경우는 그대로 표기하였다.
35) 당시 김태흡은 《불교시보》의 편집 겸 발행인으로, 《불교》보다는 《불교시보》에 많은 글을 게재하였다. 김태흡은 《불교시보》에서 일제의 심전개발(心田開發) 운동에 적극 동참하고, 대동아 전쟁의 승리를 기원하는 논조의 글을 많이 싣고 있다.
36) 대체로 본명인 김태흡은 논설과 교학 등에서 많이 쓰였고, 김소하라는 필명은 논설과 불교사 및 희곡과 같은 문학 작품에서 많이 쓰였으며, 김대은이라는 필명은 논설과 불교 설화에서 많이 보인다. 이처럼 그는 논설로부터 불교사, 불교 설화, 문학 작품에 이르기까지 다양한 장르를 넘나들며 글을 게재하였다.
37) 〈종교의 본질을 논하야 -종교가에 고하노라〉(13호, 1925.7), 〈동양불교의 개설〉(26~42호 연재), 〈인생의 의의와 불교의 정신〉(39호, 1927.9), 〈불교의 윤리관〉(40호, 1927.10), 〈불교의 경제관〉(45호, 1928.3), 〈현대사조와 불교〉(49호, 1928.7), 〈신시대의 종교〉(50·51합호, 1928.9), 〈불교여성관〉(62호, 1929.8), 〈불교의 운명관〉(77호, 1930.11), 〈현대인의 종교관〉(82호, 1931.4), 〈종교와 윤리〉(92호, 1932.2) 등 다수.
38) 〈종교와 사회사업발달의 연구〉(25호(1926.7)~49호(1928.7) 연재).
39) 〈임진병란과 조선승병의 활약〉(35호~39호 연재), 〈송운대사의 신앙과 그의 학덕〉(54호, 1928.12), 〈의상대사와 화엄철학〉(55호, 1929.1), 〈태고국사의 성덕과 그의 선학〉(56호, 1929.2), 〈서산대사의 신앙과 그 학덕〉(58호, 1929.4), 〈남호대사의 율행과 그 사업〉(59호, 1929.5) 등.
40) 당시 김태흡은 《불교시보》의 편집 겸 발행인으로, 《불교》보다는 《불교시보》에 많은 글을 게재하였다. 김태흡은 《불교시보》에서 일제의 심전개발운동에 적극 동참하고, 대동아 전쟁의 승리를 기원하는 논조의 글을 많이 싣고 있다.
41) 〈황군장병의 勞苦에 대하야〉(신29집, 1941.5), 〈신앙과 聖戰〉(신43집, 1942.12) 등.

42) 〈조선과 조선불교와의 상이점〉(2호, 1924.8), 〈고문화의 신공헌 -〈삼국유사〉의 발간에 대하야〉(34호, 1927.4), 〈조선불교의 삼대특색〉(50·51합호, 1928.9), 〈삼보의 의의〉(52호, 1928.10), 〈조선불교사의 離合觀〉(62호, 1929.8) 등.

43) 〈시국하 조선불교도의 임무〉(신25집, 1940.7), 〈대동아전쟁과 대승불교〉(신42집, 1942.11), 〈전시의 전책임을 마트라〉(신64집, 1944.9), 〈결전체제와 조선불교 특히 관음신앙을 고취하자〉(신65집, 1944.10), 〈용맹정신으로 加行하라 황은보답이 정히 금일에 있다〉(신65집, 1944.10) 등.

44) 이재헌, 〈권상로 불교학의 근대적 성격〉, 《불교학연구》 4, 2002.

45) 〈政敎를 分立하라〉(87호, 1931.9), 〈조선불교의 개책안〉(88호, 1931.10), 〈사법개정에 대하야〉(91호, 1932.1), 〈불교사업의 기정방침을 실행하라〉(103호, 1933.1), 〈조선불교통제안〉(신2집, 1937.4) 〈총본산 창설에 대한 재인식〉(신17집, 1938.11) 등.

46) 〈인도불교운동의 편신〉(87호, 1931.9), 〈중국불교의 현상〉(88호, 1931.10), 〈섬라의 불교〉(89호, 1931.11), 〈중국혁명과 종교의 수난〉(90호, 1931.12), 〈현대 아메리가의 종교〉(105호, 1932.3), 〈신로서아의 종교운동〉(107호, 1932.6), 〈나치스 독일의 종교〉(신12집, 1938.5) 등.

47) 〈국보적 한글경판의 발견경로〉(87호, 1931.9), 〈불교청년운동에 대하야〉(100호, 1932.10), 〈한글경 인출을 마치고〉(103호, 1933.1), 〈역경의 급무(불경의 본의, 역경과 포교, 역경과 조선문화)〉(신3집, 1937.5), 〈불교청년운동을 부활하라〉(신10집, 1938.2) 등.

48) 〈능단금강반야바라밀경주석〉, 〈십이문론〉, 〈천수천안관자재보살광대원만무애대비심대다라니경〉, 〈대승기신론〉, 〈보시태자경〉, 〈천태사교의〉, 〈원인론〉 등.

49) 〈대소품반야경의 성립론〉의 경우는 전간에서 4회가 연재되었고, 속간에서 6회가 연재되었다.

50) 〈반종운동의 근거와 그 오류〉(100호, 1932.10), 〈조선불교 교육제도의 결함과 개선〉(103호, 1933.1), 〈교단의 미래를 전망하면서〉(신1집~3집, 1937.3~5), 〈중앙회의와 총본산 문제〉(신11집, 1938.3) 등.

51) 〈계정혜에 대하야〉(25호, 1926.7), 〈금강반야경에 대해서〉(84·85합호, 1931.7), 〈조선불교에 대한 잡감〉(87호, 1931.9), 〈불교문학의 건설에 대해서〉(95호, 1932.5), 〈조선불교의 입교론〉(신9집, 1937.12), 〈조선불교의 본존론〉(신10집, 1938.2), 〈조선불교의 불성론〉(신11집, 1938.3), 〈밀교에서의 관법〉 등.

52) 《불교》 신36집, 1942년 5월.
53) 《불교》 신47집, 1943년 4월.
54) 〈불교의 자유형과 통일〉(93호, 95호, 1932.3~5), 〈관북순회개감〉(100호, 101·102합호, 1932.10~11), 〈관동천리〉(103호, 1933.1). 혜근이라는 필명은 101·102합호와 103호에서 사용하였다.
55) 《조선불교 조계종 종보》 제2호, 1942년 2월, 2면. 창씨개명한 이름인 하리모도 도칸(長本道煥)으로 사령(辭令)을 받고 있다.
56) 32집 이후에 무기명으로 된 글들을 장도환이 쓴 것으로 추정할 경우(임혜봉, 《친일승려 108인》, 청년사, 2005, 426-435면) 그가 쓴 글의 편수는 더 늘어나겠지만, 본 논문에서는 어디까지나 자신의 본명이나 필명을 명시한 글만 계산하여 다루었다.
57) 〈投稿歡迎〉, 《불교》 1호, 1924.7, 79면.
58) 〈政敎를 分立하라〉(87호, 1931.9), 〈조선불교의 개책안〉(88호, 1931.10), 〈사법개정에 대하야〉(91호, 1932.1), 〈조선불교의 해외발전을 요망함〉(98호, 1932.8), 〈불교청년운동에 대하야〉(100호, 1932.10), 〈불교사업의 기정방침을 실행하라〉(103호, 1933.1), 〈교정연구회 창립에 대하야〉(106호, 1932.4) 등.
59) 〈政敎를 分立하라〉, 《불교》 87호, 1931.9, 2-13면.
60) 김법린, 〈정교분립에 대해서〉, 《불교》 100호, 1932.10.
61) 사찰령 폐지운동에 대해서는 김광식, 〈朝鮮佛敎靑年會의 史的 考察〉, 《한국불교학》 19, 1994를 참조.
62) 한용운, 〈불교속간에 대하야〉, 《불교》 신1집, 1937.3.
63) 〈支那事變과 佛敎徒〉, 《불교》 신7집, 1937.10, 1면.
64) 〈皇室의 御繁榮을 祝함〉, 《불교》 신19집, 1939.1, 1면.
65) 〈皇紀 二千六百年을 맞이하여〉, 《불교》 신20집, 1940.1, 1면.
66) 특히 김삼도는 21집에서 〈〈씨(氏)〉제도창설의 문답〉이라는 글을 게재하여, 씨를 창설하는 이유와 씨 설정 방법 등 씨와 관련된 여러 문제들을 자세하게 다루고 있다 《불교》 신21집, 1940.2, 19-23면).
67) 《불교》 신24집, 1940.6, 26면; 《불교》 신26집, 1940.9, 33면. 또한 별도로 30집에서도 창씨개명한 이름으로 된 〈조선 사찰 총본사 및 본사 주지일람(朝鮮寺刹總本寺及本寺住持一覽)〉 표를 보여주고 있다.
68) 조명제, 〈근대불교의 지향과 굴절-범어사의 경우를 중심으로〉, 《불교학연구》 13호,

2006, 35-36면.

69) 조성택, 〈근대불교학과 한국 근대불교〉, 《민족문화연구》 45, 2006; 조명제, 앞의 논문, 2006; 〈백일법문과 근대불교학〉, 《백련불교논집》 16, 2006 등.
70) 종교 개념에 대해서는 장석만, 〈개항기 한국사회의 "종교" 개념 형성에 관한 연구〉, 서울대학교 종교학과 박사학위논문, 1992와 송현주, 〈근대 한국 불교의 종교정체성 인식-1910~1930년대 불교잡지를 중심으로-〉, 《불교학연구》 7, 2003을 참고.
71) 오봉산인, 〈현대의 무신사상과 불교〉, 《불교》 17호, 1925.11.
72) 木村泰賢, 이영재 역, 〈종교의 본질과 불교〉, 《불교》 13호, 1925.7.
73) 김태흡, 〈불교의 경제관〉, 《불교》 45호, 1928.3.
74) 조현범, 〈'종교와 근대성' 연구의 성과와 과제〉, 《근대 한국 종교문화의 재구성》, 한국학중앙연구원 종교문화연구소, 2006, 17면.
75) 김태흡, 〈현대사조와 불교〉, 《불교》 49호, 1928.7.
76) 백성욱, 〈현대적 불교를 건설하려면〉, 《불교》 24호, 1926.6.
77) 이 글들은 이영재가 귀국 후 게재한 것이 아니라, 인편에 보내온 것이다. 이영재는 성지 순례 도중에 병을 얻어 스리랑카에서 요절하였다. 〈도석기〉의 마지막 부분에 "〈도석기〉를 실어다 고국에 전하는 白山丸 너도 그 功德으로 길히 榮華하여저라"라고 밝히고 있다(《불교》 27호, 1926.9, 34면).
78) 임석진, 〈일본불교시찰기〉, 《불교》 49호~57호. 비록 《불교》가 간행되었던 시기를 다룬 것은 아니지만 불교계의 일본시찰에 대해서는 이경순, 〈1917년 불교계의 일본시찰 연구〉, 《한국민족운동사연구》 25, 한국민족운동사학회, 2000이 참고됨.
79) 류시현은 여행과 기행문이 근대 민족주의의 형성에 밀접하게 연관되어 있다고 보았다. 대상 지역을 소개하여 그 지역에 대한 이해를 높임으로써 일반 대중에게 그곳을 친밀하게 만들 뿐 아니라, 이를 통해 공동체 소속원을 민족적 구성원으로 만들어 가는 역할을 담당했다고 보았다(류시현, 〈최남선의 '근대' 인식과 '조선학' 연구〉, 고려대학교 박사학위논문, 2005, 110면).
80) 백용성의 역경 사업에 대한 관심이 기독교에 대한 대응의 필요성에서 기인되었다고 보는 견해가 있다(조명제, 〈근대불교의 지향과 굴절-범어사의 경우를 중심으로-〉, 2006, 45면).
81) 조명제, 앞의 논문, 47면.
82) 원문은 독일어로 〈Buddhistiche Metaphysik〉, 즉 불교형이상학인데, 이것은 산스크리

트어의 아비달마(Abhidarma)를 의역한 것이다(정천구, 〈백성욱 박사의 불교사상에 관한 소고〉, 《석림》 19, 1985.12, 12면).
83) 한국 근대 불교학의 성립 문제는 앞으로도 좀 더 신중하게 다루어야 할 것이다. 조성택은 1920년대 조선 불교계가 일본에 유학을 다녀온 학승들을 통해 지금 우리가 생각하고 있는 것보다는 높은 수준에서 근대 불교학의 일정부분을 소화하고 있었다고 평가하면서, 당시의 불교계 잡지에 대한 충분한 내용적 연구가 이루어져야 함을 지적하였다(조성택, 앞의 논문, 2006, 93-94면).
84) 1910년대의 작품들이 완전히 한글체로 전환되지 못했다고는 하지만, 이 시기의 작품들에도 근대적인 요소가 나타나고 있다. 예를 들어 김종진은 불교잡지들에 실린 불교시가들을 통해 불교 문학의 전환기적 양상과 의미를 탐구하고 있어 주목된다 (김종진, 〈근대 불교시가의 전환기적 양상과 의미-〈조선불교월보〉(1912.2~1913.8)를 중심으로-〉, 《한민족문화연구》 22, 2007).
85) 〈勝利의 새벽〉(67호, 1930.1), 〈떡〉(69호, 1930.3), 〈佛心〉(71호, 1930.5), 〈宇宙의 빛〉(72호, 1930.6), 〈不滅의 光〉(82호, 1931.4), 〈愛慾의 末路〉(84·85합호, 1931.6), 〈瞿夷仙女〉(96호, 1932.6), 〈盂蘭盆〉(98호, 1932.8), 〈錢禍〉(99호, 1932.9), 〈누구든지〉(신3집, 1937.5), 〈佛陀의 感化〉(신4집, 1937.6), 〈佛陀의 弘願〉(신5집, 1937.7).
86) 신은연, 〈1930년대 불교 희곡 연구 -김소하 희곡을 중심으로-〉, 동국대학교 석사학위논문, 2006, 3면.

3장 미주

1) 이 글에서 논의하는 문학장은 광의와 협의의 개념으로 나누어 볼 수 있다. 광의의 개념은 불교문학이 근대문학 전반과 관련을 맺는 다양한 관계이며, 협의의 개념은 근대불교문학 내의 형성과 유통, 그리고 사회적 역사적 맥락에서의 다양한 관계이다. 이 글의 지향은 궁극적으로는 한국문학사 내에서 불교잡지가 기여한 문학사적 위상을 고찰하는 것이어야 할 것이다. 그러나 이는 방대한 분량의 잡지 자체에 대한 실증적인 연구가 선행되어야 할 것으로 판단한다. 따라서 이글에서는 협의의 문학장-불교문학장-을 기본 개념으로 하였다.
2) 김종진, 《근대불교잡지의 문화사》, 소명출판, 2022. pp.19~20 참조. 상기한 수치는

근대 최초의 잡지 《원종》(부전), 김태흡이 발행한 월간신문인 《불교시보》, 그리고 일본인이 간행한 《조선불교》 등은 제외한 수치다. 그리고 총 호수에는 일부 궐호가 포함되어 있다.

3) 1910년대에 창간된 잡지는 《조선불교월보》(총19호, 조선불교월보사, 1912.2~1913.8), 《해동불보》(총8호, 해동불보사, 1913.11~1914.6), 《불교진흥회월보》(총9호, 불교진흥회, 1915.3~12), 《조선불교계》(총3호, 불교진흥회, 1916.4~6), 《조선불교총보》(총22호, 30본산연합사무소, 1917.3~1921.1), 《유심》(총3호, 유심사, 1918.9~12) 등이 있다.

4) 1920년대에 창간된 잡지는 《축산보림》(총6호, 축산보림사, 1920.3~8), 《조음》(총1호, 조선불교청년회 통도사지회, 1920.12), 《금강저》(총26호, 금강저사, 1928.1~1943.1), 《불교》(총108호, 불교사, 1924.7~1933.7), 《불일》(총2호, 불일사, 1924.7~11), 《일광》(총10호, 중앙불전교우회, 1928.12~1940.1), 《회광》(총2호, 조선불교학인연맹, 1929.3~1932.3) 등이 있다.

5) 〈금년은 조선불교의 중흥운-잡지간행 성황〉(2호, 1924.8) 및 〈지나급대만 발행 불교각지 소개〉(27호, 1926.9) 참조.

6) 1930년대에 창간된 잡지는 《불청운동》(총11호, 조선불교청년총동맹, 1931.8~1933.8), 《선원》(총4호, 선학원, 1931.10~1935.10), 《금강산》(총10호, 금강산표훈사, 1935.9~1936.6), 《신불교》(총67호, 경남삼본산종무협회, 1937.3~1944.12), 《룸비니》(총4호, 중앙불전학생회, 1937. 5~1940.3), 《탁마》(총1호, 보현사불교전문강원, 1938.2), 《홍법우》(총1회, 봉선사홍법강우회, 1938.3) 등이 있다. 《불교시보》(총105호, 불교시보사, 1935. 8~1944.4)는 월간신문으로 잡지의 종합적 성격보다는 보도기능의 일간지 성격이 강하다. 이를 제외하면 1930년대 잡지는 총 7종으로 파악된다.

7) 《금강저》는 1928년 1월에 간행되었으나, 제1호~14호가 전하지 않는다. 기타 잡지는 간행 호수가 1호~6호에 불과하다. 이들의 문학장에 대해서는 별도의 지면이 필요할 것으로 본다.

8) 김영민의 《문학제도 및 민족어의 형성과 한국 근대문학-제도, 언어, 양식의 지형도 연구》(소명출판, 2012)가 선행연구로서 이 글의 논의에 많은 시사점을 제공하였다. 여기에서 시사 받은 주제들 즉, 불교잡지가 국문 대중문학과 문장들을 어떻게 활용하고 의미화했는가에 대한 논의, 장르의 발생과 전개, 대중 문학가들이 불교잡지 기

자로 입사하고 문학이 다채로워지는 양상 등에 대한 논의는 이 글에 다 담아낼 수 없다. 이 글은 잡지에 구현된 근대불교문학장의 큰 그림을 그리는 첫 작업으로 이해해주기를 바란다.

9) 성동치인, 〈원고를 보내면서 퇴경선생에게〉, 《불교》 9호, 1925.3, p.72.
10) 《불교》지 초창기에 시의성 있는 글을 투고한 오봉산인(五峯山人)의 정체는 불분명하다. 불교혁신 방안을 강력한 논조로 피력하며, 국내외의 불교계에 대한 해박한 지식을 갖춘 오봉산인은 그동안 권상로 아니면 김태흡일 가능성이 제기되어 왔다. 그런데 권상로가 편집을 주도한 《조선불교월보》 11호 [사조(詞藻)]란에 수록된 최예운 崔猊雲(최동식)의 〈독불보퇴경론(讀佛報退耕論)〉 2수를 주목할 필요가 있다. 최동식은 이 잡지에 퇴경에게 보내는 다수의 작품을 남긴 바 있는데, 권상로의 불교개혁 주장을 격려하는 제2수는 "연작삼강필오봉(硯作三江筆五峯)"으로 시작된다. '벼루를 가니 삼강이 되었고, 붓은 오봉이 되었다'는 표현은 권상로의 문장력을 칭찬하는 말로 쓰인 것이다. 삼강과 오봉은 권상로와 친연성이 있는 지명으로 보인다. 아마도 문경 일원의 낙동강 '삼강'이요, 김용사가 있는 문경시 산북면의 남쪽 산양면에 있는 '오봉산'일 듯하다. 20년대에 《불교》지 편집을 주관하면서 자신의 알려진 명호 대신에 오봉산인이라는 호를 써서 불교개혁의 목소리를 강하게 제기했을 가능성이 크다. 오봉산인이 《불교》지에 투고한 글과 권상로 이름으로 투고한 글을 비교하면 상당한 유사성이 느껴지는 것도 하나의 방증이 될 수 있다. 이에 관한 비교는 앞으로의 과제로 남겨둔다. 한편 사불산 대승사 출신으로 소개된 성동치인 역시 누구인지 확인할 수 없다. 적어도 이들을 포함해 여러 필진이 대승사 김용사에서 배출된 것은 분명하고, 일정부분 권상로와 그 네트워크에 견인되었을 가능성이 있다.
11) 《퇴경당전서》 권1, 〈자서연보〉, 퇴경당전서간행위원회, 1990, pp.32~33.
12) 안진호는 이후 대승사, 김용사, 봉선사를 비롯한 여러 절의 강원에서 후학을 지도하였으며(한동민, 〈일제강점기 사지 편찬과 그 의의 - 안진호를 중심으로〉, 《불교연구》 32집, 한국불교연구원, 2010, p.239), 30대에는 소금 장수, 40대에는 등유 장수를 하였는데, 이는 이 세상에 소금과 등불 역할을 하겠다는 일종의 만행(萬行)이었다고 한
13) 다.(같은 글, p.230)
14) 정종덕, 〈불교에 대한 나의 신앙과 감상-포교당과 학원을 보고서〉, 《불교》 19호, 1926.1, pp.45~53.
歸一講堂 學徒들아 歸一趣旨 知也否아/ 歸一意思 모르거든 歸一義味 드러보소/ 歸

一ᄒᄂᆞᆫ 此時代에 歸一안코 되잇ᄂᆞᆫ가/ 農業歸一 氣力업고 商業歸一 資本업네/ 工業歸一 ᄒᆞᆯ수업고 學業歸一 第一일세/ 學業歸一 ᄒᆞ고보면 萬事歸一 졀노된다/ 國民義務 歸一ᄒᆞ면 忠君愛國 歸一ᄒᆞ고/ 孝親敬長 歸一ᄒᆞ면 爲人子弟 歸一ᄒᆞ고/ 交友投分 歸一ᄒᆞ면 朋友有信 歸一일세/ 三綱五常 歸一ᄒᆞ면 慈善道德 歸一이오/ 慈善道德 歸一ᄒᆞ면 三乘會歸 一乘이라/ 三歸一乘 ᄒᆞ고보면 萬法歸一 一何歸지/ 此歸一於 何處런고 百川流水 歸一海라/ 三界萬類 歸一處ᄂᆞᆫ 畢竟成佛 歸一일ᄉᆡ/ 歸一講堂 目的地ᄂᆞᆫ 如是歸一 如是로다/ 歸一歌를 놉히불너 歸一講堂 歸一ᄒᆞ세

15) 참고로 《불교》 1~7호에 걸쳐 다수의 시를 발표한 각왕시자(覺王侍子)와 최취허의 목소리는 사뭇 닮아있다. 각왕시자는 〈오인(吾人)〉(1호), 〈공사(公私)〉 〈반성(反省)〉(2호), 〈도행역시(倒行逆施)〉(3호), 〈불법(佛法)〉(4호), 한시 4수(〈전안(轉眼)〉 〈용인(容人)〉 〈망아(忘我)〉 〈병잔(病殘)〉(6호), 〈신년(新年)〉(7호)를 발표하고 지면에서 사라졌다. 내용을 보면 보수적인 역사 인식을 반영하며, 기존 질서를 흩트리는 행위를 용납하지 않겠다는 완고한 자세를 견지하고 있다. 사찰령에 대한 확고한 믿음도 강하게 표출되어 있다. 《불교》 6호(1924.12)에 수록된 각왕시자의 한시 〈병잔〉은 "六十年如夢 寒宵影伴燈 乾坤寬且大 着這病殘僧"라 하여 자신의 나이가 60세임을 가리키고 있다. 실제로 투고한 해에 최취허의 나이는 60세가 된다. 이에 따라 필자는 각왕시자가 최취허일 가능성이 크다고 본다.

16) 권상로는 1910년대 초 《조선불교월보》에 무심도인(無心道人)이라는 필명으로 〈언문가(諺文歌, 언문푸리)〉 〈시종가(時鍾歌)〉 〈양춘구곡(陽春九曲)〉을 발표하였고, 지일자(之一子)라는 필명으로 〈신세배(新歲拜)〉를 발표하였다. 권상로가 창작한 작품의 기저에는 언문풀이, 연시조, 구곡가류 시조, 가사 등 전통 시가 양식이 자리 잡고 있다.(김종진, 〈전통시가 양식의 전변과 근대 불교가요의 형성〉, 《한국어문학연구》 52집, 한국어문학연구학회, 2009. : 〈근대 불교시가의 전환기적 양상과 의미〉, 《한민족문화연구》 22집, 한민족문화학회, 2007. 참조).

17) 김기종은 〈권상로의 불교시가 연구〉《한국문학연구》 제40집, 한국문학연구소, 2011.)에서 불교잡지와 《은둥경》, 《석문의범》에 수록된 권상로의 찬불가에 대해 주제와 내용, 시대적 의의를 고찰한 바 있어 참고할 수 있다.

18) 김기종의 최근 논의에 따르면, 권상로의 《불교》 수록 찬불가는 그 이전보다 내용과 성격이 다양하고, 그중에서도 석가를 소재로 한 노래와 마음을 강조한 작품의 비중이 크다. (김종기, 《한국불교시가의 구도와 전개》, 보고사, 2014, pp.377~386 참조)

19) 백우용(1883~1930)은 한말 최초의 서양식 군악대원이다. 우리나라 최초로 양악군악대를 창설한 독일인 음악가 에케르트(Eckert,F.) 밑에서 서양음악을 배웠다. 군악대 해산 이후 궁내부 장예원 양악대의 양악사장이 되었으며, 1915년 양악대 해산 이후에는 1928년 4월 이왕직아악부의 촉탁으로 위촉되어 아악의 5선보 채보의 직무를 담당하였다.(한국역대인물종합정보시스템-한국민족문화대백과사전 참조). 그는 《불교》 7호(1925.1)에 〈조선음악상으로 보는 불교〉를 발표하였고, 중앙불전 교수로서 《일광》 1호(1928)에 〈양악과 조선악에 대한 소감〉을 발표하였다. 《일광》 휘보에는 1930년 4.22일에 백우용 강사가 별세한 것으로 소개되어 있다. 그는 최남선의 〈조선유람가〉(1928)에 곡조를 붙이는 등 이 시대를 대표하는 양악 전문가였다.

20) 권상로는 이후 《불교》 제100호(1932.10)에 〈십년일득(十年一得)〉이란 제목의 시조 11수와 석왕사 12경을 노래한 시조 12수를 발표하였다. 《불교》지 창간 초기에 찬불가를 창작하여 수록한 이후 1926년부터 약 6년 만에 작품을 수록하면서 '십년'이라는 표현을 사용한 것이다.

21) 김기종, 〈1920~30년대 찬불가의 존재양상과 주제적 지향〉《한국어문학연구》 63집, 한국어문학연구학회, 2014), pp.271~275의 도표 참고.

22) 김태흡은 사실 불교사 사장인 권상로의 특별한 부탁에 따라 《백농집》을 빌려온 것이다.(〈남유구도순례〉, 《불교》 64호, 1929.10, p.46). 이렇게 확보하여 소개된 백학명의 작품은 〈열반가〉(63호), 〈해탈곡〉(64호), 〈참선곡〉(65호), 〈왕생가〉(66호) 등이다.

23) 《석문의범》에는 찬불가로 권상로의 〈신불가〉 〈성탄경축가〉 〈성도가〉 〈열반가〉 〈학도권면가〉, 조학유의 〈찬불가〉 〈사월팔일경축가〉, 김태흡의 〈오도가〉 〈월인찬불가〉 〈목련지효가〉가 수록되어 있다.

24) 김기종, 〈조학유의 찬불가 연구〉, 《한국어문학연구》 56집, 한국어문학연구학회, 2011, p.296.

25) 이는 백파긍선(白坡亘璇, 1767~1852)의 〈태고화상태고암가입과(太古和尙太古庵歌入科)〉에 의거하여 과석(科釋)한 것이다.

26) 안두타가 "육십평생의 삼분의 이가 훨신 지나가도록"(p.39) 태고암에 가보지 못했다는 기록을 보면, 그는 40대 중반인 것으로 추정된다. 권상로는 1879년생, 안진호는 1880년생으로 45~46세여서 둘 다 가능성이 있다. 그런데 "나의 경성생활이 전후를 계속하야 일기(一紀) 이상으로 타산타산하게 되얏"(p.39)다는 기록이 있다. 즉, 지방과 서울을 오가면서 활동하였는데, 서울 생활을 앞뒤로 합해 보면 12년이 되는 것으

로 해석된다. 이는 1910년 이후 문경과 서울을 오가는 활동을 한 권상로의 이력과 부합한다. 안진호의 경우 1925년 전후(한동민, 앞의 글, p.240)나 29년(같은 글, p.239) 경 서울에 정착한 것을 보면 가능성이 떨어진다.

27) 김광식, 〈근대불교와 중흥사〉, 《새불교운동의 전개》, 도피안사, 2002. pp.131~132.
28) 〈(석전)연보〉, (이병주 외 저) 《석전 박한영의 생애와 시문학》, 백파사상연구소, 2012, p.182.
29) 이 시기에는 태고보우를 종조로 선양하는 것에 대한 반작용 또한 존재하였다.(김광식, 위의 글, pp.135~136 참조) 권상로가 처음 등장하는 필명(만두타)으로 〈태고암배관기〉를 쓰며 별다른 설명 없이 사진과 〈태고암가과석〉을 제시한 것은 다분히 복잡한 정황을 돌파하는 전략적인 글쓰기 방식이라 할 수 있다.
30) 이들 기행문을 토대로 안진호는 《봉선본말사지》(1927.8)를 엮어 추후 본말사 통합사지 제작의 선례를 보여주었다. 한동민, 앞의 글 참고.
31) '강주 즉 기자는 본산 당국으로서 양주 봉선사의 예에 의하여 본말사 사료를 수집하라는 촉탁을 받았다. 그러나 봄에 경성에 있을 적에 《불교》지 구독자 모집 또는 대금 영수 등의 위탁을 받은 일이 있으나, 당사 교육 관계로 삼사 개월이나 책임을 이행치 못한 겸연한 생각이 없지 않음에' (〈색진성진〉, 《불교》 53호, 1928.11, p.51)
32) 김태흡은 권상로 세대와 열 살 차이 나는 신세대 유학생 그룹의 대표주자다. 이들을 묶어 20년대 불교문학장의 전위그룹으로 설정할 수 있다.

4장 미주

1) 최근의 연구성과로 김기종(2010, 2011, 2014), 김종진(2007, 2009)과 박상란(2007, 2009, 2010, 2012)의 성과가 있다. 그러나 이들 논의는 특정한 장르, 작가에 대한 보고서여서 이 시대 불교잡지에 펼쳐진 문학장의 전체 구도를 고려한 것은 아니다. 고재석(1991)의 경우 근대 불교지성들의 네트워크와 문학활동에 대해 탁월한 업적을 내었으나, 논의가 1910년대에 머물러 있고 이후의 상황에 대해서는 학계의 과제로 남겨두고 있다.
2) 20년대 중반 《불교》지에 문학 작품을 투고한 상황을 보면 해외유학생의 존재가 두드러진다. 이들은 일본 유학생이 많으며 일부 중국 유학생이 포함되어 있다. 신진 문

예물을 투고할 만한 인프라가 국내에는 구축되지 않은 상황이었기 때문에, 이들 외부 필진의 작품투고는 《불교》지를 문화적 텍스트로 만드는 데 크게 기여한 것으로 평가할 수 있다.

3) 중앙학림 학생으로 3·1운동에 참여하다 해외로 망명한 이는 김법린(프랑스), 백성욱(독일), 박영희(북간도) 등이다. "박영희-중앙학림 당시에는 박학규(朴鶴珪)라는 일홈을 가지고 백성욱 김법린 두 선생과 가치 동문수학하다가 기미운동이 이러나자 백선생은 독일로, 김선생은 불란서로, 박군은 북간도로 헤저버렷다. 십년후 불전에서 군이 두 선생에게 지도를 밧게 됨에 두 선생을 더욱 경모. 이것이 동창생으로 하여금 감격케 하고 만학으로 하여금 분발심을 내게 한 것이다."《금강저》 제19호, 1931.11, p.53.

4) 제7호(1925.1)에는 학위논문의 게재와 함께 〈백준군의 서신 몇 절〉이 소개되어 있고, 제9호(1925.3)의 〈불교결의〉에는 독자의 질문에 답하는 형식으로 백성욱의 이력이 일부 소개되어 있다. 제16호(1925.10) 휘보에는 〈백박사 금의환향〉 소식이, 본문에는 〈백성욱 박사의 약력〉이 소개되어 있다.

5) 백준, 〈축 불교의 종연생(從緣生)〉, 《불교》 제7호, 1925.1.

6) 기행문의 성격을 지니고 있는 글은 다음과 같다.
〈백림불교원방문기(伯林佛教院訪問記)〉, 《불교》 제15호, 1925.9.
〈현금 네팔에는 무엇이 잇나〉, 《불교》 제16호, 1925.10.
〈곤륜산의 절정에는 무엇이 잇나?〉, 《불교》 제25호, 1926.7.
〈아미타화신인 타치 라마〉, 《불교》 제31호, 1927.1.
〈십년 후에 다시 자연경을 차저서〉, 《불교》 제46·47합호~48호, 1928.5~6.
〈남순(南巡)하엿든 이약이〉, 《불교》 제59호, 1929.5.
〈다시 적멸보궁을 차저가면서〉, 《불교》 제63호, 1929.9.
그의 기행문은 여정과 견문으로 나누는 일반적인 기행문 양식과 다르다. 학술 정보 소개, 해외 잡지에서 읽은 외국의 정보 소개하거나, 국내 사찰에 들어가며 느낀 소회를 소개한 글이 대부분이다.

7) 제26호(1926.8) '불교소식'란에 〈본사촉탁기자 김군의 최근 동정-본사촉탁기자 김태흡 군〉 기사가 있다.

8) 이후 《불교》지의 '불교소식'란에 김태흡(대은)의 각황사의 설교 소식과 전도답사 기록이 매호마다 수록되어 있다.

9) 김태흡은 소하(素荷), 김소하(金素荷), 수송운납(壽松雲衲), 김대은(金大隱), 법우루주인(法雨樓主人), 김삼초(金三超), 금화산인(金華山人) 등 다양한 필명을 사용하였다. 문학작품에는 주로 소하와 김소하, 논설에는 김태흡, 불교포교와 관련해서는 김태흡과 김대은을 주로 사용하였다.
10) 김태흡은 경기도 강화도에서 태어나 7세에 철원 심원사에서 동진출가하였다. 20세에 법주사 강원에서 대교과를 마치고 2년 뒤인 1920년 유학길에 오른다.(김기종, 〈김태흡의 대중불교론과 그 전개〉, 《한국선학》26호, 한국선학회, 2010, p.487)
11) 이영재는 일본대학 종교과에서 수학하였다.(1920~1923) 김태흡 역시 일본대학 종교과를 졸업(1925)하였다. 나이는 김태흡이 한 살 연장이며 대학은 이영재가 선배가 된다.
12) 김태흡은 이때 대승사에서 권상로와 조우한 것으로 보인다.
13) "내가 현해탄을 건너서 동경에 나온지 9년간에 동양대학에서 2년간 일본대학에서 6년간 합계 8년간 학교생활을 보내며 (중략) 회고컨대 나는 지금까지 동경에 잇슬 몸이 아니엿다. 벌서 3년전에 고국으로 드러가서 활동할 몸이엿다. 만일 내가 자영자활(自營自活)의 고학생활이 아니요 어느 사원의 금액의 공비생이엿드면 아니드러가랴 하야도 아니갈수 업섯을 것이다."(〈학창을 떠나면서〉, 《불교》제46·47합호, p.31)
14) 《금강저》는 1928년 1월에 간행되었으나, 현재 제1~14호는 목차만 전해진다. 김태흡은 《금강저》제6호(1925.7)에 〈동양종교문화사의 정화인 지나불교사적 간행을 보고〉를 비롯하여 6편의 글을 수록하였는데 주로 학술이나 시사 논설에 해당한다. 이글에서 그가 소개한 《지나불교사적》은 그의 초기 순회강연에 대중들의 관심을 환기하는 소중한 자료로 활용되었다.(〈남북선순강인상기〉, 《불교》제17~18호, 1925.11~12)
15) 김태흡은 1935년 8월부터 《불교시보》를 발행하면서 일제의 종교정책으로 구현된 심전개발 운동의 최전선에서 활동하였다. 1937년 이후 일제의 대륙침략과 기조를 맞추어 노골적인 친일 행보를 보여준다. 불교청년 시절 가졌던 불교개혁에 대한 이상과 불교대중화를 위해 다방면으로 노력한 그의 행보가 친일로 귀결되는 것은 한 개인의 비극일 뿐만 아니라 불교계 전체의 큰 아픔이요 손실이라 하지 않을 수 없다.
16) 〈발간의 취지〉, 《불자필람》, 연방사, 1931, p.1.
17) 《석문의범》, 만상회, 1935, p.1.
18) 제24호(1926. 6) '불교소식'에 〈김태흡 군의 학위획득〉 소식이 있다. 일본대학 종교

과에서 〈종교와 사회사업발달의 연구〉로 종교학사를 취득하였는데, 우리 유학생으로서 문학사가 된 것은 군이 효시라는 내용이다. 그리고 그의 학위논문은 같은 제목으로 《불교》 제25~28호, 제30호, 제32~33호, 제36호, 제49호에 연재되었다.

19) 김태흡, 〈수필, 불교잡지와 나-백호에 대한 감상〉에는 권상로의 요청으로 자신이 《불교》지에 투고한 것에 대한 동료들의 반응을 소개하였다. "〈오래도록 적막하든 조선불교계에 다시 새로히 불교라는 잡지를 내게되엿소이다. 학창에 공부하시기에 매우 어려우시겟지만은 우리불교를 위하야 만히 투고를 좀 해주서야하겟습니다.〉 이와같은 글발이 현해탄을 건너서 강호 일우에 떠러젓으니 이것은 권상로 선생께서 불교잡지의 새로운 편즙을 마타가지고 원고를 청한 글월이엿다." (제101·102합호, 1932.12) 역시 같은 글에서 본인이 '사불산의 인연'을 가진 권상로의 부탁으로 한 편의 글을 써놓은 것을 故 이○○군이 비판하면서 찢어버린 에피소드와, 본인이 유학생들 사이에 배척 분위기가 감돌던 교무원과 타협하기를 주장하여 타협 분위기가 생겼고, 그 이후로 본격적으로 투고했는데, 그것이 《불교》지 창간 1년 후의 일이라는 내용이 있다. 이○○는 이영재로 생각되는데, 그가 석종원이라는 법명으로 투고한 것이 7호(1925.1)인 것을 보면, 1년 후라는 것이 12개월을 의미하는 것은 아닌 듯하다.

20) 김태흡의 문학작품은 자유시 7편, 시조 5편, 소설 8편, 찬불가 9편, 희곡 19편으로 찬불가와 희곡의 비중이 크다.(김기종(2010), p.502) 본고는 이중에서 1920년대를 대상으로 소개하며 기행양식을 추가하여 논의한다.

21) 수송납자의 경우, 조선불교중앙교무원과 각황교당이 있는 공간이자, 자신이 원장으로 있는 각황사 부설 유치원이 있는 공간, 즉 수송동의 납자라는 뜻일 것이다.

22) 이 책은 사진자료집으로 생각된다. 이와 관련 있는 설명서로는 《지나불교사적평해(支那佛敎史蹟評解)》(常盤大定·關野貞 공저, 佛敎史蹟硏究會, 1925)와 상반대정 저, 《지나불교사적답사기》(1938)이 있다.

23) 〈삼방약수포전도행〉, 《불교》 제64호, p.51. 이하 동일.

24) 김태흡은 송만암이 중앙불전의 교장 겸 중앙교무원 교학부장으로 있던 2년간 각황교당에 함께 활동하였다.(〈남유구도순례〉, 《불교》 제63호, p.50.

25) 〈남유구도순례〉, 《불교》 제64호, p.46.

26) 이건방이 불경을 매우 좋아했다는 기록이 있다.(같은 글, 《불교》 제62호, p.5) 이를 통해 양명학자, 강화학파와 불교지성간의 교류 양상의 한 단면을 살펴볼 수 있다.

27) 위의 글, 제63호, p.52.
28) 위의 글, 제63호, p.53.
29) 위의 글, 제64호, p.48.
30) "조선에 유명한 강사로는 내가 대강 짐작하며 학인계와 유학생계는 대략을 알고 잇스나 선로로는 칠통가치 알지 못하다가 황 화상을 통하야 대략을 듣게 되엿으니 작고한 선계의 선지식으로는 송경허 전수월 이혜봉 백학명 선사이시고, 현존한 선지식으로는 신혜월 송만공 백용성 방한암 이담해 오성월과 석우 상월 등 제사라 한다. 그리고 소장 선객으로 누구 누구하는 자는…"(위의 글,《불교》제64호, p.47)
31) 정영식,〈근대 한국불교에 있어서의 성지순례의 제상〉,《불교연구》제35집, 한국불교연구원, 2011, p.96.
32) 박윤진,〈금강저 속간에 제하야〉(《금강저》제19호, p.45)에는 '편집으로는 고 이영재 씨가 창간호부터 제6호까지, 현 중앙포교사 김태흡씨가 제7호로부터 제15호까지, 곽중곤 씨가 제16호, 오관수씨가 제17호, 허영호씨가 제18호, 강유문씨가 본호를 맞허 보게 되고 글씨 쓴 분은 당시 선배들이었다.'라 하였다.
33) 이경순,〈일제시대 불교 유학생의 동향〉,《승가교육》2집, 대한불교조계종 교육원, 1998, p.279.
34) 이경순, 위의 논문, pp.272~277.《불교》지에 가야납자의〈배은망덕〉(제23호, 제26호)과 남해생의〈가야납자의 배은망덕을 읽고〉(제28~30호)가 연재되었는데, 이들 글은 본사와 유학생의 갈등을 첨예하게 드러내고 있다.
35) 제17호(1925.11) 휘보에 '인도유학의 효시-일본대학 종교과 졸업생 이영재군'이라는 기사가 국내 불교계의 첫 기사이다.〈도석기〉(《불교》제23호, p.24)에는 "본사에서 거비를 내여서 멀리 보내면서도 인도는 무엇하러 가겟느냐고는 종시 뭇지 아니 하엿다."라 한 것을 보면, 일본유학과 스리랑카 유학에 본사 천은사의 후원이 있었음을 확인할 수 있다.
36) 정영식, 앞의 글, pp.96~98 참조. 이외에도《금강저》에는 여행과 관련한 편지글로〈도인에 제하야 동신제형에게〉(제7호, 1925.10),〈인도행의 편신〉(제8호, 1925.12),〈K형에게-캘탈니야 사원을 참배하고〉(제9호, 1924.5)가 있고, 시〈님의 추억〉(제12호, 1927.1)이 있다. 그러나 현재《금강저》는 제1~14호까지는 전하지 않아 확인할 수 없다.
37) 27세의 촉망받던 유학생으로 스리랑카 유학 중 질병으로 세상을 떠난 이영재의 죽

음이 주는 충격은 실로 대단하였다. 《불교》 제42호(1927.12)에는 재동경조선불교청년회 회원 일동의 추도사, 권상로, 김태흡 외 4명의 유학생의 추모사가 수록되어 있다. 특집 제목은 '순교자 추억'이다. 《금강저》 15호(1928.1)에도 8인의 유학생 글이 헌정되어 있다. 불교잡지에 고승대덕의 입적에 따른 추모특집이 없는 것은 아니나 이처럼 다양한 필진이 함께 참여하는 추모 특집은 전례 없는 것이다. '순교자'라는 표현도 당시의 그에 대한 기대가 얼마나 컸던가를 반증하는 것이다.

38) 이영재의 〈도석기〉에는 여행 도중 춘향전을 읽는 대목에서 김태흡과의 막연한 관계가 다시 한 번 드러나 있다. 그는 '소하형'(김태흡)이 표지에 대서특필한 '교외별전' '대방광성춘향경'을 읽고 있었는데 일행들이 궁금해 하자 춘향전 줄거리를 이야기해 주었다는 에피소드가 흥미롭게 소개되어 있다.(〈도석기〉, 《불교》 25호, p.29)

39) 그가 본 참상이 무엇인지 본문에 명확히 기술되지 않았다. 식민지 지배하에 있었던 이 지역의 투쟁과 참상이었을 것으로 추정한다.

40) 조동일, 《한국문학통사》 5, 지식산업사, 2005, pp.551~558.

41) '권상로 선생'에게 보내는 〈남국기〉 첫머리에는 스리랑카에 있으면서 순례기를 써서 알리지 않는다는 많은 사람들의 꾸중에 쓴다는 동기가 소개되어 있다. 물론 풍토병은 어찌할 수 없는 질병이기는 하나, 의사의 만류에도 불구하고 원고를 걱정하는 이영재의 모습을 보면서, 당시 불교계가 그에게 부과한 기대가 너무 큰 짐이 된 것은 아닌가 하는 추정을 해 본다.

42) 필자는 오봉산인이 권상로일 가능성이 크다고 판단한다. 이것이 증명되면 권상로-이영재-백성욱의 종적 횡적 네트워크가 좀더 설득력을 지니게 될 것이다. 지금까지 학계에서 오봉산인이 권상로라는 견해는 공식적으로 제기된 바 없다. 제3장의 미주 10) 참조.

5장 미주

1) 문학지면의 연도별 변화와 편집 체재의 변동사항에 대해서는 〈《불교》지 문학지면의 연대기적 고찰〉(《한국문학연구》 51집, 동국대 한국문학연구소, 2016.8)에서 개괄적으로 검토하였다.

2) 96호(1932.6)에 수록된 시조는 그 가운데서도 더욱 돋보이는 작품이다.(따슨볕 등에

지고/ 유마경(維摩經) 읽노라니// 어지럽게 나는꽃이/ 글ㅅ자를 가리운다// 구태여 꽃밑 글ㅅ자를/ 읽어무삼 하리오.)

3) "원동태허(圓同太虛) 무결무여(無欠無餘)"(92호, 1932.2), "천상천하(天上天下) 유아독존(唯我獨尊)"(95호, 1932.5) 등이 이에 해당한다.

4) "자비(慈悲)인 동시에 대용맹(大勇猛)이라야한다. 인욕(忍辱)인 동시에 정진(精進)이라야한다. 아공(我空)인 동시에 유아독존(唯我獨尊)이라야한다."(97호, 1932.7)와 같은 글이 이에 해당한다.

5) "가며는 못갈소냐/ 물과뫼가 많아기로// 건느고 또넘으면/ 못갈리 없나니라// 사람이 제안이가고/ 길이멀다 하더라"(93호, 1932.3) 등이 이에 해당한다.

6) 94호(1932.4), 103호(1933.1), 105호(1932.3)의 권두언이 이에 해당한다.

7) 김성연(2008)에 따르면 《불교》와 《(신)불교》에 투고한 주요 필진 중 30건 이상 글을 발표한 이는 김태흡(158건), 권상로(111건), 백성욱(43건), 허영호(43건), 조종현(38건), 만오생(35건), 한용운(32건) 순이다.(p.29)

8) 이들 중 안진호는 1920년대의 문학 주체로 소개한 바 있는데, 30년대의 활동도 이에서 크게 벗어나지 않는다.(필자, 2015b) 김일엽은 1928년 입사하여 1929년 퇴사한 것으로 추정되는데, 문학 작품의 창작과 투고는 오히려 1930년대에 주로 이루어졌다. 그는 불교사 직원 명단에 보이지 않는 기간에도 불교사 주변에 있으면서 원고 의뢰를 받아 투고하였는데, 그 내용을 보면 불교사 및 불교계와 긴밀한 관계가 유지되고 있음을 알 수 있다.

9) 〈승리의 새벽〉〈성도가극〉(67호, 1930.1)

10) 〈(창작)회심〉(73호, 1930.7)/〈(창작)밝아오는 새벽〉(79호, 1931.1)/〈정신(正信)을 얻기까지〉(창작)(94호, 1932.4)/〈회한〉(창작)(95호, 1932.5)/〈운명에 번롱(飜弄)된 여성들〉(창작)(100호, 1932.10).

11) 〈(희극)떡!!!〉(69호, 1930.3)/〈불심〉(사극)(71호, 1930.5)/〈우주의 빗〉(성탄극)(72호, 1930.6)/〈쌀〉(희곡)(75호, 1930.9)/〈눈을 뜨지 마랏더면〉(희곡)(76호, 1930.10)/〈입산〉(성극)(80호, 1931.2)/〈불멸의 광〉(성극)(82호, 1931.4)/〈애욕의 말로〉(희곡)(84·85호, 1931.7)/〈구이선녀(瞿夷仙女)〉(성극. 희곡)(96호, 1932.6)/〈우란분〉(성극)(98호, 1932.8)/〈전화(錢禍)〉(희곡)(99호, 1932.9).

12) 〈월인천강곡찬불가〉(69호, 1930.3)/〈월인코러스대가〉〈종소리〉(70호, 1930.4)/〈고행가〉(81호, 1931.3)/삼초(만동 편), 〈월인찬불가〉(83호, 1931.5)/〈병창에서〉(95

호, 1932.5)/〈목련의 지효(至孝)〉〈찬불가〉(98호, 1932.8)/〈신년송〉(103호, 1933.1)/〈의주통군정〉(104호, 1933.2)/〈님의 발자욱〉(105호, 1933.3)/〈람비니원〉(106호, 1933.4)/〈신이화(莘夷花)〉(107호, 1933.5)/〈곡달마파라(哭達摩婆羅)〉[담마파라대사 조곡시(弔哭詩)(108호, 1933.7)]. 이밖에 기행문 〈북선일대전도순강기(北鮮一帶傳道 巡講記)〉(89호, 1931.11)에 창작 가사 〈유산록〉이 있고, 다수의 기행문에 시조가 삽입되어 있어 시 작품의 총량은 더 확장될 수 있다.

13) 김태흡의 호는 다양하다. 제4장 미주 9)번 참조.

14) 86호(1931.8) [社告](p.25) - "본사 확장의 의미로 김태흡씨를 특파원으로 파송하야 함북각지를 순회하고 백두산을 참관하는 중이온즉 느저도 본지 10월호에는 그 장관의 기행문이 게재되겟사외다. 불교사白."
87호(1931.9) [휘보] - "본사 함북지사장 장용상씨의 요망에 의하야 본사에서는 김태흡씨를 특파원으로 파송하야 함북각지를 순회강연하고 성경(聖境)인 백두산을 참관하게 되얏는대 그 전말의 기행문은 실로 기절장절의 사경이 전개될 것이다. 본지 10월호에는 유루없이 등재하야 독자의 종람에 제공하겟사외다."
88호(1931.10) [사고](p.25) - "본지 11월호에는 천하의 성경인 백두산의 기행문이 만재되겟사외다. 불교사 백."

15) 이는 그가 주력했던 또 다른 장르(희곡)에서도 발견되는 현상이다. 불교경전을 재해석한 번안, 번역 희곡이 대부분이며, 창작이라 하더라도 불경에 기반한 내용이 다수를 차지하고 있다. 이에 대해서는 신은연(2006), 김기종(2010)에서 검토가 이루어졌다. 본고는 불교사의 기자인 김태흡이 다양한 장르에 걸쳐 지면을 다양하게 장식하고 있다는 점을 지적하는 선에서 정리하고자 한다.

16) 도진호의 회의 참가와 불교사적 의의는 김광식, 〈최남선의《조선불교》와 범태평양불교청년회의〉,《새불교운동의 전개》, 도피안사, 2002. 참고.

17) 〈범태평양회기(汎太平洋會記)〉(77호, pp.34~39). 여기에는 불교청년운동의 한 방식으로 각국의 불교문학을 다양화하고 활성화한다는 내용도 주요 안건으로 포함되어 있다.

18) "도진호 사가 미국 포왜(布哇)로 갓다지 문고(文庫)? 포교(布敎)? 두 가지 다 하면 騎鶴上楊州"(p.61), "도진호 사는 去 8월21일 경성발 미국 포왜로 갓다는데 사는 피지에 조선문고를 세우고 또 불교포교사업을 일으키겟다고"(p.77)(이상《금강저》19호, 1931.11), "도진호 사가 포왜에서 포교사업의 첫솜씨로 고려선사(高麗禪社)를 창

설하엿다고"(《금강저》20호(1932.12) p.64.)
19) 유창한 영어 구사 능력을 가지고 대회에 참석한 도진호는 이 행사를 계기로 하와이 포교, 미국 진출의 꿈을 가졌던 것으로 보이는데, 하와이에 조선문고를 설치하고 사찰을 세우는 것으로 그 첫발을 내딛었다. "도진호師-작년 포왜 개최된 태평양불교청년대회에 갓다온 뒤로 늣긴배 있어 포왜에 있는 조선동포에게 조선의 문화와 정조를 교양하기 위하야 포왜에 조선문고(朝鮮文庫)를 설치하량으로 각방면으로 노력중이라 하니 그 유종의 미를 빈다."(87호의 [불교휘보]) 도진호는 이후 미국지역에서 활동하였고 이승만이 초대 대통령으로 추대되는 것에 반대하는 성명서를 교민대표로 내는 등 활발한 정치적 행보를 보여주었다.
20) 정황으로 보아 X는 불교사의 직원으로 비슷한 시기에 입사하여 잠시 함께 근무했던 백성욱으로 추정된다.
21) 〈행로난〉(94호, 1932.4), 〈청춘〉〈님의 손길〉〈귀의〉(95호, 1932.5), 〈낙화유수〉〈낙화〉(96호, 1932.6), 〈불교지〉〈세존이 예든 길〉〈가을〉〈만각(晩覺)〉〈경대(鏡臺) 압해서〉(100호, 1932.10), 〈무제〉(101·102호, 1932.12), 〈때아닌 눈〉(106호, 1933.4) 등은 시조 장르, 〈시계추를 처다보며〉(108호, 1933.7)는 시 장르이다.
22) 그는 1930년대 중반을 넘어서면서《불교시보》(1935.8~1944.4)를 창간하고 심전운동(心田運動)을 전개하며 일제의 이데올로기 구현에 앞장선다. 불교포교활동을 통해 일제의 대동아공영권 건설에 이바지한 그 시기에는 문학이 설 자리가 없었고, 이에 따라《불교시보》에는 의미있는 문학 텍스트가 거의 보이지 않는다. 불교문학장의 주체로서 그의 역할은 본고에서 다룬 이 시기까지다. 이후에 보여준 그의 행적은 개인으로서나 불교계와 민족을 위해서나 크나큰 손실이라 하지 않을 수 없다.

6장 미주

1) 《불교》창간호, 1924.7.1., p.5.
2) 이와 관련하여《불교》창간호, p.1에는 '佛日再運'이라는, 당시 齋藤總督의 揮筆이 큼직하게 게재되어 있으니 그간 난맥상을 보였던 조선불교가 "僧伽卽和合이라는本旨를洞覺한下에서和氣融融한握手로佛敎機關의統一을圖하야隔閡가업서지고一合相이되여서財團法人이完成되고機關雜誌까지創刊하야斯界에一大新紀元이됨을讚歎隨

喜"한다는 의미라 한다.
3) 김광식,《근현대불교의 재조명》(서울: 민족사, 2000), p.20. 이는 당시 보수적인, 주류 불교인들의 정치적 행보와 관련된 것이지만 근대 불교잡지의 편집 태도에도 그대로 적용된다고 할 수 있다.
4) 이에 대해서는 김광식,《한국근현대불교자료전집 해제》(서울: 민족사, 1996), pp.1-56 참조.
5) 〈불교와녀자〉,《조선불교월보》4호, 1913에서《종경록》의 구절을 재인용하고 이상의, 불교의 여성관에 대한 내용 요약함. 불교여성관의 변천과 관련해서는 박상란, 〈한국 불교설화에 나타난 여성상〉,《한국고전여성문학연구》제6집(서울: 한국고전여성문학회, 2003), pp.344-345 참조.
6) 〈불교와녀자〉.
7) 尚玄居士,〈多妻敎. 一妻敎. 無妻敎〉,《불교진흥회월보》5호, 1915.
8) 〈불교와녀자〉.
9) 김복순,〈근대초기 모성담론의 형성과정〉,《22차 동계학술발표회 자료집》(서울: 한국고전여성문학회, 2007.2.9.).
10) 필자가 조사한 바로는 이 여성이 불교잡지라는 공공 언론매체에 최초로 글을 남긴 이다.
11) 〈信敎婦人界에 一言으로 警告홈(신교ᄒ시ᄂ부인계에ᄒ말ᄉᆞᆷ으로 경고홈)〉,《조선불교월보》3호, 1911.
12) 菊如,〈小說〉,《불교진흥회월보》1호, 1915.
13) 〈破鏡歎〉,《불교진흥회월보》7호, 1915.
14) 박상란,〈신작구소설에 나타난 여성상의 문제〉,《한국고전여성문학연구》제8집(서울: 한국고전여성문학회, 2004).
15) 김태흡,〈佛敎女性觀〉,《불교》62호, 1929.8.1.
16) 김광식, 앞의 책《근현대불교의 재조명》, p.27.
17) 1930년대로 넘어가면 불교를 중심으로 여성과 민족, 국가간의 관계가 좀더 분명해진다. 다음은 불교여성지도자 김광호의 말이다. "이世上에잇는동안에佛敎의感化를 입어서 偉大한人格을 發揮하야 家庭의어머니가되고 社會의어머니가되고 國家의어머니가되여서 世上을걷지는女丈夫가되려는 信念미테서佛敎를믿는者"(김광호 여사, 〈佛敎와女性의信仰〉,《불교》66호, 1929)

18) 《불교》16호, 1925.10.1.
19) 박장순,〈수쟈타와푼나의두少女〉,《불교》32호, 1927.
20) 오관수,〈어머님〉,《불교》22호, 1926.4.1.
21) 박영수,〈信女의 노래〉,《불교》8호, 1925.7.15.
22) 《불교》21호, 1926.3.1.
23) 白雷,《불교》54호, 1928.
24) 조승미,〈여성주의적 관점에서 본 불교수행론 연구: 한국여성불자의 경험을 중심으로〉, 박사학위논문(동국대학교대학원, 2004), pp.114-119.
25) 〈冥路에서 다시 人間(信心과 孝誠이 至極한 金順得이;염불관음력으로 병낫고 목숨이어;표교계의 사실증명;영험록의 증보자료〉,《불교》창간호, 1924.7.15.
26) 〈家長病에 斷指注血;濟州佛敎婦人會 갸륵하신 靑年女子〉,《불교》25호, 1926.7.1.
27) "이것은 녀인을 모욕(侮辱)ᄒ신 말씀이안니라 남ᄌ를되ᄒ야 염욕(染慾)을 경계ᄒ야 공부를 온전케ᄒ심이니 되뎌인도ᄂ 열되(熱帶)지방이라 인민의 음욕이 비상ᄒ 인종인고로 츌가ᄒ야 수도ᄒᄂᄌ에 되ᄒ야 이갓치 경계ᄒ심이요 절되젹(絶對的)녀인을 악ᄒ마귀(魔鬼)로 비쳑ᄒ심은 안니로다."(김태흡,〈佛敎女性觀〉,《불교》62호, 1929.8.1).
28) 靈齋生,《佛日》2호, 1924.
29) 一葉,《불교》57호, 1929.
30) 〈處女의 純潔性〉,《평범》3호, 1927.
31) 誠乎,《평범》2호, 1927.
32) 擔雪學人 역,《불교》52호, 1928.
33) 〈戀愛와夫婦愛〉, p.12.
34) 〈禁慾戀愛宗敎〉, p.60.
35) 城西閒人 譯,〈阿難에게 반한 女子〉,《불교》5~7호, 1924.11.15.-1925.1.1.
36) 天愛者,〈戀愛〉,《불교》20~21호, 1926.2.1.-3.1.
37) 春崗,《불교》48호, 1928.
38) 〈阿難에게 반한 女子〉2장,《불교》6호, 1924.12.15., p.65.
39) 〈阿難에게 반한 女子〉2장,《불교》7호, p.134.
40) 〈阿難에게 반한 女子〉2장,《불교》5호, p.67.
41) 〈阿難에게 반한 女子〉2장,《불교》7호, p.134.

42) 天愛者,《불교》 20~21호.
43) 春崗,《불교》 48호, 1928.
44) 白山,〈旅人〉,《불교》 60호, 1929.
45) 月岡 任一宰,〈順姬의 죽엄〉,《불교》 8호, 1925.2.1.

7장 미주

1) 이에 대해서는 김광식,《한국근현대불교자료전집 해제》(서울: 민족사, 1996), pp.15-56; 최덕교,《한국잡지백년》 1(서울: 현암사, 2004), pp.378-429 참조.
2) 김광식,《한국근대불교사연구》(서울: 민족사, 1996), p.38.
3) 《한국구비문학대계》(분당: 한국정신문화연구원, 1980~1989)의 권수를 표시한 것임. 이하 같음.
4) 이중 산지기의 아들과 머슴의 경우 그 아버지는 정승이었는데 전자는 망해서, 후자는 죽은 후 종들이 모든 것을 빼앗아서 그 아들이 머슴이 된 것.
5) 마지막 이야기는 우연히 대감집 사위가 됨으로써 처남들로부터 천대를 받는다.
6) "이 아이가 재주가 마 방에 하는 아이보다 훨씬 나은 기라", "저것들이 아무래도 조것이 공부를 잘하고, 우리가 못한께 이 과거를 헛 것 볼 것 아닌가? 싶어 가지고 가면서 저거 어째 죽여야 되겠거든."
7) "그때 마침 그 집 주인은 배나무 밑에서 청룡, 황룡이 희롱하는 꿈을 꾸고 깨어 꿈이 이상하다 하여 하인을 불러 말하기를 등불 켜가지고 뒤안 배나무에 밑에 가서 사람이든지 짐승이든지 무엇이든지 있거든 조금도 상치 말고 곱게 가져오라 말하였습니다."
8) 《임석재 전집》 4(서울: 평민사, 함경남도편).
9) 이와 대조적으로 '내 복에 산다' 유형은 결국 막내딸의 말이 옳다는 것이 인정된다는 점에서 어른의 가치관에 저항하는, 대표적인 이야기라 할 수 있다. 말 안 듣는 문제를 어린이의 입장에서 보아 자신이 원하지 않거나 감당할 수 없는 것을 어른이 시키는 것이라 하여 어른의 '억압'으로, 이 때 청개구리를 옛이야기에 나오는 어린이들 중 가장 어린이다운 어린이로 해석한 경우도 있다.(이지호,《옛이야기와 어린이문학》(서울: 집문당, 2006), pp.272-273) 이에 앞서 최기숙은 청개구리는 "어른의 지시

에 반항하는 어린이의 자유의지에 대한 욕망을 은유"한 것으로 보았다(최기숙,《어린이 이야기, 그 거세된 꿈》(서울: 책세상, 2001, p.142).

10) 이지호는 어머니 쪽의 문제점을 여럿 들고 그 중에서 이를 어린이의 성장과정을 예상하지 못한 것으로 보았다(이지호, 앞의 책 옛이야기와 어린이문학》, p.273).

11) 임권,《燕行日記》十月 十三日.

12) "이 아이는 부모님의 귀염 속에서 자라난 아이가 되어서 어리광만 피우고 어기짱을 잘 칩니다."

13) 윤혜진, 〈불교의 아동 자아관-아동 심리학의 입장과 비교하여〉,《한국불교학》17(서울: 한국불교학회, 1992), p.164.

14) 윤혜진, 위의 논문.

15) "좌우에 위엄스럽게 무섭게 칼찬 채사가 늘어서고 문서 맡은 판사, 검사 같은 이가 늘어서 있는데 그 한 가운데 염라대왕이 수염을 거스리고 위풍이 당당하게 앉아 있습니다. 보기만 하여도 어찌 무서운지 쳐다볼 수가 없습니다."

16) 이 설화가 유럽에서는 보이지 않고, 주로 중국·일본 등지에 분포되어 있다는 점에 대해서는 성기열,《한일민담의 비교연구》(서울: 일조각, 1979) 참조.

17) 《본생경(本生經)》제10편, 439, 〈사문(四門)의 전생이야기〉(한글대장경 93, 동국역경원, 2002).

18) 김현룡은《태평광기》389권의 '渾子'라는 청개구리 이야기와 우리 쪽 이야기를 비교하여 앞부분은 전혀 차이가 없어 영향 관계를 인정할 수 있지만 마지막 부분에서 청개구리가 우는 내력과 관련된 것은 우리 쪽 이야기에 고유한 것으로 여기에 우리 민족의 기지가 발휘되어 있다고 하였다(김현룡,《한중소설설화비교연구》(서울: 일지사, 1976, p.163).

19) 《임석재 전집》1, 5, 6, 7, 9.

20) 혹은, 마른신 장수와 짚신 장수, 나막신 장수와 짚신 장수 등 같은 날씨에 행불행이 엇갈리는 장수들이 등장한다.

21) 생활 동화는 공상이나 초현실적인 사상(事象)에 전적으로 의존하지 않고 어린이의 생활을 중심으로 현실의 제 문제를 사실적으로 반영한 동화를 말한다. 이 용어는 1930년대 대표적인 일본 프로문학 작가인 츠카하라 켄지로[塚原健二郎]가 사용한 '생활주의 동화'에 기원하며 우리나라에선 1960, 70년대 아동문학 이론의 초석을 놓은 이재철이《아동문학개론》(서울: 집문당, 1983(개고판), pp.152-153)에서 언급

한 이후로, 1980년대 최운식·김기창 공저의《전래동화 교육론》(서울: 집문당, 1980, pp.32-33) 에 이르기까지 아동문학 관련 저서에서 통용되고 있는 실정이다. 물론 프로문학적인 의미보다는 창작동화의 한 부류로서 리얼리즘을 기반으로 한 동화를 말하며 일본식 조어임은 분명하나 적절한 대체어를 쓰기가 용이치 않아 현재 통용되는 용어를 쓰게 됨을 밝혀 둔다.

22) 김덕희 역,《세계민담전집》8(프랑스 편)(서울: 황금가지, 2003), pp.37-38.
23) 권은주,〈인간·아동발달에 대한 불교이론 연구〉,《한국불교학》14집(서울: 한국불교학회, 1989), pp.442.
24) 윤혜진, 앞의 논문〈불교의 아동 자아관-아동 심리학의 입장과 비교하여〉, pp.164-165.
25) 권은주, 앞의 논문〈인간·아동발달에 대한 불교이론 연구〉, pp.448.
26) 윤혜진, 앞의 논문〈불교의 아동 자아관-아동 심리학의 입장과 비교하여〉, 164쪽.
27) 五峯山人,〈朝鮮佛敎의 懸案을 解決하라〉,《불교》7호.
28) 五峯山人,〈朝鮮佛敎의 敎育方針을 確定하라〉,《불교》2호,〈朝鮮佛敎의 懸案을 解決하라〉,《불교》7호; 憂憂生,〈佛敎敎育事業에 對하야〉,《불교》12호 등.
29) 〈朝鮮初有의 保姆講習會〉,《불교》26호;〈能仁幼稚園을設立〉,《불교》31호;〈錦城幼稚園設立〉,《불교》33호.
30) 《불교》25호.
31) 《불교》29호.
32) 〈能仁少年臨時總會〉, 불교 26호;〈公州佛敎의 發展〉,《불교》28호;〈公州布敎堂內에 悉達講習園의美學〉,《불교》30호.
33) 《불교》31호.
34) 《불교》26호.
35) 《불교》33호.
36) 각각《불교》28호, 30호, 31호.
37) 《어린이》1권 1호(1923)에 '천도교 겸이포 소년회'의 활동상이 나타나 있는데 동화, 합창 등의 활동을 하는 동악회, 그리고 원족회, 등산회, 가극단 연행 등 일반적인 어린이 문화 활동이 중심이 되고 있음을 알 수 있다.
38) 〈각 지방의 소년회 소식 - 우리의 힘은 이렇게 커간다〉,《어린이》2권 2호, 1924.
39) 〈朝鮮佛敎少年會創〉,《불교》25호.

40) 小波,〈씩씩한동모들 彦陽의 早起會〉,《어린이》3권 9호, 1925.
41) 李起龍,〈소년운동의 뜻을 알자〉,《어린이》1권 8호, 1923.
42) 〈朝鮮佛敎少年會創立〉,《불교》25호.
43) 〈少年뉴-쓰 發刊-《朝鮮佛敎》附錄으로〉,《불교》27호.
44) 손진태,《조선민담집》(東京: 鄕土文化社, 1930). 물론《임석재 전집》에 수록된 이야기 중 일부는 1910년대에 채록된 것도 있다.
45) 임석재 자료집의 경우, 녹음기를 활용하기 시작한 1960년대 이전에는 들은 내용을 추후에 기억에 의존해 기록하였다 한다. 더구나 그 때는 물론 1960대 이후에도 들은 내용을 대폭 '정제'했을 뿐만 아니라 구연 현장에 대한 정보 제공에도 무심한 편이었다.
46) 외국 동화의 번역물을 제외하면 20년대는 전래동화가 대세였다고 할 만하다.《조선동화집》(조선총독부 편, 1924),《조선동화대집》(심의린 편, 1926),《조선동화 우리동무》(한충, 1927) 등이 대표적인 전래동화집이며, 그 외《어린이》에도 지속적으로 전래동화가 수록되어 있다. 박혜숙은《어린이》이가 창간된 1923년을 외국동화에서 벗어나 창작동화가 형성된 전환기로 보았지만《어린이》동화의 대부분은 외국동화와 전래동화이고, 창작동화는 한두 편 정도였다(박혜숙,〈개화기 교과서의 이솝우화와 한국 동화의 성립 과정〉,《동화의 형성과 구조》(서울: 한국학술정보사, 2005), pp.49-56).
47) 2006년 9월 24일, 채록 후 인터뷰.
48) 2002년 1월 22일, 채록 후 인터뷰.
49) 임석재 편,《韓國口傳說話》7(전라북도편 1)(서울: 평민사, 1993), p.7.
50) 이에 대해서는, 김세리,〈《어린이》연구-1920년대 아동문학 작가와 독자의 관계를 중심으로〉, 석사학위논문(동국대학교대학원, 2005), pp.37-68.
51) 이에 대해서는 여러 편의 연구 성과가 나온 것으로 안다. 요점은 해당 시기의 사회적인 정황과 어린이관을 고려한, 편집자의 의도적인 손질에 따라 설화가 변형된다고 하는 점이다. 대표적으로, 김환희,〈설화와 전래동화의 장르적 경계선-아기장수 이야기를 중심으로〉; 박임전,〈뻬로의 '장화 신은 고양이' 연구〉,《동화와 설화》, 건국대학교 동화와번역연구소(서울: 새미, 2003).
52) 불교잡지 동화가 아니라도 전래동화가 일반 민담보다 도덕적이고 교훈적이라 함은 주지의 사실이다(최운식·김기창, 앞의 책《전래동화 교육론》, p,28).

8장 미주

1) 이상 영이담의 개념과 특징에 대해서는, 황패강,《신라불교설화연구》(서울: 일지사, 1975), p.74 참조.
2) 김종진,〈근대 불교시가의 전환기적 양상과 의미 - 조선불교월보를 중심으로〉,《한민족문화연구》22(서울: 한민족문화학회, 2007); 김종진,〈전통 시가 양식의 전변과 근대 불교가요의 형성 - 1910년대 불교계 잡지를 중심으로〉,《한국어문학연구》52(서울: 한국어문학연구학회, 2009); 김기종,〈근대 대중불교운동의 이념과 전개 - 권상로, 백용성, 김태흡의 문학작품을 중심으로〉,《한민족문화연구》28(서울: 한민족문화학회, 2009); 김기종,〈조학유의《찬불가》연구〉,《한국어문학연구》56(서울: 한국어문학연구학회, 2011).
3) 고재석,〈1910년대의 불교근대화운동과 그 문학사적 의의〉,《한국문학연구》10(서울: 한국문학연구소, 1987); 박상란,〈근대 불교잡지의 동화와 그 설화 전승상의 의의 -《불교》'소년란'의 동화를 중심으로〉,《구비문학연구》25(서울: 한국구비문학회, 2007); 박상란,〈근대 불교잡지 소재 강담(講談)문학의 의의〉,《선문화연구》9(서울: 한국불교선리연구원, 2010).
4) 《三國遺事》卷三 興法3,〈原宗興法과 猒髑滅身〉을 가리킴.
5) 이에 대해서는 그 구조를 '출현-발견-봉안-신이사'로 파악하고, 이것이 고대 신화적 요소를 계승하였다는 점에서 그 서사문학사적 위상과 의미를 논의한 선행 연구가 있다.(윤혜신,〈불상출현담(佛像出現譚)의 서사문학적 위치와 의미-《삼국유사》〈황룡사 장륙〉,〈사불산 굴불산 만불산〉,〈무왕〉조 설화를 대상으로〉,《구비문학연구》20(서울: 한국구비문학회, 2005)
6) 차례로《三國遺事》卷三 塔像4,〈皇龍寺丈六〉에선 바다에서,〈四佛山·掘佛山·萬佛山〉에선 하늘과 땅속에서, 卷二 紀異2〈武王〉에서는 물속에서 불상이 출현한다.
7) 이에 대해서는 윤혜신의 앞의 논문에서도 언급되었지만, 그 의의보다는 출현 방식이나 성격에 있어서 신화적 주인공과 유사하다는 점에 초점이 맞추어져 있다.
8) 차례로,《어우야담》2권, 종교편,〈승려〉;《대동야승》56권, 송계만록 하;《청구야담》7권,〈치정성과효배불상(致精誠課曉拜佛像)〉;《어우야담》2권, 종교편,〈승려〉;《어우야담》2권, 종교편,〈승려〉;《한국야담자료집성》17, 소문세설,〈경재적선몽불력(傾財積善夢佛力)〉;《천예록》,〈염라왕탁구신포(閻羅王托求新袍)〉;《천예록》,〈보살

불방관유옥(菩薩佛放觀幽獄)〉. 설화의 제목은 편의상 필자가 붙인 것임.

9) 이에 대한 것은 박상란, 〈조선시대 문헌 소재 불교설화의 양상과 의미〉,《불교학보》 46(서울: 불교문화연구원, 2005), pp.77-79 요약.

10) 《삼국유사》〈사불산 굴불산 만불산〉의 경덕왕(景德王) 관련 불상출현담에서는 경덕왕이 백률사에 행차하여 산 밑에 이르니 땅 속에서 염불하는 소리가 들려 명하여 파게 하였더니 불상이 나왔다고 하였다. 즉, 염불을 들을 줄 아는 경덕왕을 인연 삼아 불상이 출현한 것이다. 이와 달리 근대 불상출현담에서는 이러한 염불소리 듣기 화소보다 출현 이전에 발견자가 평소 신심이 깊었음을 서술하여 발견의 필연성을 강조하고 있다.

11) 이에 대해서는 송현주, 〈근대 한국불교의 종교정체성 인식〉,《근대성의 형성과 종교지형의 변동》I (분당: 한국학중앙연구원, 2005) 참조.

부록

❶ 근대 불교잡지 연표
❷《불교》연표

부록 ❶ 근대 불교잡지 연표

※ 잡지명[발행인 / 발행처 / 총 호수 / *기타]

1910년	• 圓宗 [이회광 / 임시원종종무원 / 부전(총 2호)]
1912년	• 朝鮮佛教月報 [권상로(박한영) / 조선불교월보사 / 1~4호 원종종무원, 5~19호 조선불교선교양종각본사주지회의원) / 총 19호]
1913년	• 海東佛報 [박한영 / 해동불보사(조선불교선교양종삼십본산주지회의소) / 총 8호]
1915년	• 佛教振興會月報 [이능화 / 불교진흥회(삼십본산연합사무소) / 총 9호]
1916년	• 朝鮮佛教界 [이능화 / 불교진흥회(삼십본산연합사무소) / 총 3호]
1917년	• 朝鮮佛教叢報 [이능화 / 삼십본산연합사무소 / 총 22호]
1918년	• 惟心 [한용운 / 유심사 / 총 3호]
1920년	• 鷲山寶林 [이종천 / 축산보림사(1~5호), 통도사불교청년회(5~6호) / 총 6호] • 潮音 [이종천 / 조선불교청년회 통도사 지회 / 총 1호]
1921년	• 覺聲 [? / 조선불교청년회 계획 중 / 부전 / *축산보림 6호(1920) 기쁜소식]
1924년	• 朝鮮佛教 [나카무라 겐타로(中村健太郞) / 조선불교단 / 총 121호 / *1-12호 한글 일어 병용. 13호부터 일본어 전용] • 金剛杵 [이영재 외 / 금강저사 1~17호, 조선불교청년동맹 동경동맹 19~21호, 조선불교동경유학생회 22~25호, 금강저사(조선불교동경학우회 26호) / 총 26호] • 佛日 [김세영 / 불일사(조선불교회) / 총 2호] • 佛教 [권상로, 한용운 / 불교사(조선불교중앙교무원) / 총 108호] • 荒野 [? / 북경불교유학생 / 부전 / *불교5호(1924.11) 휘보]

1927년	• 佛敎世界 [? / ? / 부전 / *박윤진, 〈불교지 제백호 기념사〉, 불교 100호, 1932.10, p.86.; 김천 불이교당 계획, 불교 30호 휘보]
1928년	• 無我 [? / 동경 삼장학회 / 부전 / *불교 48호 휘보, 금강저 16호 휘보]
	• 一光 [송종헌 외 / 중앙불교전문학교 교우회 / 총 10호]
1929년	• 回光 [이순호 외 / 조선불교학인연맹 / 총 2호]
1931년	• 佛靑運動 [김상호 외 / 조선불교청년총동맹 / 총 11호]
	• 禪苑 [김적음 / 선학원 1~3호 / 조선불교선리참구원 4호 / 총 4호]
1932년 이전 (1920년대 후반 가능)	• 赤蓮 [? / ? / 부전 / *박윤진, 〈불교지 제백호 기념사〉, 불교100호, 1932.10, p.86 ; 김기종, 《불교와 한글》, 동국대출판부, 2015, p.259.]
	• 關西佛敎 [? / ? / 부전 / *박윤진 기념사, 불교100호, 1932.10, p.86.]
	• 大法雷 [? / ? / 부전 / *전신은 관서불교(박윤진, 〈불교지 제백호 기념사〉, 불교100호, 1932.10, p.86.)]
1933년	• 鹿苑 [? / ? / 부전 / *경성 삼청동 녹원사(조명기, 박봉석 책임) 금강저21호 휘보 *녹원-조선불교학생동맹(1946.5-1947.3), 녹원-녹원사(1957.2-총5호).]
	• 寂光時報 [? / ? / 부전 / *류춘섭 주필(전 적광시보사)-불교시보 5호 휘보(1935.12)]
1935년	• 佛敎時報 [김태흡, 불교시보사, 105호 / *월간신문]
	• 金剛山 [권상로 / 금강산 표훈사 / 총 10호]
1936년	• 慶北佛敎 [강유문, 김해윤 / 경북불교협회 / 총 48호 / *월간신문]
1937년	• (新)佛敎 [허영호 외, 경남삼본산종무협회 / 총 67호]
	• 藍毘尼 [양영조 외 / 중앙불교전문학교 학생회 / 총 4호]
1938년	• 琢磨 [정창윤 / 보현사 불교전문강원 / 총 1호]
	• 弘法友 [이재복 / 봉선사 홍법강우회 / 총 1호]

부록 ❷ 《불교》연표

호	발행연도	발행인	시론, 교육, 단체	학술 / 논설 / 수필	시
1호	1924.7	권상로	p.1 〈창간사〉 p.71 〈佛敎月旦〉 조선불교대회-일본유학생 50명 계획, 금년 3명 파견	p.2 〈太古和尙太古庵歌 科釋〉	p.38 覺王侍者, 〈吾人〉 p.58 北京 金素園, 〈佛陀님〉 〈꿈에〉 〈苦憫〉
2호	1924.8	권상로	p.1 五峰山人, 〈조선불교의 교육방침을 확정하라〉	p.25 퇴경, 〈조선과 조선불교와의 상사점〉	p.34 각왕시자, 〈公私〉 〈反省〉 p.37 夢半學衲, 〈信女〉 〈道師〉
3호	1924.9	권상로			p.34 각왕시자, 〈倒行逆施〉
4호	1924.10	권상로			p.28 각왕시자, 〈佛法〉 p.31 金圓祥, 〈佛陀님께〉
5호	1924.11	권상로			
6호	1924.12	권상로	p.1 〈甲子年을 送하며〉 p.3 오봉산인, 〈甲子年을 보내는 朝鮮佛敎界〉(* 세계불교의 동향포함 국내 불교계의 흐름을 정리)		p.40 素園, 〈北海의 가을〉 〈열두시〉 p.39 각왕시자, (한시 4수) 〈轉眼〉 〈容人〉 〈忘我〉 〈病殘〉
7호	1925.1	권상로	p.16 오봉산인, 〈조선불교의 현안을 해결하라〉(* 사법개정, 불교전문학교설립, 포교사 사회사업 등 정리) p.97 釋宗ён(이영재), 〈교학연구를 진흥하라-전문학교를 설치, 전문강원 정부〉 p.111 無號(백성욱), 〈近時 불교운동에 대하야〉(* 해외경향)	p.19 白皎(백성욱), 〈불교순전철학〉 p.56 이광수, 〈불교와 조선문학〉 p.61 최영년, 〈시학상으로 관찰한 불교〉 p.65 이병기, 〈조선어로 보는 불교〉 p.67 양건식, 〈소설로 관찰한 불교〉 p.109 城東痴人, 〈夢一場〉(수필) p.137 〈白皎(백성) 군의 서신 몇 절〉	p.2 퇴경, 〈봄마지〉(백우용 작곡 악보) p.4 백준, 「祝「佛敎」의 從緣生(남독일에서)」 p.15 각왕시자, 〈新年〉 p.127 任一宰, 〈나는 가요〉(*동요로는 최초 등장) p.128 임일재, 〈無題〉(시)
8호	1925.2	권상로	p.3 〈궐기하라 오 교역자여〉		p.2 퇴경, 〈믿음〉 (3.3조) p.43 金秋溪 원저 金素園 抄寄, 〈高麗寺歌〉 p.78 朴泳洙, 〈信女의 노래〉(4.4조) p.79 U生(박봉석), 〈表忠寺의 밤〉
9호	1925.3	권상로		p.58 퇴경, 〈불교결의〉(*백준=백성욱과 그 이력의 일부 소개)	p.2 解波, 〈믿음의 글〉(6.5조)
10호	1925.4	권상로	p.47 〈불교소식〉 일본 유학생 명단		p.2 퇴경, 〈배후라〉(7.5조) p.36 在 東京 金素荷, 〈曠野의 鐘聲〉 〈新生〉 〈懺悔와 感恩〉
11호	1925.5	권상로			p.2 〈오섯네〉(후렴구. 3장) p.28 동경 張曇現, 〈淨化한 누리〉 p.29 姜裕文, 〈孤兒들의 煩懣〉
12호	1925.6	권상로	p.45 〈불교소식〉 불교소년동화회의 소식		p.2 〈마음꽃〉(4절 4행)
13호	1925.7	권상로	p.44 金世瑛, 〈소년불교〉 부처님의 존엄(첫째)		p.2 〈佛寶〉(4절 4행 F조 4분4박)
14호	1925.8	권상로	p.36 김세연, 〈소년불교〉 신선의 예언(둘째)		p.2 〈우리의 責任〉(4절 5행)
15호	1925.9	권상로			p.2 〈백종날〉(4절 6행 44조) p.38 無號山房, 【萍水雜俎】 〈서언〉 〈1.늦김〉 〈2.落照〉 〈3.秋天歸鴈〉(*1919년 작품)

소설 / 희곡	기행문	설화 / 영험담	번역	기타
	p.39 贋頭陀,〈태고암拜觀記〉	p.51〈信心과 孝誠이 지극한 金順得이 冥路에서 다시 인간〉(영험록)		
	p.42 龜山人(박한영),〈瀛洲紀行〉			
p.65 城西閑人 역,〈희곡 아난에게 반한 여자〉(*마등가경의 번역)	p.53 小白頭陀(안진호),〈화계사에 一夜〉			
p.61 성서한인 역,〈희곡 아난에게 반한 여자〉	p.41 구산인(박한영),〈瀛洲紀行〉			
p.133 성서한인 역,〈희곡 아난에게 반한 여자〉			p.130 선각거사 번역,〈석씨원류〉	
p.80 月岡 任一宰,〈소설 順姬의 죽엄〉			p.75 선각거사 번역,〈석씨원류〉	
	p.38 항주 一波(엄항섭),〈고려사〉		p.75 선각거사 번역,〈석씨원류〉	
			p.44 선각거사 번역,〈석씨원류〉	
	p.34 박용규,〈靈田洞!-추동의 유적과 보존회의 성립〉		p.45 선각거사 번역,〈석씨원류〉	
			p.42 성각거사 번역,〈석씨원류〉	
			p.42 선각거사 번역,〈석씨원류〉	
			p.34 선각거사 번역,〈석씨원류〉	
			p.39 선각거사 번역,〈석씨원류〉	p.37 인도시성 타고루,〈不思議의 小鳥〉

호	발행 년도	발행인	시론, 교육. 단체	학술 / 논설 / 수필	시
16호	1925.10	권상로	p.38 김세영, 〈소년불교〉 천하에 으뜸(셋째)		p.2 〈마음〉(3절 6행 후렴 두줄) p.34 무호산방, 【萍水雜俎】 〈4.明月의 留影〉〈5.自然의 景〉
17호	1925.11	권상로	p.23 周東汜, 〈中央佛敎學友會의 一員으로서 全朝鮮佛敎徒 諸師의 앞에 告白하나이다〉 p.43 〈불교소식〉 중앙불교학우회 조직과 주旨, 인도유학의 효시(李英宰 *사진첨부)	p.21 동경 김태흡, 〈조선불교총서간행에 대하야〉	p.2 〈착한일〉(4절 4행) p.34 무호산방, 【萍水雜俎】 〈6.人中自然의 발로〉〈7.나의 늣김〉〈8.불공원에 하루〉
18호	1925.12	권상로	p.13 퇴경, 〈동아불교대회참석일기〉 p.50 〈불교소식〉 소년학예회 유희창가	p.3 之一, 〈大會에서 엇은 感想〉(*나청호, 이혼성, 권상로 3인 대표로 동아불교대회 참석차 방일) p.45 饒舌者, 〈東亞子에게 一告하노라〉	p.2 〈모다쯤(德是夢)〉(4절 6행) p.49 무호산방, 【萍水雜俎】 〈9.맹서〉〈10.쎄앗기어려워라〉〈11.우화(한시)〉
19호	1926.1	권상로	p.3 憂憂生, 〈불교교육사업에 對하야〉 p.38 東京 權淸學, 〈學膓想華〉	p.11 백성욱, 〈나의 信仰과 늣김〉 p.45 鄭鍾德, 〈佛敎에 對한 나의 信仰과 感想-포교당과 학원을 보고서〉(*교육강조)	p.2 〈守歲〉(4절 4행 75조)
20호	1926.2	권상로	p.41 〈불교소식〉 마산불교소년결의		p.2 〈成道日아츰에〉(3절 8행 후렴 2줄) p.30 무호산방, 【萍水雜俎】 〈12.기달림〉〈13.내살림〉〈14.뜻마즌사랑〉 p.31 東都 장경모, 〈밋음의 첫거름〉
21호	1926.3	권상로	p.41 〈불교소식〉 기념축가 비극 희극 소인극, 공주불교소년회 창립총회 등		p.2 〈소리업시〉 (4절 4행 7(43)7(43)조) p.21 蓮頭陀 就墟, 〈백발자탄가〉(가사형식) p.31 무호산방, 【萍水雜俎】 〈15.波上吟〉〈16.오늘나의 늣김〉〈17.비맛는꽃〉〈18.여름의늣김〉(1920년 4월 26일 상해) p.34 金輿鉉, 〈오즉 염불만 하려다〉
22호	1926.4	권상로		p.43 동경 吳官守, 〈어머님〉	p.40 무호산방, 【萍水雜俎】 〈19.나로본 상해현황과 늣김〉(*현실적 논설, 결론) p.63 金圓祥, 〈어대?〉
23호	1926.5	권상로	p.30 伽倻衲子, 〈背恩忘德(第1信)〉 p.54 〈불교소식〉 보성학교문제해결, 卍字부인회 발기 등	p.37 동경 오관수, 〈못할 것은 苦學이다〉	p.35 무호산방, 【萍水雜俎】 〈20.미의 차별〉〈21.생의 위혁자〉〈22.내동무〉(1920년 5월 1일 상해)
24호	1926.6	권상로	p.8 백성욱, 〈현대적 불교를 건설하랴면〉 p.50 〈불교소식〉 김태흡 학위취득		p.40 무호산방, 【萍水雜俎】 〈23.美〉
25호	1926.7	권상로	p.1 〈社告〉「不思議」란 신설(*이후 몇호에 걸쳐 반복) p.54 〈불교소식〉 찬불가 소년회	p.5 김태흡, 〈종교와 사회사업발달의 연구〉(*김태흡 일본대학 종교과 졸업논문)	p.37 무호산방, 【萍水雜俎】 〈24.어느날 공원에서〉〈25.쫓긴主人〉(*의미심장(집빼앗긴 주인))
26호	1926.8	권상로	p.1 〈조선불교소년회취지서〉(소개) p.31 가야납자, 〈배은망덕(第2信)〉	p.9 김태흡, 〈종교와 사회사업발달의 연구〉	p.40 무호산방, 【萍水雜俎】 〈26.가난을 중심으로 한 내외면〉(산문) p.50 동경 김소하, 〈希望〉(2953년 2월 하순 千葉海岸) p.51 脫少, 〈矛盾〉 p.53 東山人(*유학생, 주동원), 〈아츰〉
27호	1926.9	권상로	p.46 〈불교휘보〉 건봉강원 성적, 소년뉴-쓰발간	p.11 김태흡, 〈종교와 사회사업발달의 연구〉	p.35 무호산방, 【萍水雜俎】 〈27.어느날 길ㅅ가에서〉〈28.아우찻는 少女〉(상해에서)

소설 / 희곡	기행문	설화 / 영험담	번역	기타
			p.35 선각거사 번역, 〈석씨원류〉	p.30 인도시성 타골, 〈심령의 자각〉(김소하 번역)
	p.36 김소하, 〈南北鮮巡講印象記〉		p.42 선각거사 번역, 〈석씨원류〉	
	p.32 김소하, 〈南北鮮巡講印象記〉			
p.36 天愛者, 〈연애〉(희곡)				
p.35 天愛者, 〈연애〉(희곡)				p.1 (사진) 〈在東京朝鮮佛敎留學生의 近況〉 〈京城에서 卒業한 佛敎留學生〉 〈책광고〉金剛杵 제9호
			p.48 양건식 역, 〈소설 실달타〉	p.58 支那 空空道人 周秉淸 원저, 無心道人번역, 〈西方道琴十二首 (迦音에서 譯載)〉 p.62 海棠香國 張宗載, 〈塚中人〉(중국시) p.62 蓮邦生, 〈歎佛頭花落〉(한시)
	p.22 釋宗圓(李英宰), 〈渡錫記〉		p.50 양건식 역, 〈소설 실달타〉	
	p.26 이영재, 〈渡錫記〉		p.45 양건식 역, 〈소설 실달타〉	p.1 〈신간소개〉 최남선 尋春巡禮 p.56 〈신간소개〉 한용운 님의 침묵
	p.25 이영재, 〈도석기〉 p.38 雲陽沙門, 〈심춘순례를 읽다가〉 p.29 백준, 〈곤륜산절정에는 무엇이 잇나〉	p.47 【불사의】 〈아리다라會의 두가지 奇蹟〉 오관수, 〈信仰의 힘은 偉大하다〉	p.42 양건식 역, 〈소설 실달타〉	p.1 〈광고〉 금강저 제10호 내용 소개(*조선불교장래론 등) p.1 〈조선불교소년회 창립〉(광고) p.52 중화전국불화신청년회 대표 張宗載, 〈詩的大乘佛化社之發願詞〉(*전쟁, 불교시) p.53 張宗載, 〈廈門博濟院說法〉
	p.27 이영재, 〈도석기〉	p.49 【불사의】 李古鏡, 〈大蟒의 後身인 金總角〉	p.43 양건식 역, 〈소설 실달타〉	p.50 香港 新慧法師(*홍콩 불사보잡지 주간), 〈寄佛敎社〉(한시)
	p.19 한영석, 〈경주여행기〉(*보성고보학생의 학생글다운 수학여행기) p.30 이영재, 〈도석기〉(끝)	p.42 【불사의】 아리다라會 寄, 〈고기 먹은 罰을 觀音菩薩이 푸러〉		p.44 張宗載, 〈贈臺灣伊澤總督〉(한시) p.44 木律生 譯, 〈八反歌〉(한시)

호	발행년도	발행인	시론, 교육, 단체	학술/논설/수필	시
28호	1926.10	권상로	p.2 〈青年乎 青年乎〉(*중국/일본의 청년불교운동을 소개하고 우리 청년의 각성을 촉구하는 시론) p.18 남해생, 〈가야납자의 「배은망덕」을 읽고〉 pp.41-44 〖소년란〗(신설) 황의돈, 〈조선불교소년회축사〉 한영석, 〈어머니의 은혜는 이가치 무겁다〉 한영석, 〈저녁老僧〉(시조형식 두 편) 강진희, 〈달 ㅅ 밤〉 정인웅, 〈매암이〉 〈별〉 〈졸졸시내ㅅ물〉(동요) 〈조선불교소년회 제1회 동화대회〉(식순) 〈조선불교소년회회가〉 1.체 2.지 3.덕(각 3행)	p.6 김태흡, 〈종교와 사회사업발달의 연구〉	p.22 무호산방, 〖萍水雜俎〗 〈29.엇더케 보아야 美를 잘보나?〉 p.31 조학유, 〖찬불가〗 서언, 제1편 〈제1곡 찬불가〉 〈제2곡 불타의 탄생〉
29호	1926.11	권상로	p.12 남해생, 〈가야납자의 「배은망덕」을 읽고〉(續) p.47 〈불교휘보〉 전조선소년소녀웅변대회(주최 조선불교소년회) p.50 〖소년란〗 조선불교소년회 한영석, 〈동화 정직한 아희〉	p.2 김태흡, 〈종교와 사회사업발달의 연구〉	p.39 무호산방, 〖萍水雜俎〗 〈30.사람이 보는 미는 우주에 공통이 아님〉 p.37 조학유, 〖찬불가〗 제1편 〈제3곡 불타의 성도〉 〈제4곡 불타의 열반〉
30호	1926.12	권상로	p.16 남해생, 〈가야납자의 「배은망덕」을 읽고〉(續) p.45 〖소년란〗 한영석, 〈동화 천대에 성공〉 조선불교회원 姜振熙, 〈동요 어머님의 딴뜻한 품속〉(2절 5행) 〈전국소년소녀현상웅변대회 대성황〉 〈彦陽불교소녀단의 2주기 기념식 현황〉(순서와 기념가(20구)) 〈김천불교소년회 성립〉	p.6 김태흡, 〈종교와 사회사업발달의 연구〉	p.20 무호산방, 〖萍水雜俎〗 〈31.나아는 님의 살림(상해에서)〉 p.32 東以人, 〈눈을 쓰고 가니!!〉(산문시) p.36 조학유, 〖찬불가〗 제2편 〈제5곡 集會〉 〈제6곡 散會〉 p.38 金姨鉉, 〈破戒者의 하소연(散文詩)〉
31호	1927.1	권상로	p.78 〈항주 고려사 중건 주비에 대하야〉 p.83 〈불교휘보〉 대흥사 염불방, 배용성, 공주불교소녀회 창립 등 p.90 〖소년란〗 동경 박장순, 〈동화 부모님의 말슴 아니 듯든 아희와 개고리〉 한영석, 〈동화 배뚱동이의 모험〉 朴長順, 〈꽃파는 소녀〉		p.70 조학유, 〖찬불가〗 제2편 〈제7곡 祝昝山〉 〈제8곡 教堂落成〉
32호	1927.2	권상로	p.30 朴勝周(경웅), 〈專門講院復舊에 就하야〉 p.47 〈불교휘보〉 성도기념식·경축가, 동경에서 금년도에 금환할 졸업생, 경성 각교에서 졸업할 우리 학생 등 p.55 〖소년란〗 한영석, 〈배뚱동이의 모험(속)〉 동경 박장순, 〈전설동화 수쟈타와 푼나의 두 소녀〉 한영석, 〈동요 새해〉(44조 8행 2절)	p.16 김태흡, 〈종교와 사회사업발달의 연구〉 p.22 金璧翁, 〈朝鮮佛教紀憂論〉	p.45 조학유, 〖찬불가〗 제2편 〈제9곡 敎堂紀念日〉 〈제10곡 花婚式〉
33호	1927.3	권상로	p.47 〈고려사 중건 주비회 속보〉 [소년란] p.58 〖소년란〗 한영석, 〈사랑하는 어린이들에게〉 〈신춘음악 동요 가극대회〉 p.62 〈조선불교소년회 회원록〉	p.9 김태흡, 〈종교와 사회사업발달의 연구〉 p.20 김벽옹, 〈조선불교기우론(속)〉 p.33 속리산 朴三千, 〈寒月의 夜(감상문)〉	p.45 조학유, 〖찬불가〗 제2편 〈제11곡 佛前追悼〉 〈제12곡 淨飯王宮〉(44변형 2절)
34호	1927.4	권상로	p.87 〖소년란〗 동경 박장순, 〈동불 염불 잘하든 少年遞夫〉 한영석, 〈눈물의 꽃〉	p.26 李英宰, 「佛教」君에게-이역 병상에서〉(서신) p.36 靑波(속리산), 〈蟲雪의 功을 맛치고 錦還하는 朱鄭兩兄쎄〉(서신)	p.40 조학유, 〖찬불가〗 제3편 〈제13곡 白象의 꿈〉 〈제14곡 룸비니園의 봄〉

소설 / 희곡	기행문	설화 / 영험담	번역	기타
	p.16 한영석, 〈경주여행기(속)〉	p.28【불사의】 이고경 寄, 〈사람으로 남은 願을 개(狗)가 되어서〉	p.25 양건식 역, 〈소설 실달타〉	p.1 〈광고〉 축 조선불교소년회(신진소년, 별나라, 동광, 영데이) p.46 〈책방광고〉 鴻文園(유행창가, 청년여자창가, 유년창가 등)
	p.10 한영석, 〈경주여행기(속)〉 p.16 晚悟生, 〈楊州各寺巡禮記〉(봉선사) p.22 邊東華, 〈杭州巡禮記〉	p.35【불사의】 崔鍾山 寄, 〈姥陀羅尼로 大腫을 醫治〉	p.25 양건식 역, 〈소설 실달타〉	p.1 〈광고〉 투고 금강저사(김태흡 白) p.24 〈신간소개〉 조선동화대집 p.36 해당화국 장종재, 〈虎頭新夢〉(중국시) p.40 〈玉觀彬선생의 寄函〉
	p.12 邊東華, 〈杭州巡禮記〉(변극) p.24 만오생, 〈楊州各寺巡禮記(속)〉	p.28【불사의】 최취허(崔就墟) 寄, 〈大溟長老와 金剛經〉		p.1 조선소년웅변대회 및 회장 한영석 사진 p.2 장종재, 〈今後新佛敎의 改進〉
	p.31 이영재, 〈錫蘭의 불교〉 p.44 백성욱, 〈아미타화신인 타처라마〉			〈책광고〉 談話材料 朝鮮童話大集 p.72 양계초 원저 양백화 역, 〈圓宋石門 羅漢 畵像〉(4수: 1.戲猫 2.托鉢 3.卷蒲 4.伏虎) p.75 지나 오방길 원저 天愛生 번역, 〈海와 慈母〉
	p.26 이영재, 〈南國記〉 p.34 만오생, 〈양주각사순례기(속)〉 p.37 제주 圓慧居士, 〈제주불교의 유래〉			p.21 〈신간소개〉 조선동화 우리동무(梅軒 韓冲 선생 저)
	p.13 이영재, 〈남국기(속)〉 p.26 만오생, 〈양주각사순례기(속)〉	p.42【불사의】 朴三千 寄, 〈怪異한 鼠生員〉		p.1 (사진) 〈中央佛敎學友卒業生紀念〉〈在東京佛敎留學生卒業生送別會紀念(김태흡 장담현 외)〉
	p.15 이영재, 〈남국기(속)〉 p.21 만오생, 〈양주각사순례기(속)〉			p.1 조선불교소년회 (협찬광고) 〈책광고〉 祝조선불교소년회

호	발행 년도	발행인	시론. 교육. 단체	학술 / 논설 / 수필	시
35 호	1927.5	권상로	p.47 〈불교휘보〉 제주불교포교당에서 화혼식 거행순서. 화혼창가(*불교32호 소재) p.59 【소년란】 한영석, 〈快活少年〉(동화) 한영석, 〈어린 녀승〉(시. 3연) 〈석가여래 성탄기념〉 〈조선불교소년회회원록〉 p.66 〈불교소년회 대 현상모집〉	p.44 설봉산 하 석왕사 金仁峯, 〈어느 날 밤〉(수필)	pp.2~65 李應涉 舊稿, 〈석존일대가〉
36 호	1927.6	권상로	p.32 〈불교휘보〉 백학명. 정인보. 한용운. 불교소년회. 음악. 동화대회. 찬불가. 축가. 팔일극. 소인극. 경축가. 기념가극 등 석탄일 기념행사 성황 〈매우 성대한 느낌. 불교활성화에 노래가 크게 기여〉. 曉星유아원 보육증서수여식(찬불가. 원가) p.44 【소년란】 동경 박장순, 〈동화 울기 잘하는 老婆와 法師의 說敎〉 석왕사 이병익, 〈불교소년 동지여!〉	p.10 김태흡, 〈종교와 사회사업발달의 연구〉 p.20 朴勝周, 〈苦?〉	p.27 조학유, 【찬불가】 제2편 〈제15곡 悉達의 命名〉〈제16곡 聖母의 死〉 p.30 金奭鉉, 〈병床에서〉(바람. 병. 위문. 님(佛))
37 호	1927.7	권상로	【창간 3주년 기념호 특집】 〈해동고승전〉(최남선 해제) 〈大東禪教考〉(초의 저, 최남선 해제)		
38 호	1927.8	권상로	p.49 〈불교휘보〉 開運소년회 소식 p.56 〈현상응모 당선발표〉(조선불교소년회) 〈광고〉 제2회 전조선 소년소녀 현상 웅변대회〉		p.40 조학유, 【찬불가】 제3편 〈제17곡 閻浮樹下의 늣김〉〈제18곡 菩覺王女〉
39 호	1927.9	권상로	본사 지방통신기자 배치(김태흡 동경 金剛杵社) 〈광고〉 제2회 전조선 소년소녀 현상 웅변대회〉		p.46 조학유, 【찬불가】 제3편 〈제19곡 三時殿〉〈제20곡 宮中의 感想〉
40 호	1927.10	권상로	p.50 〈불교휘보〉 조선에 初有한 포교사대회. 안동불교소년가극단-독창 합창 가극	p.47 김교상, 〈광필〉(수필)	p.44 조학유, 【찬불가】 제3편 〈제21곡 春日의 散步〉〈제22곡 月下의 冥想〉
41 호	1927.11	권상로	p.12 〈社告〉 가갸날 기념 - 된시옷 폐지, 디귿받침 시행, 아래아 폐지 p.47 〈불교휘보〉 불교소년회 주최 현상응변대회 성황 p.59 〈訃告〉 이영재군 부고	p.33 지일생, 〈오호 이영재군〉	p.45 조학유, 【찬불가】 제3편 〈제23곡 愛의 別〉〈제24곡 太子의 苦行〉
42 호	1927.12	권상로	pp.15~39 〈殉教者追憶〉故 이영재군 추도글 모음		p.27 市隱生, 〈故 李君의 尊靈의게〉(시조)
43 호	1928.1	권상로	p.37 금강사미 최기정, 〈금강산 유점사의 경원 설립을 듯고〉 p.69 〈불교휘보〉 삼장역회에서 조선문 화엄경 간행(백용성), 예찬무용과 음악으로써 성도재의 예술화(동경)		
44 호	1928.2	권상로	p.48 何大, 〈동국경원(유점사)을 소개하노라. 부급방황하는 학려에게〉(*탐방조사기, 자체홍보) p.52 〈불교휘보〉 소년극 창가 성도가 찬불가 가극	p.15 김태흡, 〈종교와 사회사업발달의 연구〉	
45 호	1928.3	권상로	p.17 金三爲, 〈조선불교청년회에 대하야〉 p.43 〈불교휘보〉 법화경강연회. 고혼천도회 묘향산에 1개월간, 남녀소년 연합회. 김태흡 졸업. 만일회. 한영석	p.20 김태흡, 〈종교와 사회사업발달의 연구〉	p.41 가람, 〈퇴경스님께〉(시조 5수)

소설 / 희곡	기행문	설화 / 영험담	번역	기타
	p.35 만오생, 〈양주각사순례기 (속)〉			
	p.17 만오생, 〈양주각사순례기 (속)〉 p.22 함북사범 泥牛生, 〈北國의 八日〉	p.24【불사의】 최취허 寄, 〈黃之坤月山居士의 杖末舍利〉		p.29 張宗載, 〈屈原死宗載生日之弔祭詩〉
	p.10 이영재, 〈석란의 불교 흥기시대(속)〉 p.21 崔金峰, 〈乾鳳寺本末寺巡禮記〉 p.24 劉啓勳, 〈廣積寺記尋〉	p.28【불사의】 이고경 寄, 〈神과 接語한 이약이〉		p.39 〈신간소개〉 최남선의 백두산 근참기
	p.17 이영재, 〈석란의 불교(3) 쇠퇴시대〉 p.32 유계훈, 〈광적사 기심(속)〉 (시 삽입) p.36 최금봉, 〈건봉사 본말사 순례기〉			
	p.25 만오생, 〈양주각사순례기 (속)〉 p.29 최금봉, 〈건봉사 본말 순례기 (속)〉 p.46 강유문, 〈廣興寺를 지내보고〉(*단편적 기사)	p.42【불사의】 이고경 寄, 〈大蟒의 受傷과 現夢〉		
	p.17 만오생, 〈양주각사순례기 (속)〉 p.23 최금봉, 〈건봉사본말순례기 (속)〉 p.28 이덕진, 〈경주왕래기〉	p.37【불사의】 속리 일 기자 金敎賞 寄, 〈裂裟佛事한 功德으로 地獄에 간 子息救濟〉		〈광고〉 금강저 15호(김태흡 김소하 등. 문예물)
	p.9 만오생, 〈양주각사순례기 (속)〉			
		p.42 김소하, 〈용과 불교에 관한 설화〉 p.47 〈용과 조선불교와의 각방면〉	p.16 之一生, 〈조선글 화엄경을 보고〉(*용성화상의 화엄경)	〈책광고〉 최남선 백두산 근참기
	p.32 만오생, 〈양주각사순례기 (속)〉 p.37 최금봉, 〈건봉사 본말 순례기 (속)〉 p.41 이덕진, 〈경주왕래기(속)〉	p.44【불사의】 金樂煥 寄, 〈華嚴經講說中에 髮際가 頓瘳〉	p.6 양건식 역, 〈석가의 그린 이상사회〉	
	p.36 만오생, 〈양주각사순례기 (속)〉		p.10 양건식 역, 〈석존의 그린 이상사회(속)〉	(사진) 동경 조선불교유학생 금년 졸업생 면영(김태흡, 최영환 등) p.41 彭鑑淸, 〈한시〉 8수

《불교》연표   349

호	발행년도	발행인	시론, 교육, 단체	학술 / 논설 / 수필	시
46·47호	1928.5	권상로	p.98 〈입사소개〉 백성욱 김태흡 유엽 p.2 〈조선불교학인대회를 보고〉 p.106 〈불교휘보〉 불교학인대회. 포교사대회-조학유. 청년대회-김태흡, 한영석. 소년단	p.6 김태흡, 〈종교와 사회사업발달의 연구〉 p.37 哲海, 〈답답한 장래(생의 호소)〉 p.41 광명산인, 〈심중의 전쟁〉(*대처 문제)	
48호	1928.6	권상로	p.90 〈입사소개〉 문예부 김일엽 방인근, 영업부 김학규 p.91 〈본사의 신계획〉(社告) 문예, 학술 등 고급 학술잡지 표방 p.96 〈불교휘보〉 예수재, 조선글화엄경강의회, 김대은(*김태흡)	p.2 무호산방, 〈우리의 방향은 어떠한가?〉 p.4 김태흡, 〈종교와 사회사업발달의 연구〉	p.60 류춘섭, 〈산길을 차저서〉(시) p.61 白基萬, 〈獨白〉(시)
49호	1928.7	권상로	〈불교 제50호 예고〉(종교로 철학으로 역사로 문예로, 차즈라 보아라 읽으라 들으라!)	p.2 무호산방, 〈우리의 신앙은 어떠한가?〉 p.8 김소하, 〈현대사조와 불교〉 p.26 김태흡, 〈종교와 사회사업발달의 연구〉 p.35 운양사문, 〈세계문자와 불교의 관계〉 p.56 일엽, 〈회고〉(수필)	p.59 露雀(홍사용), 〈벙어리굿〉(전문 22항 삭제)
50·51호	1928.9	권상로		p.21 퇴경, 〈조선불교의 삼대특색〉	p.73 張晦根, 〈誕生〉 p.74 都魯凡, 〈인생은 유희가 아니다〉
52호	1928.10	권상로	p.98 〈불교휘보〉 백양강원 모연금-강사 안진호 이하 30여명	p.53 안자산, 〈범어와 조선어와의 관계〉 p.76 法雨樓主人, 〈종교와 예술〉(*禪歌 禪頌 영산회상 유행잡가) p.91 만오생, 〈관복수해참보를 보고 보인화상을 회억하노라〉(*불교사 기자) p.94 편주, 〈가을의 우감〉(수필)	
53호	1928.11	권상로		p.2 무호산방, 〈나에 대한 고찰〉 p.40 안자산, 〈범어와 조선어와의 관계(2)〉	p.53 赤彈子, 〈漫唫數曲-早嘆, 水難〉(44) p.55 牧園, 〈白羊小曲-白鶴안고, 님의 마음〉
54호	1928.12	권상로	pp.109-116 〈조선불교승려대회 발기회 회록〉	p.8 무호산방, 〈나에 대한 고찰(속)〉 p.46 안자산, 〈범어와 조선어와의 관계(3)〉 p.85 동경 최달순 양, 〈자비심〉(수필)	p.59 周東元, 〈旅中寸感〉(*기행의 느낌을 산문과 시로 쓴 것)-1.未定의 세계 2.山菊香 3.大道는 至純 4.해인사 5.봉덕사종 6.종소리 들리는가 7.분황사에서 8.분황탑지 9.안압지(가사형식) 10.신비의 심경(석굴암)(산문+시) p.74 雲精, 〈心響曲〉 신비 蒼天 저녁노리 생명의 흠음 p.83 白雷, 〈박처사 따님〉(동요)(44조 4행 8절)
55호	1929.1	권상로	p.27 赤彈子, 〈신춘을 마저나는 불교유신의 새운동〉 p.63 百反, 〈新春과 講院의 期待〉 p.119 큰터, 〈새옷 입든 날〉(동화)	p.32 무호산방, 〈민족적 사색의 차이〉 p.48 햄빛, 〈스님네의게 엿줌〉 p.98 동산인, 〈蛇魔〉	p.107 도진호, 〈歲去來詞〉 歲暮의 도시相, 歲暮感, 탄생의 환희, 보리수
56호	1929.2	권상로	p.116 〈불교휘보〉 조선불교승려대회, 소년회 등 p.120 (부록) 〈조선불교승려대회회록〉 선서문, 조선불교선교양종종헌, 중앙교무원원칙, 교정회규약, 법규위원회규칙, 종회법 등 첨부		p.44 東山人, 〈流兒〉

소설/희곡	기행문	설화/영험담	번역	기타
p.89 柳葉,〈梵鐘을 울닐때〉(소설)	p.25 무호산방,〈십년후에 다시 自然景을 차저서〉 p.31 김소하,〈학창을 떠나면서〉 p.62 만오생,〈양주각사순례기〉(속) p.69 백양환민,〈해양도수필-고적유물과 천연기념물〉(*기획의도를 가진 기자의 글) p.82 姜裕文,〈內藏禪院一瞥〉 p.84 최금봉,〈건봉사 본말 순례기〉(속)			p.96〈한시〉최영년, 유점사 동선, 장종재, 김경운 〈잡지광고〉如是 창간호(학예잡지, 최남선 정인보 김억 등)
p.40 유엽,〈범종을 울닐때〉(소설) p.52 방인근,〈山으로 가는 男女〉(소설) p.63 春崦,〈홈아비 형제〉(희곡)	p.23 무호산방,〈십년 후에 다시 자연경을 차저서(속)〉(*봉은사 석왕사의 단편적 기행) p.26 만오생,〈양주각사순례기〉(속) p.32 백양환민,〈해양도수필〉(속)			p.89 伴菊軒 遺稿,〈計年戲八韻〉(한시 7언) 〈책광고〉최남선 시조유취, 백용성 역 조선글 화엄경
p.59 素然,〈冷笑〉(희곡)	p.43 만오생,〈양주각사순례기〉(끝) p.48 백양환민,〈해양도수필〉(속) p.85 기산 임석진,〈일본불교시찰기〉			〈책광고〉조선글 화엄경(백용성), 如是 제2호 광고(김태흡 양주동 이은상 최남선 등), 최남선 금강예찬 광고
p.83 편주,〈아버지〉(소설) p.90 白牛,〈희곡 흰젓〉(*이차돈 순교를 극화)	p.207 기산 임석진,〈일본불교시찰기〉(속)	p.81 일엽,〈影池〉(전설)		〈책광고〉금강예찬(최남선)
				p.43〈신간소개〉一光 잡지(불교전수학교교우회) p.96〈신간소개〉조선유람가(최남선 저, 백우용 김영환 작곡)
p.57 露雀,〈〈想華〉歸鄕〉(소설)	p.50 만오생,〈色塵聲塵-백양사와 추기방학〉 p.75 기산 임석진,〈일본불교시찰기〉(속)	p.49【불사의】 安錫淵 寄,〈金正鉉師의 死而不死〉		〈책광고〉석가모니와 그의 후계자(백성욱) 〈책광고〉월간잡지 新生 2호 목록 소개(최남선 전영택 등)
	p.48 만오생,〈색진성진2-송광사에서〉 p.95 기산 임석진,〈일본불교시찰기〉(속)			
	p.99 만오생,〈색진성진3-선암사에서〉	p.72 김대은,〈蛇와 불교에 관한 설화〉 p.87 백양사 안만오,〈「배암」은 어떠케 된 것인가요?〉 p.111 일엽,〈파랑새로 화한 두 청춘〉(전설)		〈책광고〉一光 창간호 내용 (한용운 권상로 김태흡 조학유 한영석 등) p.125〈한시〉5수-최영년, 신석초, 안석연, 이춘강 p.131〈책광고〉朝鮮詩壇 제4호
p.55 露雀(홍사용),〈除夕〉(희곡) p.87 큰터,〈하로사리 목숨〉(소설)	p.111 기산 임석진,〈일본불교시찰기〉(속)			〈책광고〉일설 춘향전(원원 이광수 작)

《불교》연표 351

호	발행년도	발행인	시론, 교육, 단체	학술 / 논설 / 수필	시
57호	1929.3	권상로	p.70 東山人, 〈길 뒤로 가는 사람들-成道「비라」를 돌리고-〉(*중앙불전종교부) p.73 〈(성도비라의 전문) 大聖釋迦牟尼의 成道紀念〉(창가형식) p.111 〈불교휘보〉 보광사 목련 素人劇	p.2 백산학인, 〈동국승가의 문화사적 임무〉	p.75 琵琶室, 〈愛經〉 님찾어가는길, 두치강큰애기, 別曲
58호	1929.4	권상로	p.84 〈불교휘보〉 고운포교당의 용화회와 보리회		p.63 卓相銖, 〈묵상할 때(시조)〉(*늘샘 와룡산인)
59호	1929.5	권상로	p.75 〈불교휘보〉 각황교당의 일토 설교 강연(김대은, 이지광)	p.30 최남선, 〈影印 臺山御牒 叙〉(*세종의 한글어첩의 의미소개) p.53 도진호, 〈종회단평-제1회의 종회를 보고〉	p.65 素荷, 〈花魔〉; 卍熊, 〈生의 道〉
60호	1929.6	권상로	p.75 〈불교휘보〉 각황사 봉찬법요 거행(음악과 무용)	p.36 동산 소납, 〈대적멸(학명선사열반)〉(수필) p.59 K生, 〈X氏에게〉(편지글)	p.58 늘샘 臥龍山人, 〈制勝堂〉 〈모춘〉 〈석양〉 (시조)
61호	1929.7	권상로		p.25 獅吼生, 〈선교양종 성전편찬과 그 재료정선에 취하야〉 p.81 회성, 〈불구자〉(수필)	
62호	1929.8	권상로	p.75 〈종보〉 불전학생 순회강연대 출발(영남隊, 호남대, 관북대), 불교여자청년회 조직, 고 백학명대선사의 사리탑 건설계획, 백양사에 불전순강대 출연(박영희 김태흡 정인보), 조선글화엄경 염가제공 등	p.26 白陽桓民, 〈향가의 해명과 균여대사의 聖蹟〉 p.70 舵工, 〈일년후〉(수필)	p.62 石帆, 〈庭有花〉(시조4수)
63호	1929.9	권상로			p.38 백농 유고, 〈涅槃歌〉 p.74 舵工, 〈合奏의 밤〉
64호	1929.10	권상로		p.32 안자산, 〈朝鮮樂과 龜玆國樂〉	p.43 백농 유고, 〈해탈곡〉
65호	1929.11	권상로	p.60 〈종보〉 조선불교대회휘보	p.15 안자산, 〈조선악과 구자국악〉(속)	p.26 백농 유고, 〈참선곡〉 p.34 권상로, 〈삼방 약수가〉(*수송운남의 기행문에 포함) p.48 백농 한시, 〈自警詩〉 〈回甲詩〉 〈自贊〉 〈進甲日詩〉 〈元日〉(*김소하의 기행문에 포함)

소설 / 희곡	기행문	설화 / 영험담	번역	기타
p.96 큰터, 〈無名指(1)〉(소설)	p.54 만오생, 〈색진성진 4-태안사에서〉 p.103 기산 임석진, 〈일본불교시찰기(속)〉	p.90 일엽, 〈古談 여자의 마음〉		〈책광고〉 석가모니와 그 후계자(백성욱), 부텨님말슴, 은등경(권상로)
p.64 큰터, 〈무명지(2)〉(소설)		p.58【불사의】 광명산인 삼천생 寄, 〈信仰의 偉力〉	p.19 무호산방, 〈譯經의 필요는?〉	〈책광고〉 석가모니와 그 후계자(백성욱), 부텨님말슴, 은등경(권상로), 백두산근참기(최남선)
p.67 큰터, 〈무명지(3)〉(소설)	p.47 무호산방, 〈南巡하엿든 이약이〉	p.55【불사의】 이종진 기, 〈팔양경을 읽어달라고〉		〈책광고〉 석가모니와 그 후계자(백성욱), 부텨님말슴(권상로), 〈예고〉 석가여래략전(김태흡), 백가지 비유(권상로)
p.64 白山, 〈旅人〉(소설)				〈책광고〉 석가모니와 그 후계자(백성욱), 뷰텨님말슴(권상로), 석가여래략전(김태흡)
p.73 白山, 〈旅人〉(속)(소설)	p.43 만오생, 〈색진성진 5-화엄사에서〉	p.60 동경 최달순양, 〈왕자의 身施〉(불교설화)		p.63 중국 修悲(승려), 〈破邪吟〉(*현대사조 비판, 비행기 과학 야소교 등. 중국 불화순보 잡지에서 게재)
p.63 白山, 〈旅人〉(속)(소설)	p.38 만오생, 〈색진성진 6-泉隱寺에서〉(*남북한산 승군 종이 부속품 등 통계자료 제시) p.49 柳錦箱海, 〈내장사 고 학명선사 靈骨及舍利通牒〉	p.60【불사의】 文龍翰 寄, 〈假化主白昌玉과 高王經〉		〈광고〉 一光 2호 목차(백용성 권상로. 민중본위적 불교운동의 제창(鐵啞). 경성행진곡의 一小節(麗水生). 禪園曲(백학명) 등〉
	p.36 무호산방, 〈다시 적멸보궁을 차저가면서〉 p.45 金素荷, 〈南遊求道禮讚〉(*학명-송만암으로 이어지는 반농반선 언급. 백양사) p.56 東山人, 〈陸水三千里〉 p.69 白山人, 〈娑婆行苦〉(금강산)	p.26 花山學人, 〈不思議解脫(유마경을 읽고)〉 p.65【불사의】 金慈應 寄, 〈祈雨感天〉		〈책광고〉 시조유취, 백두산근참기(최남선)
p.75 타공, 〈小脫〉(소설)	p.43 阿部充家(일본), 〈法之宗家海印寺拜觀記〉 p.45 김소하, 〈남유구도예찬(속)〉(구암사) p.51 壽松雲衲(김태흡), 〈三防藥水浦傳道行〉 p.55 白山人, 〈娑婆行苦(속)〉 p.61 동산인, 〈陸水三千里(속)〉 p.68 姜裕文, 〈巡講千里〉		p.22 허영호 역, 〈了別三十頌의 釋〉	
	p.21 만오생, 〈千佛千塔을 參拜하고서〉 p.31 수송운납, 〈三防 藥水浦 傳道行(속)〉 p.37 해인사강원학인, 〈秋期修學旅行記〉 p.40 동산인, 〈陸水三千里(속)〉 p.44 김소하, 〈남유구도예찬(속)〉(내장사) p.49 강유문, 〈巡講千里(속)〉(동래 범어사) p.55 白山人, 〈사바행고(속)〉 (pp.57-59에 시 두 수)		p.8 허영호 역, 〈了別三十頌의 釋(속)〉	〈책광고〉 석가모니와 그 후계자(백성욱), 뷰텨님말슴(권상로), 석가여래략전(김태흡), 시조유취(최남선) p.25 〈蓮池大師 勸人人念佛歌〉(한시 4언시) p.70 〈신간소개〉 李朝佛教(高橋亨)

《불교》연표 353

호	발행년도	발행인	시론. 교육. 단체	학술 / 논설 / 수필	시
66호	1929.12	권상로	p.77 〈종보〉동화대회-김태흡	p.71 壽松僧, 〈삶의 근본의를 따라서〉	p.25 〈퇴경의 추모 한시〉(김보운 대화상 열반) p.50 백농 유고, 〈왕생가〉
67호	1930.1	권상로		p.12 퇴경, 〈이조부녀계의 신앙과 문학을 논함〉 p.18 안자산, 〈조선음악과 불교〉 p.23 김광호 여사, 〈불교와여자의 신앙〉	p.61 도진호, 〈성도가〉
68호	1930.2	권상로	p.68 〈종보〉 각황교당의 석존성도기념법회(성도가극「승리의 새벽」), 월인코러쓰와 람비니 드라마클럽 조직, 월인천강곡 인행(도진호, 희방사) 등	p.27 안자산, 〈조선음악과불교〉	p.1 백농 유고, 〈신년가〉(가사) p.67 경수, 〈진아의 독권〉
69호	1930.3	권상로	p.2 수도산인, 〈지방사원을 중심으로 한 포교진흥책〉	p.8 김태흡, 〈세종대왕의 신불과 월인천강곡〉 p.19 안자산, 〈조선음악과 불교〉	p.1 백농 유고, 〈망월가〉 p.55 김대은, 〈월인천강곡 찬불가〉 p.56 죽사, 〈마산을 보고〉 p.57 타공, 〈옥류천〉
70호	1930.4	권상로		p.2 사불산인, 〈조선불교와 일본문화의 관계〉 p.19 안자산, 〈조선음악과 불교〉	p.71 김대은, 〈월인코러스 隊歌〉〈종소리〉
71호	1930. 5.	권상로	p.2 김태흡, 〈조선불교의 신서광〉	p.12 백농 유고, 〈獨살림 법려에게 권함〉 p.26 안자산, 〈조선음악과불교〉	p.46 조종현, 〈성북춘회〉(시조)
72호	1930.6	권상로	p.4 일신자, 〈관불식과 성탄극「우주의 빗」을 보고〉 p.12 도진호, 〈진주불교운동의 성관과 그 장래〉 p.17 김영담, 〈다시 학해를 향하면서〉 p.22 철해, 〈중앙불교연구원을 보고〉	p.27 안자산, 〈조선음악과불교(완)〉	
73호	1930.7	권상로	p.15 풍암산인, 〈불교교육연혁의 대개〉(학교연혁표첨부)	p.53 운양자, 〈토생원별주부전기는 어데서부터 방시된것인가〉	p.14 조종현, 〈더욱그립네〉
74호	1930.8	권상로	【7주년 기념 특집호】	p.1 최남선, 〈조선불교-동방문화사상에 잇는 그 지위-〉(*하와이 개최 범태평양 불교대회「팜플렛」초고)	
75호	1930.9	권상로		p.15 춘은, 〈농촌계발과 현대불교의 선무적 사명〉	
76호	1930.10	권상로	p.23 몽정생, 〈청년운동의 통일을 촉함〉		p.52 타공, 〈여래의 은〉〈빈립가치론〉
77호	1930.11	권상로		p.12 김경주, 〈현하세계의 불교대세와 불타일생의 연대고찰〉	

소설/희곡	기행문	설화/영험담	번역	기타
	p.43 만오생, 〈千佛千塔을 參拜하고서〉(속) p.60 해인사강원학인, 〈秋期修學旅行記〉 p.65 동산인, 〈陸水三千里(속)〉(시 한편)		p.26 허영호 역, 〈了別三十頌의 釋(속)〉	〈책광고〉 백두산근참기(최남선)
p.62 소하, 〈승리의새벽〉(성도가극)				부록 - 福源石屋珙禪師語錄
	p.38 백양환민, 〈한라산순례기〉 p.44 동산인, 〈육수삼천리(속)〉	p.55 김일엽, 〈불문투족 2주년에〉 p.59 법우루주인, 〈「월인코러스」와 「람비니 드라마클넙」을 조직하기까지〉 p.64 염근수, 〈광경일절(「승리의 새벽」 뒤푸리)〉 p.66 사공, 〈남어지타령(聖劇의 밤을 더듬질하며)〉		부록 - 福源石屋珙禪師語錄
p.58 소하, 〈떡〉(희곡)	p.30 백양환민, 〈한라산순례〉 p.36 해인사강원학인, 〈안압지〉(수학여행기)			부록 - 福源石屋珙禪師語錄
	p.39 김소하, 〈태조대왕의 발상지 함흥전도행〉 p.48 해인사강원학인, 〈계림〉(수학여행기) p.53 백양환민, 〈한라산순례기(속)〉	p.31 성휘, 〈초극〉		부록 - 福源石屋珙禪師語錄
p.49 소하, 〈불심〉(사극)	p.32 백양환민, 〈한라산순례기(속)〉		p.15 허영호역, 〈了別三十頌의 釋(66호 속)〉	부록 - 福源石屋珙禪師語錄 / 조선어불교성전
p.42 소하, 〈우주의빛〉(성탄극)	p.26 백양환민, 〈한라산순례기(속)〉	p.33 풍암산인, 〈춘혹〉		부록 - 福源石屋珙禪師語錄(완) / 조선어불교성전
p.56 김삼초, 〈회심〉(*조신의꿈 소설화)	p.32 만오생, 〈동화사의 일주일〉 p.38 백양환민, 〈한라산순례기(속)〉	p.42 김취담, 〈구자득자(불사의)〉		부록-조선어불교성전
			p.53 허영호 역, 〈「프랏냐 파-라미타-.마음」ㄱ경(반야 바라밀다심경)	
p.56 삼초, 〈쌀〉(희곡)	p.2 도진호, 〈범태평양회기〉 p.32 만오생, 〈동화사의 일주일(속)〉 p.38 백양환민, 〈한라산순례기〉			〈책광고〉팔상록(백용성 역, 삼장역회) 부록-조선어불교성전
p.54 삼초, 〈눈을뜨지마랏드면〉(희극)	p.6 도진호, 〈범태평양회기(속)〉 p.17 만오생, 〈동화사의 일주일〉 p.33 김농아, 〈남순구법-조계산〉 p.47 백양환민, 〈한라산순례기(속)〉			부록-조선어불교성전
	p.31 도진호, 〈범태평양회기(속)〉 p.64 백양환민, 〈한라산순례기(속)〉			부록-조선어불교성전

호	발행연도	발행인	시론, 교육, 단체	학술/논설/수필	시
78호	1930.12	권상로	p.8 만오생, 〈포교사회의 편감〉 p.57 영변불교소년단 양기병, 〈불교소년단을 창립하고-의의와 그 사업〉	p.13 김경주, 〈현하세계의 불교대세와 불타일생의 연대고찰〉	
79호	1931.1	권상로	p.8 김법린, 〈회고와 전망〉 p.18 만오생, 〈신미년의 교사일람〉 p.29 사불산인 박승주, 〈조선불교와 신미년〉 p.33 백양환민, 〈신신미년을 마즈면서 구신미를 회고〉 p.89 〈조선불교에 대한 희망〉(이광수 양건식 외)	p.98 위음인, 〈불청운동과 전체운동의 상관적 의의〉 p.105 박동일, 〈현금교황과 청년교운동의 진전〉 p.109 유엽, 〈불교와 사회사조〉	p.1 권두언 〈신년송〉 p.88 백농 유고, 〈백양산가〉(한시) p.138【詩調와 新詩】 이병기, 〈닭울음〉 도진호, 〈새 무대로〉 조종현, 〈염화미소〉〈소년행진곡〉 타공, 〈사리탑〉〈빙원행〉
80호	1931.2	권상로	p.2 〈청년운동의 필연성과 그 가치〉	p.13 허영호, 〈범파양어의 발음법에서 본 조선어발음법에 관한 일 고찰〉 p.17 김영담, 〈현하세계의 불교대세와 불타일생의 연대고찰〉 p.21 유엽, 〈불교와 사회사조(2)〉	p.1 (권두언시) 이은상, 〈독편양선사전〉 p.51【詩調와 新詩】 도진호, 〈성도의 노래〉(시조) 조종현, 〈새봄을 맞으며〉(시조) 유엽, 〈새해에 나리는 눈〉(신시) 탄향, 〈성몽〉(시) 조종현, 〈성도의 새벽〉(불교동요)
81호	1931.3	권상로	p.2 〈교무원의 대영단-종립학교의 정리단행을 듯고〉 p.7 권상로, 〈오대산 석존정골탑 찬앙회를 찬함〉 p.8 이광수, 〈오대산적멸보궁을 찬앙하사이다〉 p.20 김용파, 〈조선불교청년조직운동과정의 자기비판〉	p.25 허영호, 〈범파양어의 발음법에서 본 조선어발음법에 관한 일 고찰〉 p.28 유엽, 〈불교와 사회사조(3)〉 p.32 김영담, 〈현하세계의 불교대세와 불타일생의 연대고찰〉	p.24 김소하, 〈고행가〉 p.47 조종현, 〈석전영호사의 별어〉(시조) p.48 양기병, 〈약산동대에서〉(신시)
82호	1931.4	권상로	p.2 〈조선불교의 신광영-중앙불전 제1회졸업생을 보내면서〉	p.15 허영호, 〈범파양어의 발음법에서 본 조선어발음법에 관한 일 고찰〉 p.12 유엽, 〈불교와사회사조(4)〉 p.20 김영담, 〈현하세계의 불교대세와 불타일생의 연대고찰〉	p.1 (권두언) 유엽, 〈석가노자 오섯다〉(시조) p.38 적라학인, 〈부처님〉(불교동요)
83호	1931.5	권상로		p.19 허영호, 〈범파양어의 발음법에서 본 조선어발음법에 관한 일 고찰〉 p.15 유엽, 〈불교와 사회사조(5)〉	p.1 조종현, 〈사자후〉(시조) p.34 삼초(만동), 〈월인찬불가〉 p.35 자자암주, 〈물ㅅ독〉(*장가,해설) p.37 타공, 〈오월의 노래〉(번역시) p.40 조종현, 〈꽃피는 동산〉(동요극)
84·85호	1931.7	한용운	p.2 〈조선불교를 통일하라〉 p.26 설악산인, 〈반종교윤동에 대하야〉	p.15 김영담, 〈현하세계의 불교대세와 불타일생의 연대고찰〉 p.38 염상섭, 〈불교와 문학〉 p.47 허영호, 〈범파양어의 발음법에서 본 조선어발음법에 관한 일 고찰〉 p.51 김해윤, 〈불상해설〉	p.1 (권두언) 한용운, 〈환가〉(시조) p.64 苦海, 〈성탄〉 p.66 小藏居士, 〈염불〉 p.67 이병기, 〈옹달샘〉 p.68 조탄향, 〈엄마갓소〉(불교동요) p.68 리범신, 〈봄비〉(동요)
86호	1931.8	한용운	p.2 〈불교청년동맹에 대하야〉	p.16 허영호, 〈절의 어원에 대하야〉 p.26 손진태, 〈조선불교의 국민문학〉 p.35 김해윤, 〈불상해설〉	p.1 (권두언) 한용운, 〈스스로〉(산문시) p.32 만해, 〈비 바람〉(舊稿) p.33 유엽, 〈내 생일에〉 p.34 영매학인, 〈심야독음〉 p.34 조종현, 〈참아 그길 가질까〉(시조)
87호	1931.9	한용운	p.2 한용운, 〈정교를 분립하라〉 p.27 허영호, 〈조선불교에 대한 잡감〉	p.36 만해, 〈인도불교운동의 편신〉 p.41 한용운, 〈국보적인 한글경판 발견경로〉 p.47 김해윤, 〈불상해설〉	p.1 (권두언) 만해, 〈항하사겁〉(산문시) p.45【佛敎詩壇】 만해, 〈반달과 소녀〉(구고) 유문, 〈마즘〉 조탄향, 〈배신자〉 홍해은, 〈환가의 님이 기루어〉
88호	1931.10	한용운	p.2 한용운, 〈조선불교의 개혁안〉 p.37 일기자, 〈불청여맹투사 제씨의 면영〉 p.42 제2 기자, 〈불교교무원 재단법인의 내용〉	p.16 만해, 〈중국불교의 현상〉 p.29 손진태, 〈조선불교의 국민문학(속)〉 p.49 김해윤, 〈불상해설〉	p.1 (권두언) 만해, 〈나가 없으면〉(산문시) p.43【佛敎詩壇】 최설천, 〈쌍계루〉(시조) 만해, 〈산촌의 여름저녁〉(구고) 조종현, 〈감로탑〉〈고향수〉

소설/희곡	기행문	설화/영험담	번역	기타
		p.60 김소하, 〈유방단초〉 p.67 차승호, 〈夢中에 부처님의 지시를 받고 地中에서 古佛像을 발굴〉(불사의)		p.1 (사진) 삼각산 수국사 개산비와 월초화상 부록-조선어불교성전
p.142 김소하, 〈밝아오는 새벽〉(소설)		p.42 김영담, 〈신년소감과 양의 전설〉 p.59 김대은, 〈불교와 양의 인연〉		
p.54 김삼초, 〈입산〉(聖劇)	p.25 도진호, 〈태평양대회기여(끝)〉	p.8 김태흡, 〈우주의 제일인〉		부록-조선어불교성전 / 行用漢字典
		p.52 타공, 〈달과 태양〉		부록-조선어불교성전 / 행용한자전
p.36 타공, 〈암담한 서광〉(소설) p.40 김소하, 〈불멸의 광〉(성극)		p.33 김원석, 〈죽은딸이 현몽하야 남의 빚을 갚아달라고〉(불사의)		p.1 〈사진〉 중앙불교전문학교 제1회졸업생의 상호 부록-조선어불교성전 / 행용한자전 / 석가여래(釋信遠)
		p.25 녹원, 〈호원사〉(*홍륜사설화 각색) p.31 법률생, 〈삼일을 방광하엿다(불사의)〉		p.1 〈사진〉 새복 종성불교부인회 창립기념촬영 부록-조선어불교성전 / 석가여래(석신원)
p.73 소하, 〈애욕의 말로〉(희곡)	p.69 수송운납, 〈관악산 연주대를 찾아서〉	p.59 김대은, 〈신부의 독신퇴직〉(비유설화)	p.55 경허 저, 백용성 역, 〈심우가〉	부록-조선어불교성전 / 석가여래(석신원)
	p.40 김태흡, 〈지하금강 동룡굴유기〉(기행) p.47 만오생, 〈사찰사료 수집의 길을 떠나면서(I)〉			부록-조선어불교성전 / 석가여래(석신원)
	p.55 만오생, 〈사찰사료수집의 길을 떠나면서(속)〉	p.23 퇴경, 〈낙사진〉(사퇴의 변) p.53 박윤진, 〈도진호사 포왜행을 듣고〉 p.59 김대은, 〈구야성마왕과 애견 나귀(비유설화)〉		부록-조선어불교성전
	p.56 김태흡, 〈국경연안의 전도행각기〉 p.63 김일엽, 〈용강온천행〉			부록-조선어불교성전

호	발행연도	발행인	시론, 교육, 단체	학술 / 논설 / 수필	시
89호	1931.11	한용운	p.2 한용운, 〈섬라의 불교〉	p.52 손진태, 〈조선불교의 국민문학〉 p.57 김해윤, 〈불상해설〉	p.1 (권두언) 만해, 〈성공하는도중〉(산문시) p.37【佛敎詩壇】 황석우 번역, 〈일본민요음미〉 탄향, 〈학명선사추모〉
90호	1931.12	한용운	p.12 만해, 〈중국혁명과 종교의 수난〉 p.44 일기자, 〈명성여실에 대한 불청여맹의 결의〉	p.34 손진태, 〈조선불교의 국민문학〉 p.57 김해윤, 〈불상해설〉	p.1 (권두언) 만해, 〈해는 저물엇다〉(산문시) p.47【佛敎詩壇】 만해, 〈歲暮〉 김어수, 〈황혼〉 조종현, 〈귀향소곡〉
91호	1932.1	한용운	p.2 만해, 〈사법개정에 대하야〉 p.12 김영수, 〈조선불교통할에 대하야〉 p.17 〈사법개정에 대한 의견〉 송종헌, 박한영 등 다수 p.36 〈불교에 대한 희망〉 이광수, 안확 등 다수	p.50 손진태, 〈조선불교의 국민문학〉	p.1 (권두언) 만해, 〈해는 새롭엇다〉(산문시) p.44【佛敎詩壇】 정준모, 〈수미산의 해일〉 조종현, 〈바라밀찬〉 영담생, 〈흐르는 세화〉 나방우, 〈석양고탑〉 홍준표, 〈벽소령〉
92호	1932.2	한용운	p.23 몽정생, 〈사법개정에 대하야〉 p.28 정봉읍, 〈종교와 법률을 논하야 사법개정 통일을 촉함〉 p.33 허영호, 〈송광본말평의원회록을 보고〉	p.52 손진태, 〈조선불교의 국민문학〉	p.37【佛敎詩壇】 조종현, 〈동무에게〉 김어수, 〈가을〉〈새벽〉〈환상〉
93호	1932.3	한용운	p.13 〈중앙불교행정에 대한 불만과 희망〉 석전 사문, 백용성 등 다수 p.35 철운 조종현, 〈강원교육과 제도개신〉 p.40 석대은, 〈구원의 광-성도절을 당하야〉	p.2 한용운, 〈세계종교계의 회고〉 p.53 김해윤, 〈불상해설〉	p.1 (권두언) 만해, 〈가며는〉(시조) p.43【詩壇】 김영환, 〈도화〉 나방우, 〈노승〉
94호	1932.4	한용운	p.2 한용운, 〈신년도의 불교사업은얻어할까〉 p.12 만해, 〈만주사변과 일중불교도의 대치〉	p.26 조종현, 〈대승기신론강의(1)〉 p.62 김해윤, 〈불상해설〉	p.1 (권두언) 만해, 〈이른봄〉(시조) p.20【佛敎詩壇】 조종현, 〈한양별곡〉 김일엽, 〈행로난〉 오낙교, 〈인생〉
95호	1932.5	한용운	p.2 한용운, 〈불교 신임 중앙간부에게〉 p.10 노악산인, 「〈강원교육과 제도개신〉을 읽고」 p.29 경호, 〈평의원회와 종회를보고〉	p.4 현주, 〈불교문학의 건설에 대해서〉 p.38 오관수, 〈세존일대기(1)〉 p.49 조종현, 〈대승기신론강의(2)〉	p.27【佛敎詩壇】 조종현, 〈그리는 밤〉〈창경원에서〉〈변하오리까〉 김소하, 〈병창에서〉 김일엽, 〈청춘〉〈님의 손길〉〈귀의〉 윤이조, 〈사리탑〉
96호	1932.6	한용운	p.11 경호, 〈종회 강화의 일사안〉 p.41 돌벌, 〈조선불교혁신을 위하야〉	p.44 오관수, 〈세존일대기(2)〉	p.1 (권두언) 만해, 〈따슨 〉(시조) p.43【佛敎詩壇】 김일엽, 〈낙화유수〉〈낙화〉(시조) 오낙교, 〈산거한영〉(시조)
97호	1932.7	한용운		p.42 농아생, 〈수선남승의 반성과 책임〉 p.46 오관수, 〈세존일대기(3)〉	p.40【佛敎詩壇】 김남수, 〈봄비〉 나운경, 〈절영도에서〉 p.40【讀者時調壇】 윤한성, 〈고향가는 길〉 김만기, 〈애구범유〉 은파생, 〈스승을 차저서〉
98호	1932.8	한용운	p.2 한용운, 〈조선불교 해외발전을 요망함〉	p.20 김진원, 〈불교와 사회문제〉 p.41 조종현, 〈대승기신론강의(3)〉	p.31 김태흡, 〈목련의 지효〉 p.32 조종현, 〈노모의 서름〉 p.33【讀者時調壇】 박병우, 〈나의 살이〉 홍준표, 〈가야산음〉 김어수, 〈금정모천〉 나방우, 〈흐르는 청춘〉

소설 / 희곡	기행문	설화 / 영험담	번역	기타
	p.25 석대은, 〈(동방의 히마라야) 백두산등척기〉 p.38 김태흡, 〈북선일대 전도순강기〉(가사 「유산록」수록) p.49 만오생, 〈사찰사료 수집의 길을 떠나면서(3)〉			부록-조선어불교성전
	p.23 석대은, 〈(동방의 히마라야) 백두산등척기(속)〉	p.2 한용운, 〈우주의 인과율〉 p.8 김소하, 〈몰아의 수양〉 p.53 김태흡, 〈왕사성의 출처(본연설화)〉		p.56 〈책광고〉 불자필람 부록-조선어불교성전
		p.40 김일엽, 〈여신도로써의 신년감상〉 p.53 김태흡, 〈금색수〉(*삼국유사 전설각색)		〈광고〉禪苑 제2호 내용목차 소개 부록-조선어불교성전
p.42 김일엽, 〈자비(1)〉(소설)	p.45 김소하, 〈보개산행〉	p.2 한용운, 〈선과 인생〉 p.63 석대은, 〈탕자의 회심득도(화도설화)〉		부록-조선어불교성전
		p.49 육파 권태석, 〈내가 신앙하는 불교〉		부록-조선어불교성전
p.33 김소하, 〈정신을 얻기까지(창작)〉		p.42 이백주, 〈제석을 지내고〉(수필) p.46 석대은, 〈아사세왕의 참회〉(불경각색)		부록-조선어불교성전
p.57 김소하, 〈회한(창작)〉		p.46 석대은, 〈죽림정사의 출처〉 p.54 김일엽, 〈애욕이 나흔 비극〉(수필)		부록-조선어불교성전
p.59 김소하, 〈구담선녀〉(성극, 희곡)	p.52 석대은, 〈태고사행〉(*박한영 최남선 동행)	p.2 김태흡, 〈사바의 등대〉 p.7 한용운, 〈신앙에 대하야〉 p.57 현주, 〈서울ㅂ 봄〉(수필)		부록-조선어불교성전
	p.54 안진호, 〈석왕사행〉(*권상로 최취허 등장)	p.12 김태흡, 〈종교와 인생〉		부록-조선어불교성전
p.48 김소하, 〈우란분〉(성극)	p.34 현주, 〈성도마갈타〉(인도 불적기행)			부록-조선어불교성전

호	발행연도	발행인	시론, 교육, 단체	학술 / 논설 / 수필	시
99호	1932.9	한용운	p.2 〈교단의 권위를 확립하라〉 p.19 김진원, 〈불교일요학교경영안〉	p.26 조종현 〈대승기신론강의(4)〉 p.33 허영호, 〈「ㅎ」받힘 가부에 대해서〉 p.46 오관수, 〈세존일대기(4)〉	p.43【讀者時調壇】 윤한성, 〈별후곡〉 윤이조, 〈자비암〉 〈일편단심〉 영환, 〈염불암〉
100호	1932.10	한용운	p.2 한용운, 〈불교청년운동에 대하야〉 p.5 중앙교무원, 〈불교교육에 대하야〉 p.9 중앙교무원, 〈조선불교 재정에 대하야〉 p.16 김법린, 〈정교분립에 대하야〉 p.23 김태흡, 〈불교포교에 대하야〉 p.29 김포광, 〈반종교운동의 특색〉 p.38 허영호, 〈반종교운동 근거와 그 오류〉 p.43 김경주, 〈승려의 생활문제〉 p.52 몽정생, 〈위기에 직면한 조선불교의 원인고찰〉 p.57 강유문, 〈최근백년간 조선불교개관〉	p.85 박윤진, 〈불교지 제백호 기념사〉 p.100 〈본지 제백호 기념좌담회〉(한용운 허영호 등 참석 다수) p.127 문록선, 〈우리 교계에 대한 잡감〉	p.71【佛敎詩壇】 조종현, 〈예방주사〉외 6장 조종현, 〈우리듯 살려지다〉 조탄향, 〈제단앞에서〉 유문, 〈남강곡〉 김일엽, 〈불교지〉외 4장 장익순, 〈녹음방초X정한〉 박병우, 〈염불〉 〈한정〉 민동선, 〈초민〉 〈목란대에서〉 한몽옥, 〈달밤의 강〉 정법연, 〈님그리는 밤〉 〈떠나는 동무〉 나방우, 〈묘관에서〉 〈오오잠이여, 안어주소〉 김재수, 〈배야 나아가라〉 〈청평사의 밤〉 홍운환, 〈몽리별〉 김어수, 〈별곡 2수〉 윤한성, 〈귀의〉 오낙교, 〈유랑의 저녁〉외 4장
101·102호	1932.12	한용운	p.2 김법린, 〈종헌의 철저실행문제〉 p.24 몽정생, 〈위기에 직면한 조선불교의 원인고찰(속)〉 p.30 강유문, 〈조선불교는 어데로?〉	p.40 조철운, 〈대승기신론강의(5)〉 p.48 김진원, 〈불교와 사회문제(속)〉	p.1 〈권두언〉 만해, 〈해가고〉(산문시) p.33【佛敎詩壇】 조종현, 〈애기의 편지〉外 三章 조철운(조종현), 〈바람결에 불이는 노래〉 김일엽, 〈無題〉 민동선, 〈昌慶苑〉外 一章 김남수, 〈玉流夢〉外 一章 홍준표, 〈行道日暮〉 김용사 박한용, 〈스님의 말삼〉 김재수, 〈새벽〉 윤한성, 〈俯民曲〉 석란, 〈깊이잠든 님을 차저!〉 박병우, 〈數字의 노래〉 장익순, 〈秋日偶吟〉 나방우, 〈祝佛敎兒〉 나운향, 〈南江의 달밤〉 창호일지, 〈離別한 님〉 정중환, 〈秋夜雜吟〉 〈黃昏〉
103호	1933.1	한용운	p.2 한용운, 〈불교사업의 기정방침을 실행하라〉 p.9 허영호, 〈조선불교 교육제도의 결함과 개선〉(*교육과정소개) p.19 김법린, 〈불교의 농촌진출에 대하야〉 p.69 분개생, 〈사십만원증자폐기의 폭론을 듣고〉	p.33 강유문, 〈명치초년의 일본불교〉 p.38 박윤진, 〈독일종교개혁의 원인고찰〉 p.49 조윤제, 〈이조문학의 양면성-특히 소설에 있어서〉 p.59 조대순(조종현), 〈시가총평〉 p.65 만해, 〈한글경 인출을 마치고〉	p.1 〈권두언〉 만해, 〈새봄이〉(시조) p.55【佛敎詩壇】 조종현, 〈쓰고적고〉(詩調) 김소하, 〈新年頌〉 유문(강유문), 〈呈石顚先生-축중앙불전교장취임〉 나선영, 〈봄날의 꿈〉 김남수, 〈故廬를 차저〉 〈禪客의 生活〉 민동선, 〈한글經板 뵈옵고〉 〈안심사에서〉 김어수, 〈山遊吟〉 인봉 박동헌, 〈獅子門〉 나방우, 〈秋夜長〉 김만기, 〈無常〉

소설 / 희곡	기행문	설화 / 영험담	번역	기타
p.58 김소하, 〈전화〉(희곡)	p.53 현주, 〈불타가야를 찾아서〉(불적기상)	p.39 김일엽, 〈서중잡감〉(수필) p.44 김태흡, 〈참회의 공덕〉(설화)		부록-조선어불교성전
p.129 김소하, 〈운명에 번롱된 여성들〉(창작)	p.111 만해, 〈해인사순례기〉 p.116 옥관빈, 〈관음도량남해보타산순례기〉 p.121 장도환, 〈關北巡廻槪感〉	p.89 퇴경생, 〈십년일득〉(수필, 시조포함) p.96 석대은, 〈불교잡지와 나〉		〈책광고〉 불자필람(석왕사 안진호)
	p.53 김소하, 〈江都遊記〉(강화도 기행) p.61 혜근, 〈關北巡廻槪感(2)〉			p.66 〈學界片聞〉 〈광고〉 금강저 제20호 목차 소개
	p.79 강유문, 〈재가승과 함북불교〉 p.82 김태흡, 〈西鮮國境의 傳道行脚記〉(기행) p.89 혜근, 〈關東千里〉(기행) p.96 몽정생, 〈北國行(1)〉(기행)	p.77 김일엽, 〈또 한해를 보내면서〉(수필)		

호	발행 년도	발행인	시론, 교육, 단체	학술 / 논설 / 수필	시
104호	1933.2	한용운	p.2 한용운,〈종헌발포기념을 보고〉 p.9 장을용,〈이구오팔회에 비격함〉 p.14 조대순,〈종헌발포기념일과 청년동맹〉 p.34 남녘,〈사십만원 증자폐지에 대한 분개생의 망론을 듯고〉	p.16 강유문,〈명치초년의 일본불교(2)〉 p.19 조철운,〈대승기신론강의(6)〉 p.28 오관수,〈세존일대기(5)〉	p.1 (권두언) 만해,〈가마귀〉(시조) p.23【佛教詩壇】 조종현,〈사슴이 우는 밤〉 석대은,〈義州統軍亭〉 석란생,〈가을밤〉 김현식,〈新年〉〈唯心〉 우윤고,〈三界에서〉 선암사 임환중,〈겨울〉(동시) cf.조종현추천시. 윤한성,〈三神山夜吟〉 김재수,〈作別〉 박동현,〈寒山暮鍾〉 한종옥,〈국화〉 박병우,〈道成庵詠〉〈祝佛教誌百號〉 김어수,〈異鄉의 냇물〉〈伽倻山行〉 김영환,〈換歲曲〉 장익순,〈冬夜斷想〉〈松林窟〉
105호	1933.3	한용운	p.16 김법린,〈제5회 종회 앞에 노힌 통제교정의 확립문제〉 p.21 김태흡,〈포교내용 확장의 요망〉	p.2 한용운,〈현대 아메리카의 종교〉 p.7 김영수,〈조선불교 종지에 대하야〉 p.26 강유문,〈명치초년의 일본불교(3)〉 p.34 박윤진,〈독일종교개혁의 원인고찰(완)〉 p.40 조철운,〈대승기신론강의(7)〉	p.1 (권두언) 만해,〈봄동산〉(시조) p.44【佛教詩壇】 조종현,〈흰털을 뽑으며---碧에게-〉 김소하,〈님의 발자욱〉 YM,〈無題〉 일성 윤한성,〈人間살이〉
106호	1933.4	한용운	p.2 한용운,〈교정연구회 창립에 대하야〉 p.7 조대순,〈민중교화와 교화자금〉	p.4 김태흡,〈종교와 과학의 사회적 관계〉 p.36 오관수,〈세존일대기(6)〉	p.17【佛教詩壇】 조종현,〈비닭이〉〈동무의 말〉 김소하,〈藍毘尼苑〉 김일엽,〈때 아닌 눈〉 춘고,〈眞理의 巡禮者가 되리〉 나운향,〈山寺의 밤〉〈한울등대〉 김현극,〈님의 沈黙〉 석란생,〈滿月臺의 밤〉 취산학인 김학순,〈吟慈藏洞天〉〈內院庵을 찾저서〉 김어수,〈送迎詞〉〈설음〉〈報恩〉 윤한성,〈彼岸行〉 장익순,〈그리운 金剛淵〉〈봄잔듸〉 서병재,〈決心〉
107호	1933.5	한용운	p.4 김태흡,〈암야의 등명-성탄절을 당하야〉 p.9 강유문,〈三月敎界壁上觀〉	p.2 한용운,〈신로서아의 종교운동〉 p.36 오관수,〈세존일대기(7)〉	p.1 (권두언) 만해,〈극운이〉(시조) p.26【佛教詩壇】 김소하,〈辛夷花〉 김현극,〈聖誕〉 창호일지,〈나는 가고저〉 김세진,〈山映樓의 밤〉 박병귀,〈生의 讚美〉 나방우,〈學海를 등지면서〉 장익순,〈돋는 염〉
108호	1933.7	한용운		p.34 오관수,〈세존일대기(8)〉	p.25【佛教詩壇】 김태흡,〈哭達摩婆羅〉(담마파라대사 弔哭詩) 김일엽,〈시계추를 처다보며〉〈벗이어 봄이외다〉(略:이유공지) 김현극,〈尋牛〉 금정산 김진우,〈기뿐 四月 八日〉 창호일지,〈牛頭山 우에서〉

소설/희곡	기행문	설화/영험담	번역	기타
	p.43 김태흡,〈西鮮國境의 傳道行脚記(2)〉(기행) p.50 몽정생,〈北國行(2)〉(기행)	p.57 석대은,〈無理情死와 世尊說法〉(化度설화)		p.1〈사진〉종헌반포 4주년기념식 p.59〈재경불교유지 간담회〉 부록-조선어불교성전
		p.57 김일엽,〈사회상의 가지가지〉(수필) p.61 석대은,〈賢明한 太子와 陰凶한 婆羅門〉(본생설화)		p.46〈誌上宗會〉 부록-조선어불교성전
	p.47【讀者文壇】 김어수,〈宗憲紀念과 나의 感想〉(수필) 정중환,〈佛敎靑年의 生活問題〉 p.52 조영출,〈慶州巡禮記-옛달을 찾아서〉(기행)	p.13 현주,〈愚感愚想〉(수필) p.44 석대은,〈인육공양〉(인연설화)	p.22 범산생 역,〈영혼과 육체〉	부록-조선어불교성전
	p.44【讀者文壇】 조영출,〈慶州巡禮記-옛달을찾아서(2)〉(*시조포함) 장혜월,〈尋寺巡禮記(1)〉(*김소월 불교신도) 장익순,〈籠中鳥〉(수필) 김어수,〈옛 봄의 追憶〉	p.23 김일엽,〈보성고보 입학시험 때〉 p.30 석대은,〈뢰타화라의 기욕출가(화도설화)〉	p.17 범산생 역,〈영혼과 육체(2)〉	부록-조선어불교성전
	p.42【讀者文壇】 조영출,〈慶州巡禮記(3)〉(기행) 장혜월,〈尋寺巡禮記(2)〉(기행) 취산학인 김학순,〈벗의 病中苦憫〉(수필) 조계학인,〈그리운 故鄕을 차져서〉(수필)	p.2 한용운,〈선과 자아〉(수필) p.7 김태흡,〈인생철학으로 본 불교〉 p.27 석대은,〈눈물겨운 금독자전(본생설화)〉	p.16 타고루,〈심령의 자각〉(번역) p.19 범산생,〈영혼과 육체(3)〉	부록-조선어불교성전

김종진 _ 동국대학교 불교학술원 교수. 〈불교가사 유통 연구〉로 동국대학교 대학원 국어국문학과에서 문학박사학위를 취득한 후 한국 불교문학의 여러 양상을 연구하고 있다. 저서로 《불교가사의 연행과 전승》, 《불교가사의 계보학 그 문화사적 탐색》, 《한국불교시가의 동아시아적 맥락과 근대성》, 《근대불교잡지의 문화사》 등이 있다.

박상란 _ 동국대학교 국어국문문예창작학부 강사. 한국 서사문학에 담긴 불교적 시각의 다양성을 연구하고 있다. 주요 논저로는 《한국 서사문학과 불교적 시각》(공저), 〈1930년대 불교잡지 동화의 성격과 '전시동화(戰時童話)'의 문제〉, 〈근대의 불교신앙체험담, 그 서사적 특징과 의의〉 등이 있다.

김성연 _ 동국대학교 K학술확산연구소 연구초빙교수. 근대 불교 교단 기구 및 청년단체와 불교개혁론 등에 대한 불교사적 의의를 연구하고 있다. 주요 연구로 〈재단법인 조선불교중앙교무원의 자산운영과 한계〉, 〈1910년대 불교 근대화론과 종교적 지평의 확대〉, 〈조선불교청년총동맹의 성립과 활동〉 등이 있다.

산간山間에서 가두街頭로
승려로서 대중에

근대 잡지 《불교》의 문화지형

초판 1쇄	2023년 2월 24일
지은이	김종진, 박상란, 김성연
펴낸이	오종욱
총괄 진행	서미정
표지 디자인	선원들
펴낸곳	올리브그린
	경기도 파주시 회동길 145, 아시아출판문화정보센터 연구동 2층 201호
	olivegreen_p@naver.com
	전화 070-6238-8991 / 팩스 0505-116-8991
가격	20,000원
ISBN	978-89-98938-45-1 93220

● 이 책은 올리브그린이 저작권자와의 계약에 따라 발행한 것이므로, 이 책 내용의 일부 또는 전부를 사용하려면 반드시 올리브그린의 동의를 받아야 합니다.